权威·前沿·原创

皮书系列为
"十二五""十三五""十四五"时期国家重点出版物出版专项规划项目

BLUE BOOK

智 库 成 果 出 版 与 传 播 平 台

河北蓝皮书

BLUE BOOK OF HEBEI

河北传媒发展报告（2023）

ANNUAL REPORT ON MEDIA DEVELOPMENT OF HEBEI (2023)

构建全媒体传播体系

主　　编／康振海
执行主编／张　芸
副 主 编／韩春秒　张　旭

社会科学文献出版社
SOCIAL SCIENCES ACADEMIC PRESS (CHINA)

图书在版编目（CIP）数据

河北传媒发展报告.2023：构建全媒体传播体系／
康振海主编.--北京：社会科学文献出版社，2023.5
（河北蓝皮书）
ISBN 978-7-5228-1508-4

Ⅰ.①河…　Ⅱ.①康…　Ⅲ.①传播媒介-产业发展-
研究报告-河北-2023　Ⅳ.①G219.272.2

中国国家版本馆 CIP 数据核字（2023）第 040751 号

河北蓝皮书
河北传媒发展报告（2023）
——构建全媒体传播体系

主　　编／康振海
执行主编／张　芸
副 主 编／韩春秒　张　旭

出 版 人／王利民
责任编辑／高振华
文稿编辑／孙玉铖
责任印制／王京美

出　　版／社会科学文献出版社·城市和绿色发展分社（010）59367143
　　　　　地址：北京市北三环中路甲29号院华龙大厦　邮编：100029
　　　　　网址：www.ssap.com.cn
发　　行／社会科学文献出版社（010）59367028
印　　装／天津千鹤文化传播有限公司

规　　格／开 本：787mm×1092mm　1/16
　　　　　印 张：22.75　字 数：341 千字
版　　次／2023 年 5 月第 1 版　2023 年 5 月第 1 次印刷
书　　号／ISBN 978-7-5228-1508-4
定　　价／138.00 元

读者服务电话：4008918866

主编简介

康振海　中共党员，1982 年毕业于河北大学哲学系，获哲学学士学位；1987 年 9 月至 1990 年 7 月在中共中央党校理论部中国现代哲学专业学习，获哲学硕士学位。

三十多年来，康振海同志长期工作在思想理论战线。曾任河北省委宣传部副部长；2016 年 3 月至 2017 年 6 月任河北省作家协会党组书记、副主席；2017 年 6 月至今任河北省社会科学院党组书记、院长，河北省社科联第一副主席。

康振海同志著述较多，在《人民日报》《光明日报》《经济日报》《中国社会科学报》《河北日报》《河北学刊》等重要报刊和社会科学文献出版社、河北人民出版社等发表、出版论著多篇（部），主持完成多项国家级、省部级课题。主要代表作有：《中国共产党思想政治工作九十年》《雄安新区经济社会发展报告》《让历史昭示未来——河北改革开放四十年》等著作；发表了《始终把人民放在心中最高位置》《马克思主义中国化新的飞跃》《坚定历史自信　走好新的赶考之路》《从百年党史中汲取奋进新征程的强大力量》《殷切期望指方向　燕赵大地结硕果》《传承中华优秀传统文化　推进文化强国建设》《以优势互补、区域协同促进高质量脱贫》《在推进高质量发展中育新机开新局》《构建京津冀协同发展新机制》《认识中国发展进入新阶段的历史和现实依据》《准确把握推进国家治理体系和治理能力现代化的目标任务》《奋力开启全面建设社会主义现代化国家新征程》等多篇理论调研文章；主持"新时代生态文明和党的建设阶段性特征及其发展规律研究""《宣传干部行为规范》可行性研究和草案初拟研究"等多项国家级、省部级课题。

摘　要

全媒体传播体系建设是基于新型传播生态的时代命题，是传媒业推进媒体融合向纵深发展、应对传播格局新变化的改革方向。《河北传媒发展报告（2023）》梳理了2022年河北省传媒业构建全媒体传播体系过程中的创新实践，聚焦新闻内容生产、主流舆论引领、传媒业态布局、传媒产业经营等领域的重点问题，客观总结本土经验，研判发展趋势并提出对策建议，为促进河北省传媒业高质量发展提供智库服务，为新闻传媒研究提供参考借鉴。

全书由总报告、分报告、专题篇、实践篇四部分组成。总报告分析指出，2022年河北省传媒业持续深化融合机制，做强新媒体传播矩阵，深耕垂直领域，着力提升主流舆论的传播力、影响力。构建全媒体传播体系是一个系统性工程，既要推动省、市、县三级媒体深融共通，又要跳出原有的媒介思维框架和功能局限，连接信息、服务、产业等资源，修复创建联动用户的全新关系链，坚定数智化转型方向，创建跨行业的数字化传媒新生态。分报告认为，河北省报业、广播电视业、主流新媒体、图书期刊业、影视业、广告业等重点传媒行业要对接国家文化数字化战略，创新全媒体人才管理机制，探索分众化传播路径，聚力打造红色文化创作和传播高地。专题篇关注融媒体平台建设、县级融媒体中心、新闻发布等现实问题，提出以下解决办法：河北省传媒业应整合社会力量共同壮大主流舆论，将融媒体平台打造成网络智能化、业务融合化、产业生态化的"数字化社会赋能者"，为乡村振兴提供基础信息支撑和智能化服务；县级融媒体中心要打造地域特色文化品

牌,辅助培养文化"新传承人",提升地域特色文化传播效果;新闻发布工作要遵循全媒体传播规律,构建政府、公众、媒体有序互动的新闻发布机制。实践篇围绕 2022 北京冬奥会报道特色、大学生健康信息关注情况、农村老年人信息失能问题等进行实证研究。

关键词: 传媒业　党的二十大　全媒体传播体系　数字化　融媒体

Abstract

The construction of an omnimedia communication system is an era proposition based on the new communication ecology, and is the reform direction of the media industry to promote the in-depth development of media integration and cope with the challenges of the communication pattern. *Annual Report on Media Development of Hebei* (*2023*) summarizes and records the innovative practice of constructing an omnimedia communication system in Hebei media industry in 2022, focuses on key issues in the fields of news content production, mainstream public opinion guidance, media format layout, media industry operation, objectively summarizes local experience, evaluates development trends and puts forward countermeasures and suggestions. To promote the high-quality development of the media industry in Hebei Province, it provides think tank services, and provide reference for news media research.

The book consists of four parts: general report, topical reports, special reports and practice reports. The general report points out that in 2022, the media industry in Hebei Province will continue to deepen the integration mechanism, strengthen the new media communication matrix, deepen the vertical fields, and enhance the communication power and influence of mainstream public opinion. The construction of an omnimedia communication system is a systematic project, which not only promotes deep integration of the media at the provincial, municipal and county levels, but also jumps out of the original media thinking frame and functional limitations, connects information, services, industry and other resources, restores and creates a new relationship chain linking users, firmly changes the direction of digital intelligence, and creates a new ecology of cross-industry digital media. The topical reports put forward that key media industries in

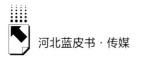

Hebei Province, such as newspaper industry, radio and television, mainstream new media, books and periodicals, film and television, and advertising, should connect with the country cultural digitalization strategy, innovate the omnimedia talent management mechanism, explore the diversified communication path, and create the red culture creation and communication highland. The special reports focus on practical issues such as the construction of convergence media platform, county-level convergence media center, and news release conference. They indicate that the Hebei media industry should integrate social forces to jointly strengthen mainstream public opinion, build the convergence media platform into a "digital society enabler" with intelligent network, business integration and industrial ecology, and provide basic information support and intelligent services for rural revitalization. The county-level convergence media center should create regional characteristic cultural brands, assist in cultivating cultural "new inherits", and improve the communication effect of regional characteristic culture. The news released should respect the law of omnimedia communication and establish a mechanism for orderly interaction between the government, the public and the media. The practice reports conduct empirical researches on features of report on 2022 Beijing Olympic Games, attention to the health information of college students and the problem of information disability of the elderly in rural areas.

Keywords：Media Industry；20th CPC National Congress；Omnimedia Communication System；Digitization；Convergence Media

目 录 ⟩⟩

Ⅳ　实践篇

皮书数据库阅读 **使用指南**

CONTENTS ⟁

Ⅰ General Report

Ⅱ Topical Reports

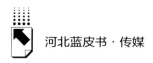

IV Practice Reports

总 报 告
General Report

B.1
2022年河北省传媒业发展报告

张 芸　韩春秒*

摘　要： 2022年，河北省传媒业聚焦国家大事要事，紧扣省委、省政府中心工作，守正创新做强主流新闻舆论；深化改革，创新传媒业态，持续推进媒体深度融合发展，在舆论引导、技术创新、人才建设、产业运营等方面取得明显成效。2023年是全面贯彻落实党的二十大精神的开局之年，河北省传媒业既要积极应对外界深刻而复杂的变化，又要在借鉴国内传媒业先进经验的基础上，在强基培元、资源整合、算法为媒、深融共通、数智赋能等方面创新求变，着力推进全媒体传播体系建设，为加速构建中国式现代化的河北场景贡献力量。

关键词： 传媒业　党的二十大　全媒体传播体系　河北省

---

* 张芸，河北省社会科学院新闻与传播学研究所所长、副研究员，主要研究方向为新闻传播实务、媒体融合；韩春秒，河北省社会科学院新闻与传播学研究所副所长、副研究员，主要研究方向为城乡传播、自媒体。

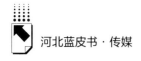

2022年是实施"十四五"规划、全面建设社会主义现代化国家的重要一年。河北省传媒业聚焦国家大事要事，紧扣省委、省政府中心工作，守正创新做强主流新闻舆论；深化改革，创新传媒业态，持续推进媒体深度融合发展，着力构建全媒体传播体系，在舆论引导、技术创新、人才建设、产业运营等方面取得明显成效。在加速构建中国式现代化的河北场景中，河北省传媒业呈现革故鼎新、积极向好的发展态势。

一 2022年河北省传媒业整体发展情况

（一）聚焦主责主业，打造精品力作

2022年以来，河北省传媒业立足履行好党媒职责使命，紧紧围绕学习宣传贯彻习近平新时代中国特色社会主义思想，聚焦党中央决策部署和省委中心工作，以迎接宣传贯彻党的二十大为主线，推出了一大批可圈可点的主题报道、深度报道与融合报道。

1. 宣传阐释好习近平新时代中国特色社会主义思想

意识形态工作是为国立心、为民立魂的工作。按照省委宣传部统一安排部署，河北省传媒业坚持把学习宣传阐释习近平新时代中国特色社会主义思想作为重中之重，推动党的创新理论传得更开、更广。

河北日报报业集团依托"报、网、端、微"全媒体平台，办好"在习近平新时代中国特色社会主义思想指引下——新时代新作为新篇章"专栏，在《知与行》（理论版）开设"深入学习贯彻习近平新时代中国特色社会主义思想""深入学习贯彻党的十九届六中全会精神"等专栏，有37篇重点理论文章被"学习强国"全国学习平台转发。河北日报社《让群众过上好日子——习近平正定足迹》编写专班用时3年多，完成该书的编写和出版发行、宣传报道工作，沿着总书记的正定足迹，深入采访、挖掘素材，用心用情通过讲故事的方式将总书记和正定人民"一块苦、一块过、一块干"的奋斗历程呈现给广大读者。

河北广播电视台在重点新闻节目《河北新闻联播》《河北新闻》《全省新闻联播》中推出《奋进新征程　建功新时代·沿着总书记的足迹》主题系列报道，以忆当年事、访当事人，重温总书记历次考察调研过程和细节，展现总书记心系民生、亲民爱民的赤子情怀，全面展示各地牢记总书记嘱托、按照总书记指引的方向积极谋发展取得的可喜变化。新媒体中心开设的"沿着总书记的足迹"专题版块，累计浏览量超1500万次。

长城新媒体集团策划了《总书记到我家唠家常》《说说咱这儿的新变化》《"原点的故事·中国特色社会主义为什么好"思享会》等一批极具新媒体特色的重头融媒报道，全方位、多维度展现习近平总书记的思想、风范和情怀，充分彰显习近平新时代中国特色社会主义思想的真理力量和实践伟力。

2. 浓墨重彩做好迎庆党的二十大重大主题宣传

党的二十大是中国共产党在进入全面建设社会主义现代化国家、向第二个百年奋斗目标进军的重要时刻召开的一次十分重要的代表大会，是党和国家政治生活中的一件大事。按照省委宣传部统一部署，河北省新闻战线举全力、集众智，全力以赴投入党的二十大宣传报道工作。

河北日报报业集团以"喜迎二十大"为主线，在报、网、端等平台开设多个专版专栏专题专区。《河北认真贯彻习近平总书记重要指示纪实》受到中宣部《新闻阅评》表扬，新媒体产品《长卷｜千里燕赵织锦绣》等当天全网阅读量即超500万次，H5《一起上线！听党代表话报告》播放量超120万次。《河北日报》《湖南日报》《大众日报》等5家党报联动围绕湿地保护主题推出的手绘长图《江山秀美绿意浓——看！珍稀动物的家园"秀"》，在"河北日报"客户端发出两小时阅读量即突破30万次。2022年10月15~22日，河北日报报业集团新媒体平台共发布相关报道1490余篇（条），全网总传播量超过两亿次。

河北广播电视台为做好党的二十大宣传报道工作，通过全时段贯穿、会内外联动、大小屏统筹、全方位聚焦，推出多组专栏专题和创意产品，多维立体推进十年成就宣传和大会报道，讲好新时代河北故事、中国故事，凝聚团结奋进的磅礴力量。《筑梦》《好好学习》两档节目入选国家广播电视总局 2022 年广播电视重点节目名单。会议期间，河北广播电视台在央媒各栏目共发稿 120 篇，其中在《新闻联播》发稿 13 篇，发稿篇数在全国省级台中名列前茅。创意视频《喜迎二十大丨河北谱写民族团结进步创建事业新篇章》、手绘 H5《燕赵民族团结实录》、系列融媒报道《身边·图个幸福》等新媒体产品，在全网观看量和浏览量均超过 1000 万次。截至 2022 年 10 月 21 日，河北广播电视台二十大新闻报道综合发稿 1500 余篇，全网总浏览量达 8.1 亿次。

长城新媒体集团紧扣党的二十大主题主线，创新推出《百姓看联播·聚焦二十大》栏目，突出"百姓视角、群众语言、网感表达"，用"竖屏短视频+聚合应用程序"方式，对每日《河北新闻联播》中党的二十大报道进行网络化、易懂化解读。截至 2022 年 10 月 16 日，该栏目作品全网总浏览量超 5000 万次。遵循形态简化、语态生活化趋势，以"年轻态、青春范儿"为基本思路，利用交互海报、长城简漫、H5 等形式，推出《H5丨学报告·共绘锦绣画卷》《手绘情景视频丨向着新的幸福出发》《动漫丨学报告 话未来》等一批重磅理论稿件和新媒体解读产品，充分阐释宣传党的二十大报告中蕴含的丰富内涵、核心要义和实践要求。牵头搭建党的二十大河北省云端新闻指挥调度中心（云"中央厨房"），实现资源云聚合、指挥云调度、作品云共享。

3. 统筹做好重大战役报道和重要节点报道

河北省传媒业聚焦在习近平总书记"绿色、共享、开放、廉洁"办奥理念指引下燕赵大地筹办冬奥会的生动实践和可喜成果，突出讲好冬奥会里的河北人、河北事，发挥省内媒体独有的注册记者优势，使冬奥会相关报道精彩纷呈。在全国"两会"和省委十届二次全会期间，河北新闻界按照"精策划、强融合、炼精品、造爆款、促对上"的报道思路，以把好政治关、找准小切口、用好新媒体、讲活好故事的融媒报道思路，策划制作了一批富有时代感、青春态，突出百姓视角的融媒精品。

北京冬奥会、冬残奥会报道。河北日报社推出的"马兰花合唱团"

系列融媒报道、微视频《当皮影遇到冬奥会》等 30 余件作品受到中宣部表扬。河北日报全媒体平台共发布相关稿件 5990 余篇，总点击量超6.8 亿次。河北卫视短视频《独家揭秘"冰墩墩"诞生全过程》被人民日报微博等 1400 余家媒体和大 V 自发转发，全网阅读量超 3 亿次；河北广播电视台综合发稿 4000 余篇，全网总浏览量达 7.3 亿次。长城新媒体集团《手绘长卷丨长城群英绘·北京 2022 年冬奥会冠军"全家福"》《创意视频丨世界看崇礼：一起向未来！》等一批爆款作品刷屏热传；冬奥会期间，集团共有 21 件作品获中宣部表扬，共发布冬奥会相关稿件5000 余篇，全网点击量超 4.8 亿次。

全国"两会"报道。《河北日报》推出系列"两会特刊"，全媒体平台共推出各类报道 2200 余篇（条），全网总传播量 4.85 亿次；系列长图《习近平总书记两会金句回顾》等 5 件作品受到中宣部表扬。河北广播电视台发布全国"两会"相关稿件 1200 余篇，在央媒各栏目共发稿 316 篇。其中，在《新闻联播》发稿 32 篇，采访代表委员 274 人次；推出的《许萌@两会》《两会好声音》《两会面对面》等原创短视频报道，总浏览量 685 万次。长城新媒体集团共发布全国"两会"相关图文报道、图解、Vlog 等多种形式原创作品 820 余篇（条），转载（含信息流）4.6 万篇（条），全网总阅读量两亿次。集团全国"两会"宣传工作及作品 5 次受到中宣部表扬，在省直主流媒体中排名前列。

省委十届二次全会报道。《河北日报》在会前、会中推出消息、评论、反响、长图、海报等产品，深入解读、阐释全会精神，在会后开设"深入贯彻落实省委十届二次全会精神""惠企利民政策解读""惠企利民政策·问效""撸起袖子加油干　自己填写成绩单""大力优化营商环境　加快高质量发展"等专栏。《河北日报》在头版重要位置开设的"奋进新征程　建功新时代·河北实践"专栏，多次受到省委领导表扬。据全网数据统计，河北日报系列稿件总阅读量近千万次。河北广播电视台推出"真抓实干一线行""身边""冀时评"等系列报道，聚焦一线，以小切口、故事化、观点化的方式，为省委十届二次全会的召开烘托氛围。全会

召开当天，《河北新闻联播》的视频号直播有8.1万人次收看，点赞量近1万次。会后，河北广播电视台制作推出《在解放思想中统一思想　在奋发进取中开创未来》《乡村振兴看河北》等原创新媒体产品，对全省干部群众深入学习贯彻全会精神的图景进行创新呈现。长城新媒体集团充分运用图解、MG动画、电子书等新媒体形式，策划推出"撸起袖子加油干自己填写成绩单""深入贯彻落实省委十届二次全会精神""大力优化营商环境　加快高质量发展"系列报道，打造了《MG动画 | 解放思想 奋发进取》《划重点 | 河北省委十届二次全会精神要点速览》等融媒产品，发挥新媒体优势，重点详细解读全会文件和要点，及时传递权威信息，共发布稿件200余篇，总浏览量5000余万次。

4. 新闻精品生产成果丰硕

河北省传媒业不断深化内容生产供给侧改革，将正能量与大流量有机融合，用心用情制作有品质、有格调的内容，打造一批导向积极、群众喜爱、刷屏热传的精品力作。

河北日报报业集团通过强策划、推活动，不断提升传播力与影响力。河北新闻网策划推出"青春之我"系列微视频，联合省委党校制作《我们正青春 | 青春誓言·时空对话》，以青年话语体系引导新时代青年踔厉奋发。在雄安新区设立五周年之际，河北日报全媒体平台推出创意微视频《未来之城，每一天都在拔节生长》，通过动画形式展现雄安新区五年发展历程，点击量达660万次。河北日报石家庄、张家口等分社推出的"加快建设现代化、国际化美丽省会城市——总量过万亿县（市、区）怎么干"等22组报道，全网点击量突破8000万次。

由河北广播电视台、中共河北省委网信办、中共河北省委党校、"学习强国"河北学习平台联合制作的文化类思政节目《好好学习》于2022年9月25日在河北卫视播出。该节目以习近平新时代中国特色社会主义思想为指导，聚焦社会主义先进文化、革命文化、中国优秀传统文化，运用戏剧演绎、互动答题、荧屏课堂等多种表现形式，讲述了"三种文化"结合时代发展、社会实践的中国故事，彰显了中华文化一脉相承、革故鼎新、自信自强的精神力量。① 在第 35 届中国电影金鸡奖评选中，河北广播电视台刘江江导演的作品《人生大事》获得了最佳故事片、最佳导演处女作、最佳男主角、最佳女主角、最佳摄影、最佳录音、最佳剪辑七项提名，并最终斩获最佳导演处女作、最佳男主角两项大奖。

长城新媒体集团以"强化策划"为先导、以"传播效果"为导向、以"先进技术"为驱动、以"线下活动"为新形态，不断推进新闻精品生产。2022 年，长城新媒体集团共有 3 件作品获得第三十二届中国新闻奖。本届中国新闻奖首设"重大主题报道"奖项，长城新媒体集团的《"身边的奇迹·中国共产党为什么能"思享会④：美丽高岭"绿"动奇迹》是河北新闻界首次获得该奖项的作品。

河北出版传媒集团有限责任公司出版的三种图书入选"2022 农民喜爱的百种图书"，分别是河北人民出版社的《让群众过上好日子——习近平正定足迹》《铭记：我的小康志》，河北美术出版社的《党的儿女·雷锋》。此外，国家新闻出版署网站公示中华民族音乐传承出版工程精品出版项目（2022 年度）入选名单，河北美术出版社的《河北艺术史·音乐卷》榜上有名。

在第三十二届中国新闻奖评选中，河北省共有 8 件作品获奖（见表 1）。在全国第九届"好记者讲好故事"演讲比赛中，长城新媒体集团记者杨亚红进入前十名，获得"最佳选手"称号。在河北新闻奖（2020~2021 年度）评选中，全省共有 199 件作品入选河北新闻奖"省内新闻作品奖"，有 50 件作品入选"宣传河北好新闻"，有 20 名新闻工作者被评为"优秀新闻工作者"。

此外，河北省各级媒体推出了一批优秀的新闻作品。在新华社领衔举办的《小康中国·千城早餐》第一季、第二季评选活动中，河北省涿州、黄骅、鹿泉、山海关、竞秀、香河、栾城、枣强、深泽 9 家县级融媒体中心

① 林玉潇、仲呈祥：《电视节目〈好好学习〉：以电视艺术赋能"大思政课"》，《光明日报》2022 年 11 月 23 日，第 15 版。

拍摄的作品获奖。承德市双滦区融媒体中心推出的直播活动"蒙曼讲山庄"，点击量在百万次以上。涿州市融媒体中心的"张飞说"系列新冠肺炎疫情科普宣传短视频和"涿州八景"核酸检测贴纸，得到市民和网友的一致好评，截至2022年10月底，总浏览量60多万次。

表1　第三十二届中国新闻奖河北获奖作品

作品名称	获奖项目及等级	刊播单位/发布平台	作者（主创人员）	编辑
"世界最大的充电宝"——丰宁抽水蓄能电站投产发电	消息二等奖	承德广播电视台	王海若、孙小东、杨国辉、吕杰、咸颖	张新星、孙玉成、陈晓波
华北制药打赢美国对华反垄断第一案的启示	新闻专题二等奖	河北广播电视台	寇霞、关海宁、王智博、刘军、马玉竹、王莺	郭英朝、王蛰龙、李叶昆
地方主流媒体构建融通中外话语体系的思考	新闻业务研究二等奖	新闻战线	集体	武艳珍
石家庄的"母亲河"重现勃勃生机	消息三等奖	石家庄日报	李彦水、岳金宏、周剑瑭	崔立卿、尚燕华、祁鹏娜
红色号角	系列报道三等奖	"冀时"客户端	集体	集体
2021年12月31日全省新闻联播	新闻编排三等奖	河北广播电视台	集体	牛作交、付建岭
"身边的奇迹·中国共产党为什么能"思享会④：美丽高岭"绿"动奇迹	重大主题报道三等奖	长城网	集体	
创意视频｜世界看崇礼：一起向未来！	国际传播三等奖	"冀云"客户端	张梦琳、刘志成、乔可、李全	曹朝阳、胥文燕

资料来源：《第三十二届中国新闻奖获奖作品目录》，《人民日报》2022年11月9日，第13版。

（二）加快媒体深度融合，推进全媒体传播体系建设

1.改革机构、完善流程，推进媒体深度融合

河北新闻界强化顶层设计，加强管理统筹，努力建立适应全媒体生产传播的一体化组织架构。

河北日报的采编机构设置改革全部到位，采访部门全部转设为全媒体采访部门，强化全媒体采集职能；新设全媒体新闻策划中心，努力加强重大报道谋划；新设新媒体中心，加强"河北日报"客户端的实体化运作，提高各新媒体端口联动发布报道的质量。河北广播电视台以一体化建设为方向推动融媒管理深度融合，先后建立融媒供稿及奖励机制、融媒激励考核机制、融媒扶持机制及重大宣传策划机制、重大活动调度机制、全媒宣推机制等融媒管理运行机制。长城新媒体集团打通"报、网、端、微"全媒体平台，再造策采编发评流程，事前统筹选题策划，事中统筹协调落实，事后统筹评价传播，推动各项宣传报道任务精准、高效落实，实现生产布局合理化。

2.做强矩阵、完善平台，提升主流舆论传播力

河北省主流媒体坚持移动优先，加速布局，做强新媒体矩阵，以客户端为依托，努力实现传统平台与新媒体平台之间的互联互通。

《2021年度河北省互联网发展报告》显示，河北新闻网用户规模达1371.8万人，连续三年蝉联省内网络媒体第一。"阳光理政"平台入选2021年中国报业深度融合发展创新案例。"河北日报"微信公众号、微博订阅用户分别突破120万人、360万人，微信公众号阅读量"10万+"的稿件达500余篇，微博阅读量超百万次的稿件150余篇，抖音浏览量超千万次的作品50余个，同时河北日报致力于将"纵览新闻"客户端打造成智慧传播平台。河北新闻网入选"2021优秀省级网络媒体综合影响力TOP10"。

河北广播电视台通过大屏嫁接小屏、强化"冀时"客户端首发、整合第三方平台账号，把更多的人财物投向互联网主阵地，初步形成"网、端、号"一体化发展格局。"冀时"客户端下载量突破1500万次，成为河北最具影响力的新闻客户端之一，全年推出直播超过2000场。打造的《啥是冬

奥》《独家揭秘"冰墩墩"诞生全过程》等精品短视频全网传播量均超3亿次。全台微博、微信公众号、抖音等第三方平台账号粉丝总量突破1亿人。

长城新媒体集团用足用好"学习强国"河北学习平台和冀云·融媒体平台两大平台的独特优势资源,助推平台型媒体建设实现新突破。"学习强国"河北学习平台总用户数为1700万人,居全国第2位。"冀云"系列客户端总下载量超3600万次,累计访问量超161亿次;冀云·融媒体平台已上线104类315项便民服务功能。《2021年度河北省互联网发展报告》显示,冀云·融媒体平台已成为省内资讯阅读类用户覆盖范围最广的App。

市、县级媒体在新媒体矩阵打造方面成效显著。廊坊日报社已建成由《廊坊日报》、《廊坊都市报》、廊坊传媒网、"新廊坊"客户端、"学习强国"廊坊学习平台、微信公众号、微博等组成的"两报一网两端十二微一屏一栏"六大类19个媒体发布终端的媒体发布矩阵,形成了以纸媒传播为基础、以网络和系列新媒体传播为两翼的新闻传播格局。任丘市融媒体中心构建了"一中心N平台"(1个指挥调度中心+N个融媒体矩阵)的融媒主流阵地,并在原有平台基础上,先后增设抖音号、今日头条号、百家号、央视新闻移动网矩阵号等新媒体平台,全中心平台总数近20个。

3. 整合资源、拓展功能,集聚融合发展新动能

河北省传媒业充分发挥全媒体传播体系优势,整合各类资源,深耕垂直领域,在功能拓展、跨界融合方面不断谱新篇。

河北日报报业集团积极建设媒体智库矩阵,为政府部门和行业机构提供智力服务。其"河新智库"已服务客户百余家,除服务省直、市直单位外,还服务港口集团、建设投资集团、冀中能源股份、华药集团、华电集团、开滦集团等重点企业30余家。河北广播电视台依托冀时4.0数据驾驶舱功能和第三方新媒体数据公司基础数据,搭建融媒数据分析平台,满足跟踪监测、整理分析、大屏展示等需求,让融媒传播数据真正成为河北广播电视台融合转型工作的重要参考。长城新媒体集团联合河北省卫健委共同建成全省疫情宣传引导和信息服务"4+N"公共平台,自主研发"河北省核酸检测地图",开发"河北纪录小康工程数据库",打造长城智

能审核云平台等；依托自身大数据抓取、分析等优势，持续发布《舆情分析报告》及相关信息。

（三）创新体制机制，激发事业发展内生动力

1. 加快内容供给侧改革

为更好发挥党报作为党和人民喉舌的作用，河北日报报业集团成立提升可读性工作领导小组，制定工作方案、规章制度和标准，加强对稿件可读性的考核；建立精品谋划落实机制，由集团副总编辑牵头，成立"精品攻坚工作小组"；引导记者深入基层一线，找准受众关切，通过新闻报道与人民群众实现共情、产生共鸣、发生共振。河北广播电视台根据深度融合转型创新发展要求，制定了2022年度频率频道全媒传播力考核方案，在继续关注传统收听收视表现的同时，调整和细化"冀时"客户端协同发展指标，丰富融合转型加分项指标，重视"冀时"客户端供稿质量，鼓励融合先进典型，以进一步推动频率频道融合转型发展。长城新媒体集团坚持把改革创新作为转型升级的"主引擎"和"先手棋"，推进频道制改革，建立采编队伍和运维队伍"分灶吃饭、工效分开、责权对等"的目标管理机制；推进工作室改革，围绕出精品、出人才、出效益，挂牌成立11个工作室；优化绩效考核机制，使新闻宣传从"要数量"向"要质量"调整，着力提高绩效考核精准度。

2. 加强人才队伍建设

河北省传媒业聚焦新时代宣传思想工作的使命任务，坚持人才工作指导方针，深化人事管理制度改革，建立灵活高效的用人机制。

河北日报报业集团不断完善立体化的人才培育机制，在大力引进人才的同时，对内强化人才实践锻炼，加强高端人才培养和人才教育培训。健全河北日报首席岗位评聘等制度，创新人才管理方式，为专业人才打通多条上升渠道。河北广播电视台以互联网思维为指导打造一专多能的全媒体人才队伍，以专场培训、专岗设置、专项推进等多种形式手段，积极推进广电人才的全媒体转岗。在全台节目一线采编人员中，从事新媒体工作的人员占比超

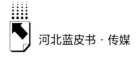

过50%。长城新媒体集团为进一步加强人才队伍建设，重点在人才的"选""育""用""留"四个方面发力，围绕人才引进、培育提升、体制机制创新、激励服务四项工程，着力构建一套适应市场经济规律和集团发展规律的人才管理体制机制。

3. 完善内部管理机制

为加快主力军挺进主战场，河北省传媒业以考核激励机制为导向，进一步完善一体化运行的内部治理机制。

河北日报报业集团对人员实行动态管理，建立能上能下、能进能出的用人机制；对公司管理层探索实行年薪制，对经营人员实行以岗定酬，调动干部职工积极性；用考核"指挥棒"引导全员向媒体融合转型；合理确定经营单位利润指标与收入指标权重，依据考核结果兑现岗位薪酬。河北广播电视台制定频率频道全媒传播力考核方案，进一步推动频率频道融合转型发展，频率频道全媒传播力考核指标包括传统收听收视指标、"冀时"客户端协同发展指标，以绩效"风向标"调动新闻生产融合转型的积极性。长城新媒体集团制定《长城新媒体集团薪酬及绩效考核体系改革方案》《长城新媒体集团年度绩效考核办法》《长城新媒体集团中层管理人员年薪管理办法》等，充分发挥考核"指挥棒"作用，进一步激发干部职工干事创业积极性。

（四）整合资源创新模式，构建产业融合发展新格局

媒体深度融合正在重构传媒生态链，传媒产业格局也面临结构性调整。河北省传媒业积极适应产业变革，整合优势资源，转变经营模式，积极构建产业融合发展新格局。

河北日报报业集团目前所属独资、控股等子（分）公司28家，涉及广告、发行、印刷、新媒体运营、会展咨询等多个领域，涵盖媒体形态多样，拥有融媒体产品生产、印刷发行、技术研发、广告策划营销等完整产业链，经营业态丰富。2022年，河北日报报业集团整合平台资源，强化协调联动，形成全效经营模式，以合力促经营；强化造血机能，向项目要产能。截至

2022年9月底，集团实现总收入6.06亿元，同比减少923万元；整体实现利润3749万元，与上年同期基本持平。

河北广播电视台围绕内容升级主动出击、精准聚焦，以服务群众为抓手，实现了从"内容为王"到"服务为主"的迭代升级，从政务服务到行业垂直定制，通过季播综艺节目定制化、线下活动以及全媒体传播链条，实现了全媒体经营战略布局，赢得了广告主和观众的青睐。为助推县域经济发展，深挖地方好物，河北经视助农助企全媒体直播节目《冀有好物》在节目样态及内容表达上均有所创新。2021年，节目同省内36个县域展开合作，营业收入超过1500万元。[①]

长城新媒体集团紧紧依托冀云·融媒体平台，加快资源整合，在构建"新闻+政务服务商务"的运营模式上发力，持续做大做强网络科技服务、大数据产品服务、电子政务服务、特色电商服务、大型品牌活动、全媒体广告服务等产业。截至2022年9月30日，集团资产总额同比增长13.84%，净资产总额同比增长23.92%。2022年1~9月，集团营业收入同比增长35.8%，其中新媒体收入增长迅速，增幅达55.31%。

二 河北省传媒业面临的主要困境与挑战

媒体深度融合打破媒体边界，传媒业竞争日益激烈，纸媒与广电、网络媒体之间的差异化竞争已逐步转化为同业同质竞争。总体来看，河北省传媒业一体化融合发展尚不充分，面临诸多困境与挑战。

（一）深度融合观念需要进一步转变

2022年，河北省传媒业深度触网拥网，移动优先、平台化发展催生更为显著的融合质变效应。河北省传媒业虽然在媒体融合方面做了大量工作，

---

① 罗大成：《河北广播电视台经济生活频道 践行全案策划、全媒传播、全程服务》，《中国广播影视》2021年第23期。

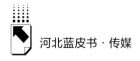

但深度融合的观念不够强、转型突围的思路不够清晰、对新业态的研究不深、拓展新业务的能力不足、运用新媒体经营的表现手法和形式还较为单一,特别是市、县级传媒机构的互联网思维有待深化,有些媒体融合实践仅停留在形式层面,缺乏语言、流程等的适网化跟进。

(二)技术短板需要进一步补齐

技术革新是引领传媒业发展的关键力量。在全媒体时代,以技术赋能内容生产、提升服务能力,才能培育形成传媒业的竞争优势。2022年,河北省传媒业虽然不断引进新技术并加大技术研发力度,但与先进媒体的融合技术相比,还有较大差距,技术力量整体较弱,缺乏具有市场竞争力、可实现成果转化的核心技术。自主技术研发能力不足,支撑融合发展的关键技术主要依靠"服务外包",严重影响传媒产品的更新迭代。

(三)体制机制需要进一步创新

体制机制改革是我国媒体融合发展的重要推动力和转型升级的关键驱动力。2022年,在政策主导和市场倒逼下,河北省传媒业加大体制机制改革力度,但目前的改革几乎还是在工业时代传统媒体框架下进行的,尚未探索出符合全媒体发展的体制框架与机制体系,尤其是适应市场发展和媒体融合特征的现代企业制度没有完全建立,扁平化、高效率的企业组织架构没有完全形成。

(四)人才队伍需要进一步壮大

党的二十大报告指出,"人才是第一资源"。推动媒体融合发展,人才是关键。2022年,河北省传媒业采取多种措施,加大全媒体人才引进与培养力度,但通过人才优势激发媒体融合发展内在驱动力的效果尚不明显。河北省传媒业从事发展战略制定、经营管理、新闻产品生产等的高层次人才资源还不足,尤其是科技创新型、全媒业务型、复合管理型等各层次人才均较为短缺。

（五）经营渠道需要进一步拓宽

受河北地域经济文化基础偏弱、实体经济下滑等因素制约，2022年传媒业广告收入增幅继续收紧。用市场化思维做服务、搞经营的思路窄、办法少，导致河北省传媒业缺乏创新增收的引领性项目，尤其是河北省传统纸媒运作方式普遍存在。市、县级媒体对外部资金的依赖性较强、与当地职能部门协调合作不足，造成花重金打造的新媒体平台"鸡肋"效应明显，其资源聚集、吸附效应不能充分发挥，在经营方面缺乏创新活力。总体来看，河北省传媒业产业升级压力较大。

三　2022年我国传媒业全媒体传播体系建设经验与发展趋势

（一）短视频成为新闻资讯重要来源，主流媒体加速视频化转向

2022年，短视频平台进一步下沉渗透，主导注意力资源的分配与转移。第50次《中国互联网络发展状况统计报告》显示，截至2022年6月，我国网民规模达10.51亿人，短视频用户规模为9.62亿人，占网民整体的91.5%。短视频加速改变受众的信息阅听方式，移动端的碎片化视频传播渐成新闻资讯传递的主要形式，主流媒体也依托内容优势强势入局。在短视频平台上，越来越多的专业传媒机构担当新闻资讯传播的主力，成为流量王者，一些主流媒体账号的粉丝数甚至已经破亿。截至2022年12月，"人民日报"抖音账号的粉丝已经超过1.6亿人，四川广播电视台"四川观察"抖音账号的粉丝达到4710万人。

短视频、微视频、Vlog新闻等日渐成为专业传媒机构资讯传播的常态方式。抖音获得2022年卡塔尔世界杯的转播权，改写了大型体育赛事新闻传播的历史。在这届世界杯的短视频报道中，主流媒体大小屏融合联动，碎片化视频传播的效果不俗。2022年11月17日，"人民日报"微博发布的短

视频《世界杯今日看点：梅西今晚领衔关键之战》，占据微博平台世界杯流量榜首，播放量达 218 万次。央视体育频道的融媒体互动节目《传奇金杯》挖掘赛事新闻点，用短视频呈现受众感兴趣的事实，实现了大小屏融合联动，开创了用小屏参与大屏节目、两者相互"引流"的世界杯报道新模式。

（二）"媒体+"多向延展，跨界融合完善服务功能

媒体融合进入 2.0 阶段，新型主流媒体在做强新闻主业的同时，着力推进"媒体+"战略，探索将地方的政治、经济、文化、社会、生态等优势资源跨界融通，转化为自身发展优势，丰富内容资源，扩大市场空间。主流媒体为不同用户群体提供信息、政务、商务、生活等细分服务，建设"新闻+政务商务服务"的综合服务平台，将媒体公共服务职能扩展到社会生活各领域。

近两年，主流媒体搭建的各类公共服务平台，在疫情防控、暴雨等灾害的应急处理中为公众提供了高效服务。在 2022 年第三十二届中国新闻奖评选中，北京广播电视台依托"北京时间"客户端于 2019 年创办的"北京时间接诉即办融合应用"获得"应用创新"一等奖。这是北京广播电视台开展"媒体+政务服务"的一种创新探索，平台融合民生新闻内容生产，搭建基层群众与政府沟通的桥梁。基于"北京时间接诉即办融合应用"，北京市构建了智能受理和认知随行系统，实现民众诉求从接单、派单、分析到预警和民众反馈评价的全过程闭环。该应用还开设了"民生词典""原创民生视频"栏目和留言板，将市民诉求的典型案例制作成视频节目。用户不仅可以在该应用上浏览民生新闻资讯，还可以通过超链接提交民生诉求，实现政务服务的智能化运作。[①] 2022 年 5 月，澎湃新闻开设"战疫服务平台"，为群众解决各类政策咨询问题，提供隔离封控后的应急服务。很多主流媒体依托数据资源、舆情信息和专业内容生产优势，通过"新闻+智库"全力提升

---

① 任册：《北京接诉即办的创新：6400 余万个民生来电精细体检超大城市》，"京报网"百家号，2022 年 8 月 21 日，https://baijiahao.baidu.com/s? id=1741760738793639759。

内容和服务的附加值。新京报的"新京智库"借助与国内外知名专家、学术机构的合作，围绕重要社会问题和受众关切开展智库研究，推出《人脸识别技术滥用行为报告》等智库型深度报道。在 2022 年 6 月 15 日"全国低碳日"，新京报成立"零碳研究院"，定期推出《零碳研究院碳报》，对国家"碳达峰、碳中和"的政策目标、改革进展和典型案例进行分析解读。瞄准火爆的元宇宙和数字藏品，人民网在 2022 年 1 月上线"灵境·人民艺术馆"，为艺术家及优秀艺术作品提供数字化平台，运用数字出版的形式发行数字藏品，并尝试海外发行。

（三）全媒体传播体系建设向纵深推进，地市级媒体融合开启"加速度"

市级媒体处于中央、省、市、县四级媒体架构的"腰部"，是全媒体传播体系中承上启下、不可或缺的重要环节。2014 年《关于推动传统媒体和新兴媒体融合发展的指导意见》出台，媒体融合上升为国家战略。中央和省级媒体担当融合"前锋"，县级融媒体中心全面跟进。四级媒体架构中，"头部"和"尾部"的媒体融合在政策支持下已取得积极进展。然而，位于"腰部"的市级媒体融合却迟迟未取得突破，面临多路"围攻"、多面"夹击"的"塌陷"危险。有些市级媒体甚至长期拖欠职工工资，处于生死存亡的边缘。2022 年 4 月，中宣部、财政部、国家广电总局联合下发《关于推进地市级媒体加快深度融合发展实施方案的通知》，在全国遴选 60 家市级融媒体中心建设试点单位，提出到"十四五"末，有条件、有意愿的市加强资源整合，建设市级融媒体中心。截至 2022 年 11 月，据不完全统计，全国已有内蒙古、江西、贵州、甘肃、新疆、湖北、云南、浙江等省（区）的多个地市组建市级融媒体中心。浙江省已经建成绍兴、湖州、衢州 3 家市级融媒体中心，并且明确将在 2023 年 6 月底前，除杭州、宁波两个副省级城市外，其余各市都要完成报纸、广电资源整合，建成统一的市级融媒体中心。

先期试点的市级融媒体中心已取得显著成效。黑龙江省齐齐哈尔市融媒体中心成立于 2019 年 5 月，整合报社、广播电视台、广播电视报三家媒体后，实现"报、台、网、微、屏"多元融合发展，打造以"看齐"客户端为代表的新媒体矩阵品牌，全网粉丝量由不足百万人发展到 1600 万人，新媒体矩阵日均阅读量"3000 万+"、总浏览量"450 亿+"，媒体的传播力、引导力、影响力、公信力大幅提升。

（四）"浙江宣传"微信公众号爆火"出圈"，开创主流舆论引导新模式

2022 年，在主力军挺进主战场，构建全媒体传播体系的实践中，不仅有各级主流媒体的探索创新，也有新闻舆论战线政务新媒体的激流勇进，尤其值得关注的是浙江省委宣传部主办的"浙江宣传"微信公众号。截至 2022 年 11 月 4 日，"浙江宣传"微信公众号上线 158 天，共发文 336 篇，阅读量"10 万+"的文章 211 篇，占 62.8%，① 掀起新媒体舆论场的一股潮流。11 月 29 日，面对疫情防控政策调整后的不同意见和舆论分歧，"浙江宣传"微信公众号一篇题为《"人民至上"不是"防疫至上"》的推文引发强烈关注，仅微信公众平台阅读量就达 1970 多万次，全网点击量超 10 亿次，收到 3 万多条读者留言，引导形成舆论共识，引发强烈反响。

如何解读"浙江宣传"微信公众号的成功密码？锚定其"说人话、切热点、有态度"的自我定位，可以做如下解析。一是直面社会热点问题，不回避、不缺位，及时亮剑发声。在舆论高度关注的焦点时刻，"浙江宣传"微信公众号以政务新媒体的专业身份，第一时间把握话语权，抢抓舆论引导最佳时机，体现了专业媒体的社会责任，既有效引导了舆论，也赢得了民心。二是旗帜鲜明表达态度，不躲闪、不遮掩，敢于擂鼓定音。在信息泛滥、众声喧哗的新媒体空间，新闻事实被情绪绑架裹挟，公众在真假难辨的信息面前容易迷失方向。"浙江宣传"微信公众号文章的标题醒

---

① 赵月枝、王欣钰：《"手握笔杆当战士"："浙江宣传"的舆论引领创新实践》，《青年记者》2022 年第 23 期。

目、观点鲜明，说事拉理直截了当，用官方媒体的权威声音和中肯、理性的评论解疑释惑，引导受众认清真相，形成共识。三是转变话语表达，不说空话套话，用心用情讲故事。不论是言说时事热点，还是讲述人文历史，"浙江宣传"微信公众号的行文都具有很强的对象感，从群众的切身感受出发，用平等交流的语态、诙谐生动又寓意深刻的生活化语言直陈事实，善于用比喻、类比把复杂的问题具体化，用大家听得懂、愿意听的语言把道理讲到群众心坎上。"浙江宣传"微信公众号的成功"出圈"，为主流媒体如何在激烈的舆论斗争中举旗定向、发挥引领作用，提供了可以借鉴的经验与启示。

（五）数字科技提供新动能，数智应用加速传媒业态创新

随着大数据、人工智能技术的发展，智能传播已成传媒生态变革的新兴力量。2021~2022 年，全球和中国《人工智能媒体发展研究报告》指出，中国智能媒体发展已跻身国际"第一梯队"，部分领域从"跟跑"成为"领跑"。在创新内容产品的同时，智能媒体深度融入社会生产生活，用全新的传媒业态为经济、社会、文化等诸多领域提供场景入口。2022 年 7 月 23 日，中央广播电视总台数字文化艺术博物馆——"央博"数字平台启动建设。该平台以"央博"App 为核心载体，汇集各大博物馆、美术馆、美术院校及知名艺术家的典藏文物、艺术作品、美育课程等国家级文化战略资源，通过 VR（虚拟现实）/AR（增强现实）、裸眼 3D 等技术手段，创造丰富的交互场景，为受众提供沉浸式艺术体验，为国家文化数字化战略打造基础平台。

继 2017 年新华网推出的全国第一个媒体人工智能平台——新华智云，发布了首条机器生产内容（MGC）新闻视频之后，机器新闻写作在传媒内容生产中的应用越来越广泛。2022 年 11 月 17 日，由新华智云牵头制定的《机器生产内容（MGC）自动化分级》团体标准正式发布，该标准基于机器能够自动执行并完成内容生产任务的程度，从内容采集、加工、审核等环节，对机器生产内容的自动化进行分级，为智能化内容生产的发展提供方向

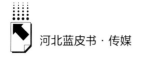

性指导，促进不同层级应用场景的开发。未来，数智技术将进一步催化机器写作向智能化的人机协同（AIGC）趋势发展。

四　河北省传媒业加快构建全媒体传播体系的发展建议

（一）强基培元：增强全媒体内容产品供给能力

全媒体时代，虽然信息传播技术、媒介生态和传媒格局发生深层次变革，但优质内容依然是稀缺资源，是传媒业应对竞争挑战的关键所在。主流媒体要集中优势力量，整合全媒体要素资源，彰显专业化内容生产的权威性和公信力，努力提升高质量内容产品的供给能力。

一是注重原创内容开发。在传播主体开放多元的新媒体环境下，主流媒体很难占有独家信源，唯有不断提升专业能力，推动原创内容革新，才能在汹涌的内容大潮中激起浪花。主流媒体的高质量原创内容来源于扎根生活、贴近实际的调查采访、新闻挖掘。越是在芜杂信息超荷过载的传播空间，主流媒体越要突出专、精、深的内容品质，用具有采访深度、思想锐度、情感温度、引导力度的原创内容吸引和感染受众。利用数字社会建设的新机遇，扩容数据资源池，加强数据挖掘、可视化开发，以数据内容产品研发带动原创内容跃升。

二是加强内容形态创新。信息传播技术不断迭代升级，为传媒内容生产赋能。利用先进技术创新内容形态是主流媒体扩大传播力、影响力，提升内容生产质效的路径。近两年，慢直播、VR、AR、场景交互等传媒内容新形态持续"刷新"阅听体验，塑造全新的媒介景观。互联网技术会进一步改变传媒内容的呈现方式，媒介内容形态创新要大胆利用人工智能等新一代信息技术，创作更多虚实结合、全息化呈现、立体互动、沉浸体验的内容。适应MGC的趋势，将机器写作应用于新闻采、写、编、审等环节，助力提高内容生产效率，加快实现人机一体化高效协作。

三是建设新型话语体系。全媒体时代，移动互联网是新闻舆论主阵地。传统媒体的话语表达严肃庄重、书面色彩浓、官话套话多，带有单向传播的说教气息，已然不适应全媒体传播环境下受众个性化、互动性、具有交流感的信息阅听习惯。主流媒体的内容产品必须创新表达方式，转变话语体系。多用生活化的百姓语言讲述有温度的故事，用"Z世代"熟悉的网感语言传递主流声音，用具有对话感的互动语言强化沟通交流，构建叙事平实、语态平等、语言平和的话语体系，助力主流媒体的内容传播"破壁出圈"。

（二）连接资源：多维度、全链条拓展传媒社会功能

建设全媒体传播体系是一个系统性工程，河北省传媒业要跳出原有的媒介思维框架和功能局限，发挥资源连接的中枢作用，建设"新闻+社交+服务"的区域平台型媒体，连接信息、服务、产业等资源，探索更富想象力的发展空间。

激发优质内容引流潜力。河北省传媒业要在深化政务媒体运维、内容定制等既有服务的同时，抢抓5G信息技术、移动短视频等带来的发展机遇，盘活内容资源存量，做大增量。加强跨领域、跨行业的深入合作，尤其要探索与头部平台媒体的渠道合作，共创视频类优质内容，加快原创IP孵化，释放内容与渠道叠加的溢出效应。

提升综合服务效能。依托省级融媒体平台，打通主流媒体与政府部门的数据壁垒，融合问政类节目的各类线索渠道和政府便民服务热线，建设感知社情民意、汇聚民生诉求、受理政务服务的网络第一入口，实现民生诉求的一键传导、全程追踪、实时反馈，政务服务的一网通办，打造精准满足用户需求的综合服务平台。

深度嵌入社会治理。依托多级联动的全媒体传播体系，汇聚并推动社会思想文化公共资源下沉、触网。加强与经济、文化、旅游、教育、农业、科技等各行业的泛在化联结和深层次互动，积累、沉淀社会治理大数据，建设智能化的区域社会治理平台，为省域治理特别是基层社会治理提供媒介方案。

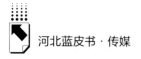

（三）算法为媒：修复创建连接受众的全新关系链

在全媒体传播格局的话语争夺中，传统主流媒体面临的最大挑战是与受众关系链的断裂与缺失。如何找回流失的受众，建立新型的传受关系，是占领新闻舆论制高点的关键。

在算法主导的新型传播逻辑下，河北省传媒业需要强化基于算法应用的受众识别。对目标用户进行大数据分析，通过更加精准的用户画像，建立与受众的强关联，提高核心用户的有效到达率。一是用主流算法做好传媒内容产品的有效分发。主流媒体要加快研发自定义的算法，用既满足用户个性化需求，又体现主流价值的算法追踪用户信息偏好，实现精准、个性化的信息分发，修复与受众的连接。二是加强社群用户运营。社群建立在相对稳定的信息传播圈层，社群用户对传媒产品有较强的价值认同，可以形成强连接和高黏性。主流媒体要活化互动方式，组织开展线下活动，以积分制等形式开发传媒产品的附加价值，注重对互动留言板、评论专区的运维，加强与用户个体间的"交往"，进而与核心受众建立稳定持久的关系。三是精耕垂直用户，助推流量变现。河北省主流媒体已有一些具有影响力的品牌工作室，应进一步深研垂直细分领域的受众需求，打造独具特色的内容 IP，找到传播价值与特色服务的契合点，打通线上线下渠道，促进粉丝流量变现。

（四）深融共通：加快推进市级融媒体中心建设

加快建设全媒体传播体系，需要省、市、县三级媒体协同发力，形成分工协调、高效联动、资源融通、优势叠加的一体化融合机制。当前，河北省省级媒体融合步入深水区，县级融媒体中心建设稳步推进，亟须加强市级媒体融合的顶层设计，打通这一承上启下的关键环节。在试点带动的基础上，对于市域范围内媒体资源过剩、同质竞争激烈的地市，应加快组建市级融媒体中心，进行一体化融合改革。

第一，要转变思维观念，打破融合发展的心理障碍和利益樊篱。要从思想上克服抵触、畏难、悲观心态，充分认识市级融媒体中心建设是应对生存危机的唯一出路，并不是裁员减负甩包袱。只有通过这场融入全媒体传播体系的自我革命，集中资源实现优势互补，才能更好地应对全媒体时代的激烈竞争和生态变革。第二，要优化传媒结构布局，集中力量做强新闻客户端，建好主阵地。通过机构整合，关停失去受众市场的报纸和广播电视频率频道，将人员集中转移到互联网主阵地，真正推动主力军全面转移到主战场。第三，要破除改革顾虑，给予政策保障扶持。媒体融合进入深水区，触碰的都是利益调整和体制机制问题。针对市级媒体从业人员对组建融媒体中心普遍存在的本领恐慌和疑虑担忧，要通过技能培训提升业务素质，妥善做好转岗分流，稳步解决遗留问题。要为市级融媒体中心建设投入相应的财政资金，并协调人事、社保、大数据等部门出台有针对性的支持政策，注入更多优质资源，给予全方位扶持。

（五）数智赋能：以数据驱动传媒业全域创新

数字科技已经成为驱动经济社会发展的重要力量，数字化、智能化也正在重新定义传媒业的发展象限。自2019年开始，河北省已连续承办4届"中国国际数字经济博览会"，积聚了数字资源禀赋要素。《河北雄安新区规划纲要》明确将雄安新区打造为"具有深度学习能力、全球领先的数字城市"，未来雄安新区数字经济占地区生产总值的比重将大于80%。河北省传媒业具有融入数字经济建设的政策、资源和战略优势，要利用大数据、人工智能、区块链等数字科技的加持赋能，推动全流程业态创新。

坚定数字化转型方向，抢占数字经济发展形成的产业风口，利用传媒业积淀的大数据资源，聚焦智慧政务、数字文创、直播电商、智慧教育、智慧医疗、智慧交通等新产业新业态，为相关行业开发数智化服务产品，比如云课堂、云招聘、云展会、云诊疗等，提供全场景智能媒体解决方案，创建跨行业融合的数字化生态体系。

分 报 告
Topical Reports

B.2
2022年河北省报业发展报告

商建辉　张志平*

摘　要： 2022年我国报业市场总体仍呈现收缩趋势。面对持续的下行压力，河北报业坚持聚焦主责主业，发力全媒体生产传播，对存量资源再开发，加强跨界战略合作，注重机制体制创新，加大人才引进培养力度，取得了不俗的成绩。但是，与媒体深度融合的目标任务仍有一定距离。本报告从对接国家文化数字化战略、深挖本地数字资源、重建与用户的连接、创新全媒体人才机制等方面提出建议，试图为河北报业建设新型主流媒体、建立全媒体传播体系提供创新路径。

关键词： 报业　全媒体　文化数字化

* 商建辉，河北大学新闻传播学院教授、博士生导师，河北新型智库·河北省文化产业发展研究中心主任，河北省传媒与发展研究基地主任，主要研究方向为媒介经营管理、中国共产党新闻史、文化产业管理；张志平，石家庄学院学工部（处），中国艺术研究院博士研究生，讲师，河北省文化产业发展研究中心研究员，主要研究方向为媒介经营管理、艺术管理。

一 河北报业发展概况

（一）报纸基本情况

2016~2020 年河北报纸发行量逐年下降，由 2016 年的 12.82 亿册降低为 2020 年的 10.24 亿册，下降了 20.12%（见图 1）。虽然河北报纸发行量仍呈现下行趋势，但是从 2019 年以来，河北报纸发行量下行幅度收窄、趋势放缓，下降幅度基本控制在 5% 以内（见图 2）。

图 1　2016~2020 年河北报纸发行量

资料来源：《河北经济年鉴·2017》，中国统计出版社，2018；《河北经济年鉴·2018》，中国统计出版社，2019；《河北经济年鉴·2019》，中国统计出版社，2020；《河北经济年鉴·2020》，中国统计出版社，2021；《河北经济年鉴·2021》，中国统计出版社，2022。

2016~2020 年，除县级报纸，河北其他层级报纸发行量都呈现下行趋势。2020 年省级报纸发行量为 6.66 亿册，同比下滑 4.72%，与 2016 年相比下降 18.28%；地市级报纸发行量为 3.55 亿册，同比下滑 2.74%，与 2016 年相比下降 23.49%；县级报纸发行量为 0.03 亿册，近五年发行量基本保持稳定（见表 1）。综上，2020 年省级报纸发行量下滑幅度最大，达到 4.72%，高于全省水平，而地市级、县级报纸发行量则表现较好，下滑幅度低于全省水平。另外，与 2016 年相比，地市级报纸发行量下降幅度最大，超过两成；县级报纸发行量不降反升，从 2016 年的 312 万册增加到了 2020 年的 331 万册。

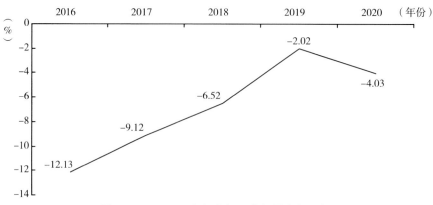

图2 2016~2020年河北报纸发行量变化趋势

资料来源：《河北经济年鉴·2017》，中国统计出版社，2018；《河北经济年鉴·2018》，中国统计出版社，2019；《河北经济年鉴·2019》，中国统计出版社，2020；《河北经济年鉴·2020》，中国统计出版社，2021年；《河北经济年鉴·2021》，中国统计出版社，2022。

河北各层级报纸发行量下滑幅度的差异，造成各层级报纸所占的比重有所变化。省级报纸始终占据主导地位，发行量占比一直保持在全省六成以上；地市级报纸所占的比重呈波动态势，2018年地市级报纸发行量经历较大幅度下滑后，所占的比重一度下降接近3个百分点，随后下滑幅度有所收窄；县级报纸所占的比重稳中有进，依托县级报纸发行量相对稳定的优势，县级报纸发行量所占的比重由2016年的0.24%逐步扩大为2020年的0.29%。

表1 2016~2020年河北报纸层级结构

单位：亿册，%

地域层级	2016年		2017年		2018年		2019年		2020年	
	发行量	占比	发行量	占比	发行量	占比	发行量	占比	发行量	占比
省级报纸	8.15	63.57	7.35	63.09	7.17	65.84	6.99	65.51	6.66	65.04
地市级报纸	4.64	36.19	4.27	36.65	3.69	33.89	3.65	34.21	3.55	34.07
县级报纸	0.03	0.24	0.03	0.26	0.03	0.27	0.03	0.28	0.03	0.29
合计	12.82	100	11.65	100	10.89	100	10.67	100	10.24	100

资料来源：《河北经济年鉴·2017》，中国统计出版社，2018；《河北经济年鉴·2018》，中国统计出版社，2019；《河北经济年鉴·2019》，中国统计出版社，2020；《河北经济年鉴·2020》，中国统计出版社，2021；《河北经济年鉴·2021》，中国统计出版社，2022。

（二）广告收入情况

在 2021 年 1~10 月我国广告刊例花费实现同比 16.3% 的正增长之后，2022 年 1~10 月我国广告刊例花费同比下降 11.2%，整体广告市场下行压力较大（见图 3）。

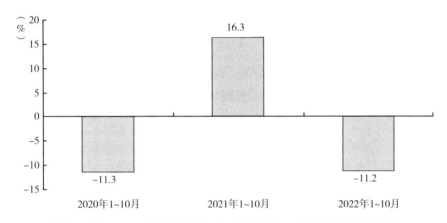

图 3　2020 年 1~10 月至 2022 年 1~10 月我国广告刊例花费整体变化

资料来源：根据 CTR 媒介智讯相关数据整理，https://www.ctrchina.cn/report。

我国广告刊例花费自 2022 年 2 月以来连续 9 个月同比负增长，其中 5 个月的同比负增长超过 10%，5 月更是达到了 -24.1%，广告市场萎缩趋势明显；从环比数据来看，2022 年 1~10 月我国广告刊例花费环比数据呈现波浪状态势，例如，4 月环比下降 9.4%，而 5 月环比上涨 9.5%，说明广告市场整体表现不稳定（见图 4）。

综上，受广告市场整体萎缩态势影响，报纸媒体广告收入同样面临较大的经营压力，这就需要报纸媒体转变经营观念，不断拓展经营范围，努力打造多元化收入渠道。

（三）地市级报纸媒体融合发展情况

2022 年，由中原天工大数据研究院发布的"中原 13 市党媒微信传播

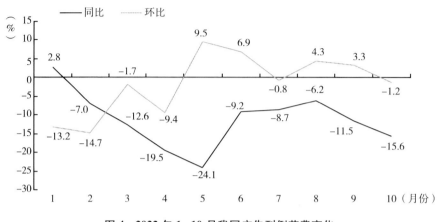

图 4　2022 年 1~10 月我国广告刊例花费变化

资料来源：根据 CTR 媒介智讯相关数据整理，https：//www.ctrchina.cn/report。

指数（WCI）年度排行榜"中，邯郸新闻网和邢台网分别位居第一和第五，在中原 13 市 33 个党媒微信公众号中表现出色（见表 2）。邯郸新闻网微信公众号的文章总阅读量达"9468 万+"，阅读量"10 万+"的文章达到 172 篇，两项指标均位居 2022 年中原 13 市党媒微信公众号榜首。同时，邢台网表现出色，平均阅读量 14094 次，位列榜单第三；推送的《3月 1 日起，公交票价调整》一文，阅读量"10 万+"，总在看数 320，位列榜单第四。

表 2　2022 年中原 13 市党媒微信传播指数（WCI）年度排行榜

排名	公众号	发布次数	发布篇数	总阅读量	平均阅读量	头条总阅读量	总在看数	WCI
1	邯郸新闻网	1248 次	4125 篇	9468 万+	22952 次	5419 万+	12 万+	1518.66
2	焦作日报	1423 次	5007 篇	6542 万+	13065 次	4347 万+	38 万+	1453.31
3	新乡日报	939 次	3746 篇	3767 万+	10056 次	2326 万+	54937	1309.98
4	鹤壁新闻网	753 次	1914 篇	3251 万+	16985 次	2214 万+	48821	1306.81
5	邢台网	998 次	2088 篇	2943 万+	14094 次	2243 万+	10896	1245.17

（四）报业集团发展情况

从表3可见，2021年位列全国经济规模前10的报业集团，除个别位次发生变化外，基本与2020年一致。上海报业集团、浙江日报报业集团、湖北日报传媒集团三家报业集团连续3年稳居前三位，已初步形成领先报业集团格局，且资产总额均超过100亿元。成都传媒集团、南方报业传媒集团增长势头明显，较上一年排名均上升两位，而广州日报报业集团下降幅度明显，较上一年下降5位。与全国领先报业集团相比，河北省内报业集团仍存在较大差距，"大而不强"的特征仍较突出，在一定程度上制约着河北报业高质量发展。

表3 2019~2021年报业集团总体经济规模前10位

综合排名	2019年		2020年		2021年	
	报业集团	排名变化	报业集团	排名变化	报业集团	排名变化
1	上海报业集团	1	上海报业集团	0	上海报业集团	0
2	浙江日报报业集团	-1	浙江日报报业集团	0	浙江日报报业集团	0
3	湖北日报传媒集团	1	湖北日报传媒集团	0	湖北日报传媒集团	0
4	成都传媒集团	-1	广州日报报业集团	2	成都传媒集团	2
5	河南日报报业集团	1	江苏新华报业传媒集团	3	江苏新华报业传媒集团	0
6	广州日报报业集团	2	成都传媒集团	-2	河南日报报业集团	1
7	山东大众报业有限公司	-2	河南日报报业集团	-2	南方报业传媒集团	2
8	江苏新华报业传媒集团	2	山东大众报业有限公司	-1	山东大众报业有限公司	0
9	深圳报业集团	-2	南方报业传媒集团	1	广州日报报业集团	-5
10	南方报业传媒集团	-1	重庆日报报业集团	1	重庆日报报业集团	0

资料来源：《2019年新闻出版产业分析报告》《2020年新闻出版产业分析报告》《2021年新闻出版产业分析报告》。

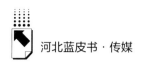

二　河北报业发展现状分析

2022年，河北省、市、县各级报业媒体坚守舆论主阵地，积极探索"新闻+政务服务商务"运营模式，不断拓展媒体融合的广度和深度，实现传统媒体的大融合、深度融合，打造现代化新型主流媒体。

（一）坚持聚焦主责主业，做好迎庆党的二十大重大主题宣传

2022年，河北省报纸媒体以迎接宣传贯彻党的二十大为主线，推出了一大批主题报道、深度报道、融合报道。作为省级党报，河北日报更是利用"1+5+N"全媒体传播体系，为迎接宣传党的二十大专门打造了多款重量级新闻报道。党的二十大期间，河北日报报纸平台共推出二十大相关专版61个，"党的二十大特别报道"特刊6期，刊发稿件272篇；新媒体平台共发布相关报道1490余篇（条），全网总传播量超过两亿次。

一是开辟迎接宣传专栏。在报、网、端等平台陆续推出"喜迎二十大"、"奋进新征程　建功新时代"、"伟大变革　河北实践"、"非凡十年"系列成就报道等专栏专版专题专区，特别是"奋进新征程　建功新时代"专栏专题专区，下设"沿着总书记的足迹""我们的新时代""老区新貌""奋斗者　正青春"等子栏目，全面反映党的十八大以来河北贯彻落实习近平总书记重要指示精神的新成效。其中，2022年5月23日至6月7日在全媒体平台刊发"沿着总书记的足迹——党的十八大以来习近平总书记河北考察大型回访报道"，对习近平总书记9次视察河北的地点开展蹲点式调研采访，9组报道共78篇稿件，自有平台阅读量达到1453.5万次。

二是创制新媒体爆款产品。会中阶段，河北日报精心组织全媒体宣传报道，平均每天推出7个版的"党的二十大特别报道"特刊，将重大报道主题与新媒体技术呈现相结合，推出一大批重点新媒体产品。例如，推出"党代表故事汇""代表近距离""党代表声音"等专栏，充分反映河北党代表尤其是基层党代表履职故事和风采。H5《一起上线！听党代表话报告》请4位基

层代表结合自身工作实际，讲述学习二十大报告的体会，播放量超120万次。

三是省级党报联动报道。为了放大河北好声音、讲好河北好故事，河北日报联合十几家兄弟党报开展7轮全媒体联动报道，围绕同一主题分别采访、集纳呈现、同频共振，先后推出《团结奋斗推进共同富裕》《"绿色名片"里的中国经验》《协同发展　共谱新篇》《千年运河展新韵　生生不息向未来》等融合报道。围绕湿地保护主题与《湖南日报》《大众日报》等5家党报联动推出的手绘长图《江山秀美绿意浓——看！珍稀动物的家园"秀"》，在"河北日报"客户端发出2小时阅读量即突破30万次。

（二）发力全媒体生产传播，打造重大主题融媒体精品

针对北京冬奥会、冬残奥会，全国两会，京津冀协同发展8周年，雄安新区设立5周年等重大选题，河北省各级报纸媒体积极谋划、精心筹备，推出了一大批有思想、有温度、有品质的现象级作品。

北京冬奥会、冬残奥会期间，河北各级报纸媒体深入挖掘"河北元素"和在筹办、赛事保障工作中的"河北贡献"，突出讲好冬奥会里的河北人、河北事，发挥省内媒体独有的注册记者优势。仅河北日报全媒体平台就发布相关稿件5990余篇，总点击量超6.8亿次。由河北新闻网打造的微视频作品《当皮影遇到冬奥会》，将皮影与冬奥赛事相结合，将非遗文化与冬奥特色相结合，通过"皮影健儿"将运动员们的精彩表现全部融入其中，让现代与古老、中国与世界实现"无缝衔接"，24小时播放量高达2.3亿次，成为一款现象级融媒体作品。另外，H5《冬残奥会遇上两会！运动员和代表委员说了啥？》由代表委员和冬残奥会运动员展开时空连线，点击量超300万次。

针对全国两会的报道，《河北日报》推出"两会特刊"系列，全媒体平台共推出通讯、评论、长图、海报、微视频等各类报道2200余篇（条），全网总传播量4.85亿次，充分反映两会盛况和代表委员履职实践，深度解读《政府工作报告》和两会精神。

针对省委十届二次全会的报道，河北日报推出消息、评论、长图、海报等产品，深入解读、阐释全会精神。2022年8月1~15日，《河北日报》在

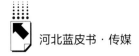
头版重要位置开设"奋进新征程 建功新时代·河北实践"专栏，每日推出一篇综述报道，15篇稿件在集团所属新媒体平台广泛传播，总阅读量近千万次。

针对京津冀协同发展8周年、雄安新区设立5周年等重大节点宣传：河北日报在"报、网、端、微"全媒体平台开设"在习近平新时代中国特色社会主义思想指引下——京津冀协同发展八周年"专栏专题，推出长篇通讯、评论员文章、成就消息、特刊以及新媒体报道，充分反映八年来河北在对接京津、服务京津中加快发展自身的巨大成效；雄安新区设立5周年报道浓墨重彩，全媒体平台共发布稿件620余篇（条），总阅读量4853.8万次。

（三）爆款产品再开发，打造IP化现象级新闻产品

2019年，《河北日报》重磅推出的大型系列报道《大河之北——河北自然地理解读》，受到了广大受众的一致好评，成为现象级新闻报道。自此，"大河之北"就成为《河北日报》的爆款新闻产品，《河北日报》努力将"大河之北"打造成为现象级IP，不仅推出姐妹篇《大河之北——河北人文地理解读》，还对其进行衍生产品开发。

"大河之北"采编团队联合河北新闻网，依托网站、客户端和系列新媒体平台，策划推出了创意互动海报、创意图解、微动漫视频、互动H5小游戏等系列新媒体产品，充分采取网友喜闻乐见的形式，对燕赵大地的山川人文之美进行了全媒体形式的宣传推介。目前已推出"大河之北"新媒体产品60多个，其中"大河之北"系列微动漫视频《西柏坡——新中国从这里走来》《"百果之宗"河北梨的前世今生》入选"学习强国"全国学习平台；多个产品被光明网等中央媒体、省市级媒体、商业网站转载。据不完全统计，《大河之北——河北人文地理解读》所有新媒体产品在各平台总阅读量超过500万人次。①

---

① 周聪聪、孙明霞、刘丽颖：《"重型新闻产品"的"二次创作"思考——〈大河之北〉融媒体产品浅析》，《采写编》2022年第7期。

（四）加强跨界战略合作，塑造党报集团信息服务品牌

河北省报纸媒体主动作为，积极探索"新闻+政务服务商务"运营模式，充分发挥党报集团品牌优势，利用自身在宣传报道、信息服务等方面的资源优势，与河北相关省直部门和单位跨界合作，努力打造省内一流的全媒体信息服务提供商。2022年，河北日报报业集团先后与河北省供销合作总社、河北省林业和草原局、农行河北省分行以及河北省教育厅签署了战略合作框架协议（见表4）。

表4 河北日报报业集团战略合作单位

时间	合作单位	合作内容
2022年6月16日	河北省供销合作总社	发挥河北日报报业集团传播矩阵优势，持续关注河北省供销合作总社的改革举措、发展成效，策划采制更多有影响力的深度报道和群众喜闻乐见的新媒体产品
2022年6月22日	河北省林业和草原局	发挥河北日报报业集团在全媒体策划、新媒体应用和专业人才等方面的优势，不断深化"新闻+政务服务商务"的战略合作，形成共同发展的双赢模式
2022年10月11日	农行河北省分行	河北日报报业集团围绕金融知识普及教育、金融消费权益保护等内容推出了一系列优质全媒体产品
2022年10月26日	河北省教育厅	河北日报报业集团全力做好教育领域新闻报道，产生积极广泛的社会影响，为推动实现"人民满意、教育强省"目标营造良好的舆论氛围

在市级层面，邯郸日报社以"立足邯郸、服务中原"为目标，整合党媒大数据、指数研究和舆情报告三大中心资源，专门成立了中原天工大数据研究院。[①] 该研究院采取"新闻+智库"模式，为社会各界提供专业化调研内参、舆情监测、研究报告等智能型媒体服务，已累计服务政府机关、企事业单位200余家，累计推出各类报告1200余篇，初步形成

---

① 李晓斌、魏荫莱：《融合创新 跨越提升 全力打造现代化新型主流媒体——以邯郸日报社媒体融合发展为例》，《采写编》2021年第11期。

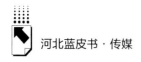

一个具有党媒特点、地域领先的传媒智库矩阵。2022年9月，邯郸新闻传媒中心党媒智库服务项目入选"2022年中国报业媒体融合'用得好'案例库名录"。

（五）注重机制体制创新，再造全媒体生产组织架构

体制创新力是传统媒体可持续发展的重要保障。2022年，河北报业以加快媒体深度融合发展为主线，不断加大机制体制创新力度，努力打造适应社会经济发展的现代化新型主流媒体。

在省级层面，河北日报报业集团将河北新闻网、《燕赵都市报》进行整合。以此为发力点，全新的河北新闻网（燕赵都市报）全力以赴推进媒体要素资源重组、媒体生产运营结构重塑，破除传统的管理机制体制障碍，激发人才队伍活力，努力实现媒体融合向纵深发展。在全新理念、全新机制、全新服务、全新覆盖基础上的深度融合，可以实现"1+1>2"的效果。建立一套新的采编发工作流程，通过内容生产队伍融合、编辑平台融合，初步构建"采集发布一条龙、资源共享共通"的运行机制，实现"一体策划、一次创作、N次传播"，宣传效果大幅提升。

在市级层面，2022年7月，邯郸新闻传媒中心（集团）正式揭牌，下辖2家报纸（《邯郸日报》《邯郸晚报》）、3个电视频道（新闻综合、公共、科技教育）、4套广播频率（新闻综合广播、交通广播、音乐广播、都市生活广播）、3个客户端（"新邯郸""掌上邯郸""冀云邯郸"），以及2个期刊（《新闻丛林》《赵都文化》）。整合之后的邯郸新闻传媒中心，报纸发行量将达12万份、电视广播受众560万人、移动平台粉丝数超过2000万人。邯郸被中宣部确定为全国60个地市级媒体融合试点之一。

（六）加大人才引进培养力度，努力构建全媒体人才队伍体系

人才是媒体深度融合的关键要素。近三年相关数据显示，《石家庄日

报》共离职 10 人，《燕赵晚报》更是离职 15 人，这些人都是报社着重培养的业务骨干。[①] 可见，河北报业人才流失现状仍较为严峻。与此同时，河北报纸媒体采取措施积极应对。例如，石家庄日报社通过与高校战略合作等方式加以应对，采取互派人员交流、共建实践基地等措施为报社提供全媒体人才储备；邯郸市属媒体实施"青蓝工程"，近三年先后招聘引进了 100 多位本科以上专业技术人才，力争实现"一年引进门，两年成骨干，三年挑大梁"目标。

在人才队伍建设方面，河北日报报业集团努力打造一支精通互联网制作、传播、运营的全媒体骨干人才队伍。在河北新闻网、《燕赵都市报》整合过程中，特别注重将原网站工作人员与原报纸工作人员"混搭"，开启网媒编辑记者与报纸编辑记者"双向"学习模式，在日常工作中互相学习、取长补短、共同提高，致力于培养兼具网络媒体与报纸媒体从业者优势的新型复合型人才。

三　河北报业发展建议

2022 年，河北报业在坚持主责主业基础上，努力推动媒体深度融合，在内容生产、流程再造、人才队伍等方面取得了不俗成绩。但是，与媒体深度融合的目标要求仍有较大距离。在数字经济时代，河北报业要实现构建全媒体传播体系的目标、突出数字要素的核心地位，重点在以下四个方面下功夫。

（一）对接国家文化数字化战略，寻找报业数字化发展新空间

《关于推进实施国家文化数字化战略的意见》指出，到"十四五"时期末，基本建成文化数字化基础设施和服务平台。国家文化大数据体系主要包

[①] 宁双艳：《地市党报集团人才流失现状及对策分析——以石家庄报业传媒集团为例》，《中国报业》2022 年第 9 期。

括"两侧四端","两侧"分别是供给侧、需求侧,"四端"分别是资源端、生产端、消费端和云端。文化数字化基础设施和服务平台是媒体深度融合的核心方向和重要任务,国家文化大数据体系建设为媒体深度融合提供新资源和新机会。河北报业可以主动对接国家文化数字化战略,具体可从资源端、生产端和消费端三方面发力。

一是在资源端,通过对接国家文化专网,报纸媒体可以获得海量"物美价廉"的数字文化资源,有助于融合汇聚广播影视、网络视听、文物文博、新闻出版等各类稀缺内容资源。稀缺性资源是报业发展的核心要素之一。报纸媒体在占有稀缺内容资源基础上,可以尝试将业务范围延伸到数字文化相关产业,借助新一代信息技术应用和平台,逐步探索NFT数字藏品、VR/AR/MR、"元宇宙"等业务。例如,2022年9月,《人民日报》发布了"嫦娥探月工程"数字藏品,将"嫦娥一号"到"嫦娥五号"的《人民日报》数字报纸版面集合在一起,讲述我国探月工程的发展历程,具有较高的收藏价值,产品发售取得了不俗的效果。

二是在生产端,国家文化数字化战略主要解决的是供给侧文化数据生产问题。报纸媒体可以将零散的、不同领域的、不同形态的报纸内容资源进行数据化加工,将报纸内容资源转化为报纸内容数据。内容数据化的过程,需要经历数据内关联和外关联两个步骤:在数据内关联上,通过数据分类、数据编目、数据标注进行标准化生产;在数据外关联上,基于内关联与外关联形成关联链,而这些关联链可以通过"数据超市",即全国文化大数据交易体系转化为可溯源、可量化、可交易的资产,为报纸媒体提供新的收入来源。

三是在消费端,数字文化体验的突出特征就是场景化。场景既可以是线上场景,也可以是线下场景。依托接入国家文化专网的优势,报纸媒体可以集成全息呈现、数字孪生、多语言交互、高逼真、跨时空等新型体验技术,提供线上线下一体化、在线在场相结合的数字化文化新体验。在线上场景构建上,"大屏"和"小屏"互动融合,充分发挥全媒体传播体系多屏终端的优势,推进优质文化产品数字化呈现,打造新型文化体验场景，搭建新型在线文化消费场景；在线下场景构建上，报纸媒体可以加强与文化馆、群艺馆、博物馆、学校等各类机构合作，搭建在场数字化文化体验场景。

（二）深挖本地数字资源，依托"数据+"赋能报业经营

近些年，河北报业在数据开发上取得了一定成绩，例如，河北日报报业集团与相关单位共同实施冀农融媒体中心、河北省级数字版权区块链平台等项目，邯郸日报社所属的中原天工大数据研究院依托大数据提供智库化服务，但与报业深度融合发展的目标仍有较大差距。报业深度融合发展的目标是要建立全媒体传播体系，数字技术、人工智能等新一代信息技术都是以大数据为驱动，数据生产要素是全媒体传播体系构建的基础性要素。无论是信息精准分发、用户体验，还是打造生态化商业模式，都以巨量大数据为基础。可以说，在数字经济时代数据是最核心、最基础的生产要素。

一是主动参与本地大数据机构建设。数据是未来最宝贵的资源之一。在人工智能、云计算等数字技术层面，传统媒体无法与互联网公司竞争，只能采取跟随式战略，集成互联网公司的成熟技术。但是，在对本地数据资源整合开发方面，传统媒体可以利用自己与政府的连接优势，积极参与本地大数据公司的建设，为智慧政务、智慧城市、智慧服务等运营提供资源基础。例如，河南日报报业集团作为四家创始股东之一，参与了河南省级大数据公司的创建，其凭借在政务服务领域的长板优势以及在数字领域的技术优势，尝试在大数据领域赋能智慧政务、智慧城市建设。

二是积极参与智慧城市建设。未来传统媒体"新闻+政务服务商务"运营模式的实现，离不开智慧城市这一载体。深度参与智慧城市的建设和运营是传统媒体深度融合发展的应有之义。传统媒体深度参与智慧城市建设，应当在参与本地大数据公司建设的基础上，与技术公司等第三方进行合作，成立子公司，剥离或培养一批智慧城市运营人员，深度操控智慧城市具体建设项目，而不是简单的从客户端参与浅层次场景应用。例如，浙江日报报业集

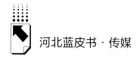

团联合杭州市国有资本投资运营有限公司，设立国内首家城市大脑建设和运营企业——杭州城市大脑有限公司。①

（三）重建与用户的连接，尝试构建区域性互联网生态系统

目前，传统媒体的发行、广告和相关收入都呈现下滑趋势，而互联网逐渐成为广告商主要投资的媒介类别。早在 2016 年，我国互联网广告收入就已经超过四大传统媒体广告经营额之和，是后者的 1.26 倍，也是当年报纸广告经营额的 6.42 倍。② 互联网媒体的冲击，彻底打破了报纸媒体的区域性资源垄断，也切断了报纸媒体与用户的连接，报纸媒体与用户连接失效了。在互联网时代，如何重建与用户的连接，是报纸媒体生存的关键。相较于互联网平台，报纸媒体在与互联网用户连接的过程中，受机制体制、资金、技术以及人才等方面限制，无法打造全国性的互联网生态系统和平台。

面对用户连接失效问题，河北报业可以扬长避短，补齐自身短板，充分利用稀缺资源优势，采取跟随技术战略，构建区域性互联网生态系统。

一是以自有移动客户端为入口。互联网时代，平台与用户之间是平等互动的关系，只有及时了解用户反馈的需求，才能不断迭代创新，为用户提供更好的体验。以往报纸媒体虽然借助"两微一端"或者抖音、快手等平台，取得了一定流量和收益，但更注重内容生产，忽视了与用户的交流互动，决策效率低、迭代速度慢，无法获得用户反馈信息等需求侧大数据，导致难以及时跟进用户需求，进而完善自身产品和服务。因此，报纸媒体要想构建区域互联网生态系统，加强自有移动客户端的建设刻不容缓，可以在学习互联网平台运营基础上，集成各类成熟技术，持续将政务、服务、商务等功能聚合到自有客户端，不断优化用户体验，使其成为报纸媒体与用户重新连接的入口。

---

① 叶莉：《媒体参与城市大脑建设，这个活好干吗？挣钱吗？》，"传媒茶话会"微博，2021 年 10 月 25 日，https://weibo.com/ttarticle/p/show？id=2309404696289232421178。

② 根据 CNNIC 和中关村互动营销实验室数据整理。

二是以大数据服务平台为基础。互联网平台用户连接的实质，就是在大数据基础上利用算法的精准分发，以满足用户的个性化、精准化、定制化需求。区域互联网生态系统要以大数据服务为基础。前文提到报纸媒体要积极参与当地大数据公司建设，获取稀缺数据资源，进而成为智慧城市建设的主要参与者，这也是区域互联网生态系统建设的必由之路。传统媒体在打造区域互联网生态系统过程中，要充分发挥自身在本地数据资源、运营、传播、品牌等方面优势，拓展自身业务领域。例如，江阴融媒体中心积极参与江阴智慧城市建设与运营，构建"1+1+N"的江阴"城市大脑"，即1个数据资产中心、1个智能化城市大脑中枢平台和N个公共服务应用，打造智慧医院、智慧交通、智慧社区等应用场景，为数智政府建设赋能。[①] 总之，未来报纸媒体的区域互联网生态系统必然是建立在本地大数据资源基础上的平台，更是与智慧城市互动互联的平台。

（四）激活存量、开拓增量，创新全媒体人才机制

人才是报纸媒体发展的第一资源，犹如血液一般贯穿于组织之中，一旦人才留不住、招不来、用不上，那么血液就无法正常循环，报纸媒体就会出现"脑梗阻"。人才队伍建设的关键在于人才机制的创新，可以从激活存量和开拓增量两个方面入手。

首先，激活存量，不断完善考核管理和激励约束机制。一是完善分类考核管理制度。进一步完善采编部门绩效考核体系，用考核"指挥棒"引导全员向全媒体转型，调动全体员工深度融合的主动性和优秀人才创新创造的积极性。合理确定经营单位利润指标与收入指标权重，科学制定经营绩效考核指标体系，依据考核结果兑现岗位薪酬。二是创新薪酬激励机制。尝试在管理层实行年薪制，经营人员实行以岗定酬，收入与单位业绩和本人贡献双挂钩，合理拉开分配差距，调动干部职工积极性。三是强化人才实践锻炼。

---

① 郭全中：《基于区域资源的"三智化"转型探索——以江阴融媒体中心为例》，《新闻战线》2022年第5期。

定期选拔人才到驻外机构、全媒体岗位等锻炼，通过多岗位历练培养，激发干部职工发展潜能，培养业务"多面手"，促进"报、网、端、微"全员融合。四是创新人才管理方式。强化竞争选拔，打破论资排辈，不拘一格选聘各类专业人才，为年轻人搭建成长舞台。健全岗位评聘等制度，为专业人才打通多条上升渠道。例如，青岛日报报业集团全面摸底内部年轻优秀人才，竞聘提拔了一批能力强、素质高、业务精的年轻干部，不仅为年轻人提供了发展机遇，也为报社发展注入了新活力。

其次，开拓增量，不断创新人才引进、管理模式。一是不断拓宽人才引进渠道。综合运用公开招聘、选聘、劳务派遣等方式，加大新媒体、技术、经营管理等人才引进力度，优化专业人才队伍结构，推进报纸媒体形成良好的人才梯次队伍。例如，浙江日报报业集团探索"本土人才+外部引进"的模式，其智慧城市建设项目200余人团队中，传媒转型人才仅占1/5，而外部引进技术人才超过一半。[①] 二是制定灵活的人才引进政策。针对报纸媒体急需全媒体技术研发、运营管理等方面人才，可以尝试开通"特殊人才"绿色通道，享受"一事一议"政策，定向吸纳高端人才、急需人才。另外，可以采取柔性引进、挂职锻炼等多种人才引进方式，广泛吸纳急需专业人才，为报纸媒体发展献计献策。三是建立传媒产教融合联盟。由高校、报纸媒体、传媒技术企业、行业协会等共同参与，共建实践平台、共组教学团队、共建实训基地，与高校建立全方位、多层次的合作关系，为报纸媒体培养适应全媒体时代发展的人才。目前，石家庄日报社、邯郸日报社都分别与高校达成战略合作意向，联合高校为报社输送全媒体人才。以邯郸日报社为例，邯郸日报社与河北工程大学建立战略合作关系，河北工程大学依托高校大数据科学系的科研能力，为邯郸日报社提供大数据专业人才和技术支持。

---

① 叶莉：《媒体参与城市大脑建设，这个活好干吗？挣钱吗？》，"传媒茶话会"微博，2021年10月25日，https://weibo.com/ttarticle/p/show? id=2309404696289232421178。

B.3
2022年河北省广播电视事业发展报告

孙荣欣 关海宁*

摘 要： 2022年，河北省广电系统以习近平新时代中国特色社会主义思想为指导，认真贯彻落实习近平总书记对河北工作重要指示批示精神，紧扣河北省坚持稳中求进工作总基调，加快推进现代化经济强省、美丽河北建设，精心策划、科学调度、周密安排，在党的二十大宣传报道、北京冬奥会冬残奥会宣传报道、"两会"报道等重大主题宣传中充分展示了主流媒体的专业水准和时代担当。纵观近年来广电业整体发展形势，广电业仍然面临诸多困难，处于融合转型、体系重构的关键时期和吃力爬坡阶段，但是，随着全媒体传播体系建设不断推进，广电业在新媒体端的传播力与营收能力已经不断增强，行业总收入保持平稳上升态势。

关键词： 广电业 全媒体 文化节目 网络视听

一 2022年河北省广播电视事业整体发展情况

（一）党的二十大宣传报道亮点纷呈

党的二十大是我国在进入全面建设社会主义现代化国家、向第二个百

---

* 孙荣欣，河北省社会科学院新闻与传播学研究所副研究员，广播电视与网络传播研究室主任，主要研究方向为广播电视、新媒体传播；关海宁，河北广播电视台媒资管理中心主任编辑，主要研究方向为新闻采编、媒体融合等。

年奋斗目标进军新征程的重要时刻召开的一次十分重要的大会，是党和国家政治生活中的一件大事。河北省广电媒体以高度的政治责任感和使命感，集中优势力量全力以赴投入党的二十大宣传报道工作，推出多组专栏专题和创意产品，多维立体地推进十年成就宣传和大会报道，凝聚团结奋进的磅礴力量。

1. 会前报道精品荟萃，有生活见时代

河北省广电系统紧紧围绕迎接宣传贯彻党的二十大主题主线，超前谋划、科学统筹，全面构建以重点新闻为龙头，以专题节目、融媒直播为侧翼的党的二十大全媒宣传矩阵，讲述新征程中的河北故事。

河北广播电视台重点新闻节目《河北新闻联播》《河北新闻》《全省新闻联播》及河北网络广播电视台、"冀时"客户端首屏首页，着力开展将党的创新理论转化为重大主题报道的创新实践。聚焦习近平新时代中国特色社会主义思想主题，持续做好"在习近平新时代中国特色社会主义思想指引下""领航中国""奋进新征程 建功新时代·走进老区看新貌""奋进新征程 建功新时代·非凡十年"等重要专栏专题；聚焦全面展示河北省经济社会发展成就主题，策划推出《村光无限好》等全媒、图文报道；聚焦实现中华民族伟大复兴的中国梦主题，策划推出《我爱的十年》等全媒报道。石家庄广播电视台开设"二十大代表风采"专栏，报道本市二十大代表的先进事迹；开设全媒体"喜迎二十大"专栏，报道全市各地各部门迎接二十大的生动实践和实际行动。沧州广播电视台国庆期间推出《喜迎二十大，建功新时代——"大美运河，祝福祖国"》大型特别节目，营造喜迎二十大的浓厚氛围。

在开设专栏专题、发布新闻资讯的基础上，河北省广电媒体推出多档原创节目，厚植党的创新理论、中华优秀传统文化以及地域特色文化，与新闻节目相呼应，构筑具有河北省广电叙事特色的党的二十大主题宣传同心圆。河北卫视文化思政节目《好好学习》、系列专题片《筑梦》入选国家广电总局迎接党的二十大重点节目；《我中国少年》（第五季）弘扬中华优秀传统文化、新时代奋斗者精神、塞罕坝精神、冬奥精神，助力青少年全面健康成长；直播节目《今日河北》聚焦全省各地项目建设、生态改善、乡村振兴、高质量发展亮点成效。河北卫视、河北公共两个频道和"冀时"客户端参与的慢直播《美丽河北》，带领观众欣赏美丽河北，感受生态之美。

2. 会中报道矩阵传播，大声量广覆盖

党的二十大开幕后，广播电视新媒体全平台同频共振，直击盛会、权威发声，通过专栏专题、系列报道、原创节目构建系列化、多形式、大体量的二十大宣传矩阵，营造二十大宣传氛围。

河北广播电视台构建以重点新闻节目为主干、以早晚间新闻节目为两翼、以党的二十大特别节目为延伸的二十大新闻宣传矩阵。《河北新闻联播》《河北新闻》《全省新闻联播》《冀时全播报》《你好京津冀》《党的二十大特别报道》六大节目直击盛会，聚焦大会程序性报道和河北代表团重要活动，做好综合报道和新闻特写。开设"撸起袖子加油干 风雨无阻向前行""二十大时光""报告解读""媒体聚焦"等专栏，系列化、多层次、大体量聚焦会场内外。此外，从 2022 年 10 月 16 日起，在央视《新闻联播》结束后，河北卫视另辟时段，推出党的二十大特别报道，多角度、全方位呈现大会盛况，使党的二十大报道内容更丰富、翔实。省内各市广播电视台也开办"喜迎二十大""二十大时光""全面深入学习宣传贯彻党的二十大精神""二十大报告解读"等专栏，报道全省各地干部群众学习党的二十大报告的火热场景，并结合本地实际，将二十大报告提出的重要目标和战略部署讲清楚、说明白。

在新媒体平台，河北广播电视台大型全媒体报道《2022 石榴花开·媒体走基层》用 12 组融媒体新闻报道全景展示全省各民族群众团结奋斗、共同发展，庆祝党的二十大胜利召开的生动实践。创意视频《喜迎二十大｜河北谱写民族团结进步创建事业新篇章》、手绘 H5《燕赵民族团结实录》等一批适合"融媒体矩阵"传播的新媒体产品，被人民网、央视网、"央视频"客户端等转发；系列融媒产品《身边·图个幸福》《我们这十年》，用具体细微的镜头和故事引起受众共鸣，反映党的十八大以来河北在乡村振兴、生态环保、科技创新、文化建设等多方面的发展与成就，全网阅读量均突破千万次。

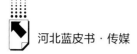

3. 会后贯彻落实再谱新篇

党的二十大闭幕后，广播、电视、新媒体各平台及时深入解读会议精神，报道各地、各行业贯彻落实党的二十大精神的具体思路和实际举措。《河北新闻联播》依托各地记者站力量，派出多支报道小分队深入生产生活一线，以新闻切片的形式，大力报道各地各部门各行业认真贯彻落实党的二十大精神，分享发展新思路、新举措的经验和做法，营造浓厚的舆论氛围。专题"学习贯彻党的二十大精神"采取图文、视频、海报等新媒体形式，持续报道河北各地学习贯彻落实党的二十大精神的情况，关注二十大代表结合河北实际、立足河北特色，把会议精神落到实际工作的行动和成果。河北广播电视台、石家庄广播电视台等多家广电媒体推出"二十大代表在基层"系列报道，跟随本地基层党代表回到工作地点，记录他们深入宣传会议精神、投身工作一线的情况，激励引导全省上下以良好的精神状态和扎实的作风做好本职工作。

（二）展现冬奥会、冬残奥会鲜活图景

北京 2022 年冬奥会、冬残奥会举世瞩目，作为联合举办地的官方媒体，河北省广电系统超前谋划、顶层设计、精细统筹、全力以赴，高质量高标准交出河北省广电冬奥会宣传答卷。

一是重点新闻节目始终体现高站位和权威性，做好重头报道。冬奥会前后，河北广播电视台重点新闻节目《河北新闻联播》《河北新闻》《全省新闻联播》共开设 24 个冬奥专栏专题，其中包括电视专栏"相约冬奥""冬奥百科""冬奥有我""直通赛场""评论区里说冬奥"等，广播专栏"相约冬奥""冬奥有我""张家口蝶变"等。多档专栏专题围绕栏目定位精心策划统筹、把握重要节点，聚焦冬奥会的"河北元素""河北贡献"，讲述冬奥会上的河北故事。冬奥会期间，河北广播电视台在广播、电视、新媒体综合播发相关稿件 4000 余篇，全网总浏览量达 7.3 亿次；在央广《新闻与报纸摘要》《全国新闻联播》发稿 24 篇，在央视《新闻联播》发稿 38 篇，形成全方位、立体式、多声部的报道架构，营造了浓厚的冬奥氛围。张家口

新闻传媒集团全媒体播发冬奥稿件 1000 余篇，建立了北京冬奥会各赛区间的协同合作宣传矩阵。冬残奥会期间，河北广播电视台依托重点新闻节目共开设"相约冬残奥""一起向未来""直通冬残奥""河北骄傲 闪耀冬残奥"等 6 个专栏专题，宣传河北省服务保障赛事运行的具体举措以及残疾人事业发展成效，展示河北人民喜迎冬残奥会、服务冬残奥会、参与冬残奥会的东道主热情。张家口广播电视台开设"冬残奥来了""我是冬残奥火炬手""直通赛场"等专栏，播发各类稿件 1400 余篇。保定广播电视台结合冠军之城建设，广泛宣传保定籍运动员取得的优异成绩，播发《高阳小伙儿梁景怡突围夺金!》等系列重头报道。

二是特别节目有速度、有锐度、有深度，传递赛事精彩内容。河北卫视自 2022 年 2 月 5 日起推出三档冬奥会特别节目：午间新闻直播节目《天天冬奥》与河北卫视派驻北京、张家口多路记者连线做精做亮新闻性；晚间互动评论节目《直击冬奥》围绕每日精彩赛事、高光时刻和运动员背后的故事，做深做透话题性；黄金时段滚动《冬奥快报》根据快手端每天推送的热榜话题、热门赛事以及奥运赛场人物的新闻事件等内容做轻体量特色播报，线上线下多链路多渠道助力冬奥会的宣传报道。冬残奥会期间，河北广播电视台公共频道推出特别节目《冬残奥时间》，节目全程由手语主播同步翻译讲解，及时报道赛场动态，讲述赛场内外的感人故事；邯郸广播电视台音乐广播推出特别节目《冬奥的脚步》，普及冬残奥会相关知识，介绍北京冬残奥会赛况，受到听众欢迎。

三是以原创节目为中心，多题材、多场景、多角度展现冬奥会鲜活图景。充分利用新媒体渠道，发挥新媒体优势，推出新媒体产品，有效提升了宣传效果。河北卫视《啥是冬奥》《冬梦》《独家揭秘"冰墩墩"诞生全过程》《冰墩墩变成卡门墩》四条短视频火爆网络，全网传播量达 6.5亿次。春节假期，河北广播电视台新闻频率、综合频率双主频围绕"春节+冬奥"双主题，每天推出《庆新春 迎冬奥》8 小时直播；"冀时"客户端着力冬奥会内容原创开发，推出《【H5】冬奥倒计时 0 天! 回望那些经典瞬间!》，互动游戏《身临其境 体验冬奥》，原创脱口秀《冬奥

Morning Call》《"颜"无不尽说冬奥》等网感十足的系列新媒体产品；60集全媒体系列报道《从大境门到"雪如意"》、全媒体系列微视频《大美张家口》，全景展示张家口这座冬奥之城的历史、文化、旅游、冬奥经济等内容。全省各地广电媒体紧密结合当地实际，突出春节文化、冰雪文化等主题，全景聚焦、浓墨重彩做好冬奥会相关宣传报道。张家口融媒体中心制作的《北京冬奥会开幕式惊艳世界的张家口元素》《墨轲游张家口》等系列作品点击量近 2 亿次。石家庄交通广播推出特别节目《冰雪之约》、农村广播推出特别节目《乐享冰雪过大年》，把春节贺岁与冬奥会结合起来，既有娱乐性也有参与性，受到听众好评。承德、秦皇岛、保定、廊坊、定州等广播电视播出机构重点采编制作本地参与、服务冬奥会的新闻，将本地文化、特色产业等与冬奥会有机结合，凸显了冬奥会宣传的河北味道。冬残奥会期间，河北广播电视台延续冬奥会新媒体产品的创作思路，集中推出主题式微直播、海报集、短视频、图文报道、全媒系列报道等新媒体产品，《【冀时海报】请查收！2021 年咱河北残疾人事业发展成绩单！》《二月二龙抬头 | 古诗词里看河北冬残奥运动员别样的美》《冬残奥准备就绪！被因为"有爱"所以"无碍"的这些细节暖哭了!》等，结合中国传统文化和重要节日节点，凸显了丰厚内涵和视觉冲击。沧州广电网首页、"新沧州"客户端首屏开设专栏专题，发布短视频、H5、消息、通讯、评论等各种形式的北京冬残奥会报道 80 余篇。

四是冬奥会公益广告播出频次高、覆盖面广。河北广播电视台组织创作了以北京冬奥会为主题的 MV《晶莹之爱》并制作歌曲，被人民网、新华社等多家新媒体平台转发。石家庄广播电视台 4 个频道和地铁电视全天轮播《逐梦冬奥·崇礼篇》《一起向冰雪·一起向未来》《全城热练·欢乐冰雪》等冬奥会、冬残奥会主题歌曲和公益广告，每天累计轮播 100 多次。邯郸广播电视台拍摄冬奥会主题歌曲《一起向未来》手语舞，起到了良好地宣推作用。唐山、沧州、衡水、邢台、辛集等广播电视播出机构均通过电视、广播、移动客户端、公交车屏幕等不同平台保持高频次播放冬奥会、冬残奥会公益宣传片，营造浓厚氛围。

（三）圆满完成全国"两会"报道任务

全国"两会"期间，河北广播电视台紧扣大会精神、聚焦"河北元素"，实现了程序报道及时精准、"自选动作"守正创新、特别节目深度解读、融媒产品亮点纷呈、对上报道质优量足。全台发布"两会"相关稿件1200余篇，在央媒各栏目发稿316篇，其中《新闻联播》32篇。2022全国两会泽传媒指数排名中，《河北新闻联播》、河北广播、"冀时"客户端均名列前茅，整体宣传工作取得良好效果。

在传播渠道上，坚持融合聚力，增强引导效果。强化移动优先理念，精心打造融媒产品，推出了《主播说两会》《春天的脚步》《许萌@两会》等内容优质的短视频以及《请查收！2022〈政府工作报告〉送出的暖心民生"礼盒"》《指尖上的两会留声机》等创意十足的H5产品。这些融媒产品以小切口展开、轻体量表达、鲜活的形式让网友更容易发现兴趣点，找到共情点。

在表达方式上，新技术赋能增强感染力。升级"5G+云采编"模式，大屏端内容输出更具可看性。"两会"期间，前方海量素材通过"云"端传输到"中央厨房"，实现采编播一体化快速生产；利用虚拟演播室全程录制，综合运用三维动画、音乐、特效、图文设计等多媒体手段展示"两会"精神，让代表委员"云"上议政、"跨"屏同框，打破时空界限，"两会"宣传报道充满新意，视觉效果更具感染力。

（四）深耕燕赵文化，展示燕赵风采

2022年，河北广播电视在原有《中华好诗词》《邻家诗话》等文化节目的基础上，大量排播原创精品纪录片，展示地域文化，记录历史传承，擦亮河北文化名片。

河北广播电视台2022年春节期间推出的纪录片《大河之北》（第二季），聚焦河北境内的世界文化遗产，以多角度、差异化、故事性的镜头语言呈现了河北的岁月之美、历史之美以及文明之美。结合冬奥会宣传特殊节

点，河北广播电视台推出 7 集大型文化纪录片《大好河山》，描绘张家口这座塞外名城的前世今生，全景展现张家口的历史荣光与如今蒸蒸日上的发展新貌；纪录片《品味冬奥·崇礼食记》以"崇礼菜单"六大研发基地为切入点，以各个基地崇礼菜单中的菜品所体现的地域文化、人文风俗等为讲述线索，深入探究菜品背后的文化故事和历史传承，向世界展示独特的河北风貌；《冀味儿》（第三季）实地探访京杭大运河河北段，全景描绘生态宜居、生活富足、民风淳朴的壮美画卷；《王厝时代》以战国中山国珍贵文物为切入点，解读中山国的神秘密码，再现一段鲜为人知的历史风云，展示其独特的文化魅力；《中国杂技·吴桥》以历史文化、民间生活、技艺呈现、中外交流等方面为切入点，真实记录并讲述吴桥杂技的现状和传承发展。由河北广播电视台、邯郸新闻传媒中心等单位联合创作的文献纪录片《太行号角》，讲述了抗日战争和解放战争时期的新闻界前辈在太行山区忠于使命、英勇战斗的光荣历史，2022 年 4 月在央视播出。石家庄广播电视台摄制播出的全景展示滹沱沿岸悠久历史人文、呈现石家庄丰厚历史文化底蕴的 3 集纪录片《滹沱筑梦》，在 2021 年 11 月荣获中国广播电视大奖。

（五）精品创作成果丰硕

在 2022 年 11 月揭晓的第三十二届中国新闻奖评选结果中，河北省共有 8 件作品获奖，其中广电类 4 件：河北广播电视台《华北制药打赢美国对华反垄断第一案的启示》获新闻专题二等奖，承德广播电视台的《"世界最大的充电宝"——丰宁抽水蓄能电站投产发电》获消息类二等奖；河北广播电视台《2021 年 12 月 31 日〈全省新闻联播〉》获新闻编排三等奖，《红色号角》获系列报道三等奖。2022 年 8 月，我国播音主持领域首次设立的政府奖"金声奖"评选结果揭晓，共 20 位播音员主持人获奖，河北广播电视台主持人方琼榜上有名。

2022 年，河北省广电系统践行以人民为中心的创作理念，推出了一大批思想精深、艺术精湛、制作精良的时代精品。河北广播电视台《奋进新征程　建功新时代·沿着总书记的足迹》主题系列报道，以忆当年事、访当事人，重温总书记历次考察调研过程和细节，展现总书记心系民生、亲民爱民的赤子情怀，以及各地牢记总书记嘱托、按照总书记指引的方向谋发展取得的成效。系列报道主题既立意高远，又有鲜明的河北特色，充分运用融媒体手段，笔触和镜头丰富细腻、视角新颖独特。河北卫视《筑梦》《好好学习》两档节目入选国家广电总局 2022 年广播电视重点节目名单；专题系列节目《走遍河北》入选国家广电总局 2022 年第二季度广播电视创新创优节目；《大河之北》（第二季）、《中国杂技·吴桥》入选国家广电总局 2022 年第二季度优秀国产纪录片；河北广播电视台联合出品的电视剧《香山叶正红》荣获第 33 届电视剧"飞天奖"优秀电视剧奖、第 31 届中国电视金鹰奖优秀电视剧提名奖，电视剧《前行者》《爱拼会赢》分别荣获以上两个奖项优秀电视剧提名奖；原创纪录片《大河之北》（第一季）荣获第 27 届全国电视文艺"星光奖"提名奖；《风荷正举忆烽烟——白洋淀红色往事》《白头小书记》《冰雪之名》等 6 部纪录片、1 部电影、2 部电视剧先后登陆央视。河北广播电视台策划推出的"晚安·河北 2022 中秋诗会"直播活动在"冀时"客户端以及微信视频号、微博、抖音、快手等平台进行直播，为网友呈现一场传统诗歌文化的饕餮盛宴，共吸引 500 多万名网友关注收看、点赞欣赏。

市级电视台注重发挥贴近性优势，做好民生服务、畅通民意节目。如石家庄广播电视台《市长面对面》融媒体特别节目聚焦民生话题、促进政策实施，有力发挥了党委政府联系群众的桥梁纽带作用，助力提升城市治理能力和水平；邯郸新闻传媒中心已开播 20 余年的品牌广播栏目《清晨热线》，在节目融合制作、多端传播、政务权威发布、深度融入群众日常生活等方面积极探索，在"邯郸新闻传媒中心"客户端同步开通网上问政服务板块，对接全市 100 余家单位，全天候受理、转办、回复、追踪、督办群众反映的各类问题，最大限度服务群众，实现社会效益和经济效益双丰收。

（六）京津冀三地广播电视协同发展进一步推进

2022 年，京津冀三地广播电视和网络视听合作不断推进，三地在主题宣传、精品创作、园区建设、执法监管等方面的合作进一步加深。2022年1月25日，三地广播电视局以视频会议的形式开展2022年京津冀"携手迎冬奥，同心过大年"活动。这是继2021年"共享新视听，同心过大年"活动之后，三地广电部门共同举办的第二届新年文化惠民活动，内容包括共享影视版权，丰富冬奥会、春节期间的电视荧屏内容供给等。北京冬奥会开幕后，"京津冀之声"广播和新媒体推出"京津冀名嘴说冬奥"融媒体专题，共发布18期音视频短片节目，微博话题#京津冀名嘴说冬奥#总阅读量达700万次。① 党的二十大期间，河北广播电视台联合北京台、天津台，立足京津冀区位优势，开展三地联合采访，推出广播系列报道《协同发展花开更艳》，其中《同一片蓝天下》《重大项目百舸争流》等重点报道全景展现京津冀干部群众对党的二十大胜利召开的热烈反响，生动记录三地瓣瓣同心，携手打造世界级城市群的新脉动。

二 全国广播电视行业形势分析

（一）广电行业总体保持稳步增长

梳理2019年、2020年和2021年的《全国广播电视行业统计公报》相关数据可以发现，近年来，广电行业克服多种不利因素，总体保持稳步增长，持续助力经济社会高质量发展。2021年全国广播电视行业总收入首次突破万亿元，达到11488.81亿元，其中，广播电视和网络视听业务实际创收9673.11亿元，同比增长25.43%。② 2019~2021年，全国广播电视行业总收入的增长率分别为16.62%、13.66%、24.68%，整体保持平稳上升态势。

从收入结构来看，广电行业内部正在进行深刻的变化调整。具体表现

---

① 孙海悦：《打造京津冀协同发展重要新闻舆论平台》，《中国新闻出版广电报》2022年2月28日。
② 《2021年全国广播电视行业统计公报》，国家广播电视总局网站，2022年4月25日，http://www.nrta.gov.cn/art/2022/4/25/art_113_60195.html。

在：传统广播电视广告收入增势乏力，而广播电视和网络视听机构通过互联网取得的新媒体广告收入（广播电视和网络视听机构通过互联网网站、计算机客户端、移动客户端等取得的广告收入）则快速增长；自2020年起，网络视听收入首次超过广告收入，成为广电行业收入第一大来源；广电行业实际创收的前三大板块依次是网络视听收入、广告收入和有线电视网络收入，2021年占实际创收的比重分别为37.16%、31.83%、7.59%，三项收入合计占实际创收的比重为76.59%；2019~2021年，有线电视网络收入、电视购物频道收入、广播电视节目销售收入整体呈现下滑趋势（见表1）。

表1　2019~2021年全国广播电视行业收入

单位：亿元

	2019年	2020年	2021年
全国总收入	8107.45	9214.6	11488.81
实际创收收入	6766.9	7711.76	9673.11
广告收入	2075.27	1940.06	3079.42
有线电视网络收入	753.35	756.98	734.56
网络视听收入	1738.18	2943.93	3594.65
IPTV平台分成收入	121.23	135.82	161.76
广播电视节目销售收入	497.66	411.82	438.24
电视购物频道收入	210.47	135.47	115.61

资料来源：《2019年全国广播电视行业统计公报》《2020年全国广播电视行业统计公报》《2021年全国广播电视行业统计公报》。

（二）广电行业的困境仍然存在

2022年6月，人社部等四部门发布《关于扩大阶段性缓缴社会保险费政策实施范围等问题的通知》，将广播、电视、电影和录音制作业等17个困难行业纳入阶段性缓缴养老、失业、工伤保险费政策实施范围。广电行业跌入"困难行业"成了热搜新闻。其实广电行业遭遇行业性困境由来已久。从2015年开始，传统媒体营收大幅下滑，特别是2020年以来，地方台经营更是雪上加霜，大型活动取消、广告收入减少、政府支出压缩，省、市两级广电主流媒体的运营受到较大冲击，具体体现在以下几个方面。一是收入下滑，尤其是对于一些市级媒体和经济欠发达地区的省级媒体而言，以广告为主的传统产业模式难以为继，新媒体用户价值挖掘不够，营收持续锐减，总体上收不抵支，财务压力越来越大，生存危机依然严峻。二是媒体结构不合理。广电行业供给侧结构比较陈旧，新媒体业态比重小，传统频率频道资源冗余严重，功能重复、内容同质、恶性竞争，经营转型难却还在消耗成本，发展包袱大。三是对人才的吸引力下降。媒体行业的社会认可度较传统媒体鼎盛时期有所下降，再加上分配和人事制度改革滞后，年轻人才待遇相对较低，一线骨干力量尤其是适应全媒体生产传播的复合型、创新型人才流失现象突出。四是体制机制不活。一些制约媒体发展活力的问题得不到根本性解决，适应新技术和新消费需求的创新业态虽开发应用，但行动迟缓，不能迅速做大做强。总体而言，广电行业正处于融合转型、体系重构的关键时期和吃力爬坡阶段。[1]

三　2023年广电行业发展展望

（一）广电新型主流媒体建设强力推进

中共中央办公厅、国务院办公厅2022年8月印发的《"十四五"文化发展规划》，将"全媒体传播体系建设"作为"专栏"目标提出，同时给出了中央、省级、市级、县级媒体建设的具体目标。国家广电总局编制的《广播电视和网络视听"十四五"发展规划》也对广电新型主流媒体建设做出详细安排，建设新型主流媒体的政策支持显著增强。近年来，国家广电总局连续开展"全国广播电视媒体融合先导单位、典型案例、成长项目征集和评选"活动，组织全国地市级以上广电媒体制订实施《广播电视媒体深

---

① 杨明品：《【观察】推动媒体深度融合的政策靶向》，"国家广电智库"微信公众号，2022年4月26日，https：//mp. weixin. qq. com/s？＿＿biz＝MzI3MjUzMDU2Mg％3D％3D&mid＝2247535645&idx＝2&sn＝70be3ae3b05dd591e1d5757c44fa5abf&scene＝45#wechat＿redirect。

度融合发展三年行动计划》，有力推动了新型主流媒体建设。广电媒体层面，一体策划、一体采集、多种生成、多元传播、全端覆盖机制日益健全，全媒体传播矩阵逐步建立和完善，自主可控的移动客户端传播力不断增强，省、市、县三级融媒体中心的贯通和协同正在不断探索和推进，这都将进一步提高广电新型主流媒体的内容制作生产与传播能力。

（二）文化类节目继续保持高热度

近年来，各级广电媒体紧紧围绕中华优秀传统文化创造性转化和创新性发展的时代命题，开启视听文艺"新国潮"创作，传统文化类节目成为电视文艺创新创优的实力担当。一批着重于深耕传统文化的优秀节目善用融媒化生产传播，成为全网"爆款"，尤其是围绕经典古籍、诗词歌赋、文物宝藏等中华文化，多维度创新演绎，真正做到了习近平总书记提出的"让收藏在博物馆里的文物、陈列在广阔大地上的遗产、书写在古籍里的文字都活起来"[1]。如《典籍里的中国》生动解读《尚书》《论语》《本草纲目》《孙子兵法》等中华优秀典籍，第一季 11 期节目累计收获全网近 200 个热搜热榜，触达受众近 60 亿人次。[2] 河南广播电视台在 2021 年接连推出"河南春晚""元宵奇妙夜""清明奇妙游""端午奇妙游"等一系列以中国节日为主题的文化节目，将新国潮文化节目创新推向高潮之后，在 2022 年乘势而上，推出"中国节气"系列，以贴近时代生活的小而美、趣且新的小故事，展现传统文化中节气的内涵和寓意。北京广播电视台以京华大地的文化遗产为依托，深耕北京文化资源，先后推出《上新了·故宫》《遇见天坛》《了不起的长城》《最美中轴线》《博物馆之城》等一批特色节目，展现北京历史文化古迹历久弥新的文化魅力。浙江卫视以文化浸润、人文关怀为切入

---

① 《习近平在联合国教科文组织总部的演讲（全文）》，新华网，2014 年 3 月 28 日，http：//www.xinhuanet.com/politics/2014-03/28/c_ 119982831. htm。

② 李磊：《奖项大满贯、网友催更，这档节目为啥能连火两季?》，"传媒茶话会"微信公众号，2022 年 12 月 26 日，https：//mp.weixin.qq.com/s?＿＿biz＝MzI1MDU4OTA0Mg＝＝&mid＝2247687050&idx＝2&sn＝ca730e70e6b401f535db1f374a140a64&chksm＝e9f3a197de8428810a9bf1b2cd1bdd265494063c3223a0e4b702ec9359b57ea7c4a5b32ddff7&scene＝27。

点，探索将肥沃的文化土壤、丰富的文旅资源融入节目，推出《还有诗和远方》《中国好时节》等节目，在江南的绿水青山中打造多元化的传统文化场景。吉林卫视的《中华少年诗说》、山东卫视的《国学小名士》、湖南卫视的《中华文明之美》、江西卫视的《江西少年诗词大会》都将视角对准了下一代，为青少年打开了优秀传统文化之门。从全国范围看，很多主流电视媒体努力挖掘本地文化资源，并注入各种视听新体验和潮流基因，力图将各具特色的传统文化以新内涵和新表达呈现在观众面前，将文化节目创作推向了新高度。

（三）网络视听进一步走向繁荣

截至2022年6月底，我国网络视频（含短视频）用户已达9.95亿人，占网民总数的94.6%。① 网络视听节目在经历初期的野蛮生长和数量的井喷式增长后，逐渐转向精耕细作，内容形态更为丰富，品质更为精良，《百炼成钢：中国共产党的100年》《约定》《黄文秀》《在希望的田野上》《奇遇三星堆》《中国减贫：史无前例的人类奇迹》等网络视听作品在《2021年全国广播电视行业统计公报》中获得高度认可。2022年春节期间，由国家广播电视总局网络视听节目管理司指导，爱奇艺、优酷等7家重点网络视听平台联合播出《中国梦·我的梦——2022中国网络视听年度盛典》，播出当晚超过1.5亿用户观看。② 从管理方面看，自2022年6月1日起，国家广电总局对网络剧片正式发放行政许可，"网标"的出现和"持证播出"标志着网络视听行业"许可+备案登记"的主体管理办法迈上了一个崭新的台阶。

从经济效益方面看，2021年持证及备案机构网络视听收入达3594.65亿元，同比增长22.10%。其中用户付费、节目版权等服务收入大幅增长，

① 《第50次〈中国互联网络发展状况统计报告〉》，中国互联网络信息中心网站，2022年8月31日，http://www.cnnic.net.cn/n4/2022/0914/c88-10226.html。
② 任姗姗：《中国网络视听年度盛典创作座谈会召开》，《人民日报》2022年2月28日，第11版。

达 974.05 亿元，同比增长 17.24%，说明网络视听产品生产量质齐增，版权环境不断优化，中国内容版权市场和付费市场正在激活；网络直播、短视频等收入同样增长迅速，达 2620.60 亿元，同比增长 24.02%，反映出新业态创新活力迸发，产业增长迅猛。① 可以预见，网络视听新业态的蓬勃发展正在深刻改变广电产业模式和生态，成为数字经济发展重要力量。

（四）频道整合迈出新步伐

自 2018 年天津市启动媒体深化改革，合并报业、广电组建天津海河传媒中心以来，频道合并、报纸停刊成为媒体供给侧结构性改革的重要手段。2022 年以来，省级地面频道和地市级频道继续减少，云南广播电视台生活资讯频道、昆明市广播电视台文体娱乐频道、湖北荆门广播电视台公共频道、辽宁凌源市公共影视频道等多个频率频道停播。广电部门对于受众少、影响力弱的频率频道不打"强心针"、不做"人工呼吸"，而是及时"消肿减负"，旨在优化资源配置、淘汰落后产能，集中力量打造精品内容和知名品牌。

值得注意的是，主管部门在加快频道关停步伐的同时，积极推动频道改版整合，以突出频道特色，更好地满足受众需求。2022 年 9 月 21 日，北京广播电视台将原冬奥纪实频道和科教频道资源整合、优化升级为两大专业电视频道——纪实科教频道、体育休闲频道。其中，体育休闲频道专注于新兴休闲运动、体医融合等体育大健康领域，满足受众在全民健身和体育休闲方面的需求。9 月 28 日，浙江党建电视平台改版升级为浙江省第一个省级纪录类专业频道——之江纪录频道，立足"记录新时代、传播好声音"的总体定位，力求用纪录的形态探索党建宣传的新时代表达。10 月 4 日，湖南广播电视台公共频道转型升级为老年人专业电视频道——爱晚频道，是全国首家省级老年频道。可以看出，这些新改版的电视频道更加注重聚焦专业化

---

① 《2021 年全国广播电视行业统计公报》，国家广播电视总局网站，2022 年 4 月 25 日，http://www.nrta.gov.cn/art/2022/4/25/art_113_60195.html。

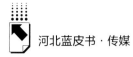

和垂直化定位，目标人群更精准，内容输出和频道运营的方向感更强，更有利于做出特色。

参考文献

武赟：《文化类电视综艺节目的创新传播研究——以〈典籍里的中国〉节目为例》，《声屏世界》2022 年第 22 期。

《【观察】广播电视行业三大收入增长点》，"国家广电智库"微信公众号，2022 年 4 月 29 日，https：//mp. weixin. qq. com/s/HDqcQXbQmyf3K_ AzalZK0g。

《【观察】广电新型主流媒体建设的进展与成效》，"国家广电智库"微信公众号，2022 年 6 月 15 日，https：//mp. weixin. qq. com/s/a0s0fcC4yg8-KVv1vSbM1g。

B.4
2022年河北省主流新媒体发展报告[*]

张 旭 商 棠^{**}

摘 要： 2022 年，河北省主流新媒体壮大网上主流舆论，推进媒体深度融合发展，增强政务服务商务效能，总体网络传播力和影响力明显提升。同时，河北省主流新媒体在提高营收能力、优化多元化产业融合发展格局、健全媒体深度融合发展的体制机制、完善公共服务及政务服务功能等方面存在一定制约因素。利用社会治理思维拓展平台功能、以年轻态打造话语范本扩大媒介增量受众、以技术完善服务平台弥合分歧凝聚共识、以互动增强用户黏性拓展治理空间，仍是河北省主流新媒体的努力方向。

关键词： 媒体融合 地方媒体 新媒体

一 河北省主流新媒体发展现状

2022 年以来，河北省主流新媒体聚焦迎接、宣传、贯彻党的二十大主题主线，推出众多融媒体精品力作，在新闻宣传、技术服务、管理统筹、机制创新等方面，探索提升采编综合效能的有效路径，壮大网上主流舆论，践行"新闻+政务服务商务"，主流媒体影响力显著增强。

---

* 本报告为河北省文化名家暨"四个一批"人才资助项目"地方主流媒体的全媒体转型路径研究——基于长城新媒体的实践探索"阶段性成果。

** 张旭，河北省社会科学院新闻与传播学研究所助理研究员，主要研究方向为新媒体、网络舆情；商棠，长城新媒体集团财经新闻部主任，高级编辑，河北省优秀新闻工作者，主要研究方向为媒体融合发展。

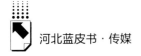

（一）加强全媒体传播体系建设，影响力不断提升

截至 2022 年 10 月，长城新媒体集团总用户数覆盖 1.2 亿人，总传播量超 100 亿次，"冀云"系列客户端总下载量超 3600 万人，累计访问量超 161 亿次；[①] 2021 年"冀云"客户端下载量为 2944.8 万次，居河北省提供的资讯阅读类 App 首位[②]。2022 年，长城新媒体集团共有 3 件作品获得第三十二届中国新闻奖。[③]

河北日报报业集团发挥"1+5+N"全媒体传播体系的优势，整合各类资源，深耕垂直领域，建立适应全媒体生产传播的一体化组织架构，改革后的采编机构设置为全媒体新闻策划中心负责重大报道谋划、新设新媒体中心负责"河北日报"客户端的实体化运作，提高各新媒体端口联动发布报道的质量。新媒体平台影响力进一步扩大，截至 2022 年 5 月，河北新闻网用户规模达到 1371.8 万人，连续三年蝉联省内网络媒体第一。"阳光理政"平台入选 2021 年中国报业深度融合发展创新案例[④]，并获得中宣部项目资助。2022 年上半年，"河北日报"微信平台阅读量"10 万+"的稿件 250 余篇，视频平台多个视频观看量上亿次。其中，视频《我国科学家发现新冠治疗新药，并获发明专利授权》引发网友关注，播放量 3.8 亿次，点赞量 940 万次，登上微博全国热搜榜 45 次，话题最高登至全国热搜榜第 6 位。截至 2022 年 10 月，"河北日报"微信公众号订阅用户突破 260 万人，"河北日报"抖音号订阅用户为 450 万人，各项影响力数据继续居全国省级党报前列，河北日报在今日头条、百家号、快手、视频号等平台不断发力，粉丝总量稳步增长。[⑤]

2022 年，河北广播电视台通过调整和细化"冀时"客户端协同发展

---

① 数据由长城新媒体集团提供。

② 《2944.8 万次！2021 年冀云下载量位列河北资讯阅读类 App 首位》，长城网，2022 年 5 月 18 日，http://report.hebei.com.cn/system/2022/05/18/100948863.shtml。

③ 《长城新媒体三件作品获中国新闻奖》，《河北经济日报》2022 年 11 月 9 日，第 2 版。

④ 《河北日报："1+5+N"格局初成，新媒体用户超 1.2 亿》，河北记者网，2022 年 7 月 21 日，http://hbjz.hebei.com.cn/system/2022/07/21/030179504.shtml。

⑤ 数据由河北日报报业集团提供。

指标（包括"冀时号"发稿量、精品融媒体内容得分、"冀时"客户端下载量等）、重视"冀时"客户端供稿质量、鼓励采用融合先进典型等手段，推动频率频道融合转型发展。

（二）壮大网上主流舆论，做好重大主题报道

1. 全媒体联动，强化思想引领，打造强大政治向心力

2022年，长城新媒体集团策划《总书记到我家唠家常》《传诵经典·听习近平总书记引用的诗词》《说说咱这儿的新变化》《"原点的故事·中国特色社会主义为什么好"思享会》等一批极具新媒体特色的重头融媒报道，全方位、多维度展现习近平总书记的思想、风范和情怀，充分彰显习近平新时代中国特色社会主义思想的真理力量和实践伟力，成为党的二十大报道最强音。长城新媒体集团创新推出《百姓看联播·聚焦二十大》栏目，突出百姓视角，用竖屏方式解读党的二十大，截至2022年10月16日，全网总浏览量超5000万次。紧扣党的二十大报告提出的重要论断，遵循形态简化、语态生活化趋势，运用交互海报、长城简漫、H5等形式，推出《H5丨学报告·共绘锦绣画卷》《手绘情景视频丨向着新的幸福出发》《动漫丨学报告 话未来》等一批新媒体解读产品，充分宣传阐释其中蕴含的丰富内涵、核心要义和实践要求。党的二十大闭幕后，"学习强国"河北学习平台推出"学习'一得录'""强国来电"等理论微宣讲，邀请有经验的领导和专家为基层干部群众进行解读；冀云·融媒体平台联动全省县级融媒体中心推出"中国式现代化的河北场景""'国之大者'在河北"等专题报道，反映河北各地推动高质量发展的火热实践。

河北日报报业集团自2022年2月18日起，在报、网、端等平台开设"奋进新征程 建功新时代"专栏专题专区，下设"沿着总书记的足迹""我们的新时代""老区新貌""奋斗者 正青春"等子栏目，做好迎庆党的二十大重大主题宣传，其中，5月23日至6月7日在全媒体平台刊发"沿着总书记的足迹——党的十八大以来习近平总书记河北考察大型回访报道"，自有平台阅读量达到1453.5万次。党的二十大召开之前，制作的

《长卷｜千里燕赵织锦绣》等新媒体产品,被省委网信办全网推送,当天全网阅读量超 500 万次;《长图｜总书记 9 次来河北,这些叮嘱我们一起重温》《创意微视频｜这里,有总书记牵挂的人和事》《微视频｜叮!十年中这些来自河北的推送,你可还记得?》等,将重大报道主题与新媒体技术呈现相结合。党的二十大期间,推出微视频《跃然纸上!换种方式读报告》《XR 看报告｜畅游美好未来》等新媒体产品,用受众喜闻乐见的方式推动二十大报告入脑入心;推出"党代表故事汇""代表近距离""党代表声音"等专栏,充分反映河北党代表履职故事。2022 年 10 月 15 日至 10 月 22 日,河北日报新媒体平台共发布相关报道 1490 余篇(条),全网总传播量超过两亿次。

党的二十大期间,河北广播电视台"冀时"客户端开辟 3 个新媒体专栏,即"你早,河北""正午学习时间""晚安·河北",多维度、全方位、立体化打造新媒体全天候二十大宣传贯通线。每日早 6:15 上线的新闻早报专栏"你早,河北",以图文音视频集纳的形式,纵览党的二十大重点宣传,高度符合移动端受众浅阅读习惯;海报专栏"正午学习时间"特别策划《二十大报告金句》系列,每期正午 12 点推出,精选党的二十大报告重要思想,以"红色海报+金句"的形式展现,便于网友简便高效、有针对性地领会大会精神,5 期网、端累计浏览量超 150 万次;晚 9:30 推出系列音频专栏《晚安·河北｜美丽河北》,以"美丽河北"为主题,精选书写河北各地景观的优美诗文,以主播朗诵与图文相结合的形式展现党的十八大以来河北人文生态之美。

2. 深挖"河北元素",做好2022年北京冬奥会和冬残奥会报道

2022 年北京冬奥会期间,长城新媒体集团加强新媒体创意策划,充分挖掘"河北元素",共发布冬奥会相关稿件 5000 余篇,全网点击量超 4.8 亿次。《手绘长卷｜长城群英绘·北京 2022 年冬奥会冠军"全家福"》《创意视频｜世界看崇礼:一起向未来!》《媒体接待站的故事》等一批爆款作品刷屏;多部视频素材被央视网、中新网等央媒转载。《冬奥"冀"录 河北精彩》《"立春"烟花刷屏,产地名字和这氛围真是绝配!》《长城大视野

⎮2分16秒4个月18年　阜平山里娃娃如何走上冬奥大舞台》等融媒报道，聚焦冬奥会开幕式上阜平马兰花儿童声合唱团、蔚县打树花、安平烟花、国旗传递先进人物等河北元素，展现"河北贡献""河北情怀"。《北京冬奥会开幕式，阜平脱贫娃唱响〈奥林匹克颂〉》生动展现中国全面建成小康社会的成果；"马兰花儿开"系列报道，让马兰花儿童声合唱团的孩子们讲述自己学音乐、上舞台、看世界的成长故事，从孩子视角微观叙事，借冬奥会之势展现中国人民的幸福生活。

冬残奥会期间，长城新媒体集团将视角对准火炬传递、开幕式、赛事等重要环节，立体化、多角度呈现冬残奥会中的河北风采。围绕冬残奥会火炬传递，现场采访张家口赛区河北火炬手，传递办奥理念、彰显河北办奥成绩，围绕冬残奥开幕式，突出报道河北旗手、河北运动员、河北制造等元素，推出《"大雪花"绽放鸟巢！这些"衡水制造"硬核护航冬残奥会》等报道，传递河北好形象。围绕冬残奥会上河北运动员的风采，挖掘运动员自强不息的奋斗故事，推出《河北首金郭雨洁：每一天都在努力》《张梦秋夺冠！父母的期望是照一张全家福》等报道，形成动态播报、有点有面、梯次传播的良好效果。

北京冬奥会、冬残奥会期间，河北日报报业集团深入挖掘"河北元素"和河北在筹办、赛事保障工作中的"河北贡献"，突出讲好冬奥会里的河北人、河北事，全媒体平台共发布相关稿件5990余篇，总点击量超6.8亿次。推出的《当皮影遇到冬奥会》用非遗皮影动画演绎精彩冬奥会赛场画面，被中央网信办全网推送，24小时播放量达2.3亿次；"马兰花合唱团"系列融媒报道、微视频《当皮影遇到冬奥会》等30余件作品受到中宣部和《北京2022年冬奥会宣传舆情要览》表扬，作品数量居省直媒体首位，"冀看点"抖音号发布的北京冬奥会相关视频合集，总播放量达4.3亿次；冬残奥会期间，全媒体平台发布产品3300余篇（条），累计总阅读量约3.6亿次，其中H5《冬残奥会遇上两会！运动员和代表委员说了啥？》由代表委员和冬残奥运动员展开时空连线，点击量超300万次。

3. 融媒交互，完成全国"两会"、河北省两会等宣传报道

2022年全国"两会"报道中，冀云·融媒体平台搭建中央厨房，省直

三家主流媒体可以共享共用报道素材；以"奋斗吧，中国！"为主题，策划制作一批突出百姓视角的融媒精品，截至 2022 年 3 月 11 日，长城新媒体集团发布全国"两会"相关图文报道、图解、Vlog 等多种形式原创作品 820 余篇（条），转载（含信息流）4.6 万篇（条），全网总阅读量两亿次，采访代表委员近 200 人次。《创意 H5 | 山河绘就大国报告》、《云瞰京津冀》融媒访谈节目获得中宣部表扬，《微视频 | 奋斗吧！中国》等作品被中央网信办全网推送，《云瞰京津冀》融媒访谈节目、《您的"两会 AI 助手"已上线》融媒创意互动作品等为奋进新征程、建功新时代营造了浓厚、热烈的舆论氛围。

（三）强化技术驱动，注重可视化呈现

长城新媒体集团高度重视技术创新引领，提升内容生产力，尤其注重可视化新闻产品的生产和传播，不断强化创新思维、融合理念，以可视化为重点推动内容与技术深度融合，通过个性化制作、可视化呈现、互动化传播，推出了一批特色鲜明、影响广泛的可视化新闻精品。

1. 丰富可视化形式，打造鲜明特色品牌

长城新媒体集团全方面拓展可视化媒体应用，打造"长城视频""冀云海报""手绘长卷"等一批富有鲜明特色的长城 IP 融媒精品。长城新媒体集团每逢重大主题报道都会推出手绘长卷作品，如为庆祝中国共青团建团百年，推出《手绘长卷 | 新时代中国青年图景志》，刻画新时代青年奋发图强、担当有为的精彩瞬间，该作品被"共青团中央"微信公众号全文推送，总传播量超 5000 万次，推出的《手绘长卷 | 擘画未来之城　筑梦"千年大计"》全景式描绘雄安新区拔节生长的建设场景。

2. 依托可视化技术，提升内容传播力

长城新媒体集团强化对前沿技术的把握和应用，推动采编技术深度融合，让前沿技术在可视化进程中产生持续而深远的影响。如创意视频《"皮影人"游冬奥》采用立体 3D、动漫包装技术等，将唐山皮影与冬奥会运动项目相结合，生动展示七大项专业知识；H5 动漫《云瞰"雪如意"AR 来揭秘》将虚拟场景与现实场馆巧妙融合；互动 H5 作品《3D 体感虚拟滑雪

游戏 | 一起向未来 滑向"雪如意"》应用体感控制等技术，让用户沉浸式体验高山滑雪竞赛，参与互动人次屡创新高。2022年全国"两会"期间，策划可视化解读《政府工作报告》，推出《您的"两会AI助手"已上线》，用语音与虚拟主播"冀小青"互动，了解全国"两会"热点。推出《长城视频 | 开启"元宇宙"3D看河北》，用户跟随讲述人进入不同的全息虚拟场景，感受西柏坡、阜平、塞罕坝、崇礼、雄安等地的今昔巨变。

3. 强化可视化思维，提升信息精准度

长城新媒体集团在可视化新闻与大数据关联方面，不断进行探索与实践。2022年北京冬奥会开幕之前，"冀云"客户端推出全国首条地方媒体冬奥信息流，海量汇聚、个性化推荐全网冬奥会优质内容；将冬奥频道分发到各县级分端，实现冬奥信息"一键发布、一次推送、多端直达"；搭建河北冬奥会报道媒体素材库，央媒驻河北站、省直主要媒体、相关市县媒体的冬奥报道素材，省冬奥办、省体育局及张家口市相关信息、工作指令等，都可上传至该平台，与县级融媒体中心共享共用。

（四）践行"新闻+政务服务商务"，增强综合服务效能

河北省主流新媒体立足"新闻+政务服务商务"定位，拓宽民生政务服务范畴，回应群众关切，更好地引导、服务群众，提升基层社会治理水平；做强舆情、内容审校等平台服务，为政府提供智力支持。

1. 做实公共信息与政务服务，打造社会治理智能化网络平台

长城新媒体集团为群众提供反映诉求、舆论监督的方便快捷、有效对接通道。截至2022年8月，冀云·融媒体平台已完成180家单位入驻对接，上线104类315项服务功能，放大平台型媒体一体化效能；开设"问政河北"平台，实现全省地区全覆盖；发布月答复率排名函，获得广泛关注；自主开发上线社区综合治理"红色管家"等政务功能，推出融媒产品《河北1+20惠企政策"一点通"》，汇集一图看懂、动漫解读、政策点评、新闻动态等多项内容，为各级各类市场主体了解、熟悉、使用相关政策提供切实的帮助，截至2022年9月，总访问量达6000万次。

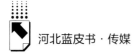

2. 加强技术服务，优化内容审校、舆情监测等公共智库服务

长城新媒体集团依托自身大数据抓取、分析等优势，发布《舆情分析报告》及相关信息，提升舆情监测分析和舆论引导水平，为政府决策提供智力参考。建立健全热点舆情联动应对机制，加强对各市重点网络舆情监测和协同报送的管理，给出研判处置建议。2022 年，长城新媒体集团设计研发"长城智能风控云平台"，提供内容审校、动态监测、传播分析、专项审读等服务。①

河北日报报业集团探索市场化的智库产品，旗下"河新智库"打造集舆情应急处置、大数据研究、深度调研报告等于一体的河北首家媒体智库，参与地方治理，提高党政机关和企事业单位决策的科学性和有效性，提升政府的公共服务效果。截至 2022 年底，"河新智库"服务客户百余家，其中包括省委网信办、省国资委等主要省直单位，邯郸市、唐山市等网信宣传部门及市直单位 40 余家。

（五）强化改革创新，助推采编业务高质量发展

2022 年，长城新媒体集团推进体制改革创新：一手做优精品内容，扩大优质内容产品供给；一手深耕行业资源，加强政务服务，建立采编队伍和运维队伍"分灶吃饭、工效分开、责权对等"的目标管理机制。持续完善企业管理架构，完善内部机构设置，围绕出精品、出人才、出效益，挂牌成立 11 个工作室，打造适应新媒体发展的扁平化运行体系和机制。充分发挥绩效考核的"指挥棒"作用，新闻宣传从"要数量"向"要质量"调整，着力提高绩效考核精准度。如融媒体制作部内设视频组、动漫组两个科组，有刘超瑞工作室、张梦琳工作室两个精品创作工作室，在部门绩效二次分配时，总额分成三部分：日常工作考核，包括考勤、作品有无差错等方面，约占总额的 24%；重点工作考核，包括完成部门交办的急难险重工作任务等，

---

① 《长城智能风控云平台亮相 2022 中国国际数字经济博览会》，冀云网，2022 年 11 月 16 日，https：//jiyun. hebyun. com. cn/pages/2022/11/16/8a3a4bee4c234efb9e7f47e46bc1b04f. html? vTime＝27857526。

约占总额的 26%；作品考核，根据内容质量和实际影响两个维度考核，占 50%权重，注重作品质量，强化以内容为王。①

二 河北省主流新媒体建设中面临的困境

（一）新媒体营收增长强劲，多元化产业融合发展格局仍需优化

2022 年，长城新媒体集团依托冀云·融媒体平台，优化产业布局，提升新媒体经营的能力与水平，促进新媒体收入快速增长，初步构建平台型媒体多元化产业融合发展格局。截至 2022 年 9 月 30 日，集团资产总额同比增长 13.84%，净资产总额同比增长 23.92%。2022 年 1~9 月，集团营业收入同比增长 35.8%，其中新媒体营业收入增长迅速，增幅达 55.31%，技术服务相关产业发展较为迅猛，净资产收益率 15.35%，国有资产保值增值率 117.95%，实现了国有资产的保值增值。但目前包括长城新媒体集团在内的河北省主流新媒体还处于快速发展期，经营创收能力仍需加强，仅靠现有的创收渠道，很难完全满足平台在建设运营、人才吸引、技术研发、产业布局等方面的需要；对新业态的研究不深，拓展新业务的能力不足，运用新媒体经营的表现手法和形式较为单一；产业格局需进一步优化，先进技术的产品不够丰富，产业发展的转型力度需加大。

（二）推进媒体深度融合发展的体制机制逐渐完善，人才队伍建设需进一步加强

2022 年，长城新媒体集团推进干部人事管理创新和薪酬绩效分配制度改革，健全现代企业管理制度，制定、修订集团相关制度体系，实行薪酬并轨改革，实现了集团内事业身份和企业身份员工同工同酬②，但适应市场发

---

① 《想持续打造爆款融媒作品？看看这个团队是怎么做的》，"长城新媒体集团要情"微信公众号，2022 年 6 月 2 日，https：//mp.weixin.qq.com/s/3MS-CK7i_cNcRMvKVNb8bA。
② 马来顺：《建好主阵地 当好主力军 展现新作为》，《新闻战线》2021 年第 4 期。

展和媒体融合特征的现代企业制度没有完全建立，扁平化、高效率的企业组织架构还没有完全形成。推进媒体深度融合发展的体制机制还需进一步完善，深度融合的观念不够强。人才队伍需要进一步壮大，新媒体技术人才和研发团队略显薄弱，关键技术存在短板，全媒体经营管理、技术研发和市场营销等人才比较短缺，全媒体发展战略制定、经营管理、新闻产品生产等支撑集团高质量发展的关键要素还不够强。

（三）公共服务功能开发尚不成熟，政务服务功能有待完善

河北省主流新媒体在聚焦主责主业的基础上，增加了公共服务和政务服务功能，成为兼具新闻宣传、公共服务、社交互动功能的综合平台。目前来看，平台开发的服务功能种类较少，特别是与百姓关系密切的民生服务、政务服务项目还不健全，虽已开设医疗、生活缴费、办事、公积金查询、实时公交、地图、交通违章等板块，但大多是直接链接到微信小程序、支付宝、银行、高德地图、外卖及政务新媒体，且需要重复注册、登录，增加用户操作步骤。用户直接选择上述客户端也能够实现服务功能，且这些成熟的客户端专业性更强、内容更丰富、功能更齐全、使用更便捷。还有一些电商服务板块存在内容缺失的现象，系统迭代和维护亟待加强。

（四）单向传播模式仍为主流，互动功能发挥不充分

当前，河北省主流新媒体单向传播的基本模式总体上并未改变，人民群众参与媒体的广度和深度有限，其身份总体上仍是信息接收者，且媒体大多存在反馈渠道少、反馈机制不健全的问题，互动功能发挥不充分。如在冀云App发布的新闻中，用户在评论区留言审核周期较长，反馈时效不强；大多数本地新闻下没有用户留言，有的即便有精选留言，留言内容要么高度雷同，要么直接截取文章标题，要么只有一个"赞"，鲜见具有个性化的观点类留言，还有的评论区虽然展示评论，却无人回答用户提问。各级子平台由于在拓展传播渠道多样化的同时，相关采编、技术支持人员匮乏，运营时很难做到有足够的工作人员与用户进行充分互动。

三　河北省主流新媒体提质增速的发展机遇

（一）新媒体不断深入数字中国建设的顶层设计，推动国家发展进程

当前，互联网行业发展起伏加剧，主流新媒体发展需要不断深入数字中国建设的顶层设计，为数字中国建设助力。2022年以来，国家有关新媒体发展的政策越来越多、专项越来越细化。2022年1月，中央网信办等十六部门联合公布国家区块链创新应用试点名单，为区块链试点工作提供了组织协调、政策资金、推进落实等支持。[①] 2022年6月，《国务院关于加强数字政府建设的指导意见》印发，在构建协同高效的政府数字化履职能力体系、数字政府全方位安全保障体系、数字政府建设制度规则体系、开放共享的数据资源体系、智能集约的平台支撑体系等方面对数字政府建设新局面做出部署，以数字政府建设全面引领驱动数字化发展。2022年11月，国家网信办发布新修订的《互联网跟帖评论服务管理规定》，重点明确跟帖评论服务提供者的跟帖评论管理责任、跟帖评论服务使用者和公众账号生产运营者应当遵守的有关要求等内容。2022年12月，国家网信办等三部门联合发布《互联网信息服务深度合成管理规定》，强调不得利用深度合成服务从事法律、行政法规禁止的活动，要求深度合成服务提供者落实信息安全主体责任。

（二）媒体融合发展助力智慧城市建设，加快推进基层治理体系和治理能力现代化

作为党和政府的执政工具，各地主流媒体凭借内容和传播优势，在智慧

[①] 《中央网信办等十六部门联合公布国家区块链创新应用试点名单》，国家互联网信息办公室网站，2022年1月30日，http://www.cac.gov.cn/2022-01/29/c_1645059212139691.htm。

城市大脑这一社会新中枢的运营中拓展经营业务、提供技术支持，加快推进基层社会治理体系建设。安吉县融媒体中心在大量体制机制政策支持下，承建安吉县智慧产业，统揽县域社会治理数字化基础建设，承接各乡镇（街道）部门政务宣传及相关服务项目，成立安吉智慧城市运营公司，全面推进智慧安吉建设。[1] 2021 年其实现营收 4.012 亿元，同比增长 35%，2022年预计突破 5 亿元。[2] 杭报集团承接的"杭州城市大脑市域媒体一体化云平台项目"，围绕市域媒体平台与杭州"城市大脑"的双向赋能，推动实现"新闻+政务+服务"功能全覆盖。[3]

（三）河北加快发展数字经济，数据驱动、智能融合成为实体经济的强大支撑

2022 年，河北省大力推动数字产业化和产业数字化"双轮驱动"，进一步促进数字经济和实体经济深度融合，建设数据驱动智能融合的数字河北。截至 2022 年 11 月，河北全省数字经济规模达 1.39 万亿元，同比增长 15.1%，占 GDP 的比重达到 34.4%，数字经济主导地位不断强化、支撑作用明显加强；[4] 在线运营服务器规模达 260 万台，5G 基站实现县级以上主城区网络全覆盖，基础设施布局为数字经济高质量发展提供了支撑。2022 年 4 月，河北省委网信委印发《河北省"十四五"信息化规划》，提出强化创新驱动与数字赋能，推动新一代信息技术与经济社会发展全面深度融合，加强数据资源开发利用，促进河北数字经济快速高质量发展。

---

① 《新时代重塑县媒融合发展格局的安吉实践》，"传媒"微信公众号，2022 年 7 月 11 日，https：//mp. weixin. qq. com/s? ＿＿biz = MzA3NTY2NzIzOQ% 3D% 3D&mid = 2649650028&idx = 1&sn = 68368b79f5dda478b12c50cf54251ec9&scene = 45#wechat＿redirect。
② 《安吉发布全国首个县级融媒体五年发展战略规划》，《安吉新闻》2022 年 11 月 15 日。
③ 《杭报集团持续深化媒体融合改革》，《杭州日报》2021 年 12 月 23 日。
④ 《河北举行 2022 中国国际数字经济博览会新闻发布会》，国务院新闻办公室网站，2022 年 11 月 2 日，http：//www. scio. gov. cn/xwfbh/gssxwfbh/xwfbh/hebei/Document/1732691/1732691. htm。

四 推动河北省主流新媒体建设的对策建议

（一）深刻理解社会治理思维，进一步拓展平台功能

5G智媒时代，省级主流新媒体要适应公众获取信息渠道的变化，提高新闻舆论工作的有效性，坚持正能量是总要求、管得住是硬道理、用得好是真本事。要加强"四全媒体"建设，深刻理解社会治理思维，将主流媒体建设升维嵌入国家治理能力和治理体系现代化转型中，坚守主流价值汇聚优质内容，全面提升网上传播力，更好地满足公众多元化、个性化的信息需求。主流新媒体建设不只是为传统媒体找出路，更重要的是切实做好意识形态工作，进一步稳固党的执政基础。主流新媒体要站在时代的高度，在新时代社会发展和社会治理的过程中把握自身定位和社会功能，成为社会新型基础建设。主流媒体应充分应用新技术，适应多元场景，在新语境下引导主流意识形态，传播正能量，承担社会治理主体的相应责任，推动社会治理模式从单向管理转向双向互动、从线下转向线上线下相融合，着力提升矛盾纠纷化解、公共安全保障、基层社会治理等领域数字化治理能力。[1]

（二）以年轻态打造主流媒体话语范本，扩大增量受众

新型主流媒体是连接国家、政府与公众的重要桥梁，也是政府发挥治理功能，与多元社会主体沟通协商，实现合作共赢的重要工具。当前，网络空间生成既博弈又协同的话语体系，舆论场中存在代表官方的治理者话语、具有批判性的知识分子话语和以底层网民为主的草根话语三种主要的表达体系。主流媒体在信息传播与舆论引导中若沿袭过往单一、刻板的议程设置与

---

[1] 《国务院关于加强数字政府建设的指导意见》，中国政府网，2022年6月23日，http://www.gov.cn/zhengce/content/2022-06/23/content_5697299.htm。

话语样态，难以满足用户的需要、获得用户的认可，最终使其公信力逐渐下降。省级主流媒体需要从立意旨趣、话语框架、修辞策略和语料材质等方面不断对传播内容进行创新，提升内容的品质，建构新的话语体系，打造新时代话语范本。同时改变话语表达的语态，善用新型媒体的话语方式，增进与用户的情感交流，从而提升自身的传播力、引导力、影响力、公信力。

（三）以技术完善服务平台，弥合分歧凝聚共识

媒体具有第一时间发现社会问题和多元分歧的优势，及时回应关切、引导舆论，可有效避免问题积压和矛盾升级，起到防微杜渐的作用，对加强基层治理意义重大。省级主流新媒体平台在参与社会治理的过程中，要搭建公共话语交流平台，积极发现社会的主要矛盾和不同利益主体的观点，促进多元主体的对话与协商，有效解决社会矛盾、弥合日常生活中的分歧。利用技术赋能，不断完善新闻资讯、政务服务、电子商务、网上办事等功能，提供运营、维护、迭代等技术支持，建立完善的综合信息管理服务平台和反馈机制，深耕数字政务服务与民生服务，为实现国家治理多元共治的局面创造媒介条件。

（四）以互动增强用户黏性，拓展基层治理空间

主流媒体不仅是社会环境的监测者，还是社会对话的组织者和社会信任的催化者。网络沟通具有直接性、对等性，是实现平等对话的理想媒介，主流新媒体要注重与用户进行互动，从业者要提高与受众进行沟通的能力，通过加强互动吸引用户，获得用户在情感上的归属与认同，实现与基层群众有效衔接和良性互动，增强用户黏性，不断拓展基层治理空间。可加强对评论区管理、加大运营能力的培训力度，倡导设置专人专岗，可发挥"90后""00后"年轻人的作用，探索成立专门的评论互动团队，专门负责运维、管理评论区，增强对象意识、服务意识，有针对性地回应用户个性化的关切诉求，督促相关部门及时回应，将公共服务功能提到前面，让群众的诉求有回声、意见有反馈、建议有成效。

参考文献

漆亚林、孙鸿菲：《新型主流媒体参与国家治理的逻辑基础、现实状况与实践路径》，《新闻战线》2022年第16期。

丁伟：《增强时代感　创新年轻态　打造技术派——长城新媒体集团创新做好党的二十大主题主线宣传报道路径探析》，《新闻战线》2022年第18期。

马来顺：《建好主阵地　当好主力军　展现新作为》，《新闻战线》2021年第4期。

葛明驷：《元治理体系构建：县级融媒体与基层社会治理创新》，《现代传播》（中国传媒大学学报）2021年第12期。

栾轶玫：《重大主题报道：媒介化治理的传播实践》，《编辑之友》2022年第3期。

B.5
2022年河北省图书期刊业发展报告[*]

金强 罗路晗 马智 雷子龙[**]

摘　要： 2022年是不平凡的一年，河北图书期刊业饱受冲击，在困境中求发展。河北图书期刊业围绕迎接党的二十大、北京冬奥会等一系列党和国家的大事、喜事，出版了大批优秀主题出版物，多角度、全景式呈现新时代十年的伟大变革和历史成就。但也暴露了图书期刊业选题和内容同质化、销售营销能力不足、优质渠道资源缺乏等问题。河北图书期刊业在今后的发展中需要不断改进和完善，充分利用好现有资源，抓住多方渠道增强竞争力，以期得到更好的发展。

关键词： 河北　图书　期刊　出版

一　2022年河北省主要图书出版企业的成绩与亮点

2022年是党的二十大召开之年，也是全面实施"十四五"发展规划、实现企业高质量发展的关键之年，河北图书出版业始终坚持正确的政治方向和出版导向，强化规划引领和质量管理，持续抓好主题出版、大众出版、教育出版以及数字出版，努力打造特色品牌。河北出版传媒集团继续有一批出版物或选

---

[*] 本报告为2022~2023年度河北省社科基金项目"河北出版企业'一带一路'项目参与现状与提升路径研究"（项目编号：HB22XW011）阶段性成果。

[**] 金强，河北大学新闻传播学院编辑出版系副主任，河北大学跨文化传播研究中心主任助理、副教授，主要研究方向为编辑出版；罗路晗，河北大学新闻传播学院2022级硕士研究生；马智，编审，现任疑难病杂志社社长、主编，兼任河北省科技期刊编辑学会名誉理事长、河北省期刊协会副会长；雷子龙，华中科技大学同济医学院学生。

题获得了国家级和省级奖项，入选全国重点出版选题、项目、规划和推荐书目。为大力倡导全民阅读，推动书香社会建设，河北出版传媒集团策划开展主题书展、新华书香节、名家见面会、特色阅读推广、图书"七进"、爱心捐赠等系列阅读文化活动，惠及读者数千万人次，使书香润泽燕赵，全民共享悦读。

（一）重要出版业务①

2022年，河北出版传媒集团为迎接党的二十大、推进社会主义文化强国建设、传承红色基因、践行伟大建党精神、传播中华优秀传统文化，组织出版了一批重点主题出版物，如河北人民出版社《让群众过上好日子——习近平正定足迹》《中国特色社会主义文化制度建设》、河北美术出版社《永恒的象征——人民英雄纪念碑研究》《决胜脱贫攻坚的燕赵答卷》等。

2022年，为助力北京冬奥会和冬残奥会，河北推出系列主题出版物。例如方圆电子音像出版社的《冰雪运动》系列读本作为国内第一套向中小学生普及冰雪运动的融媒体出版物，让更多人了解冰雪运动，爱上冰雪运动；《冬奥百科》梳理了冬奥历史文化知识，解读了奥林匹克精神实质，介绍了冬奥会竞赛项目，讲述了冬奥人物故事，对诠释奥运精神内涵、传承冬奥文化遗产具有深远意义；《河北省冰雪活动蓝皮书》系列、《河北省冰雪产业蓝皮书》系列、《北欧国际两项规则》、《河北省大众滑冰等级标准及晋级指南》、《冬奥实用英语》、《冬奥契机下京津冀地区冰雪产业结构战略布局研究》、《冰雪运动进校园活动指南》、《冰雪运动文化七讲》等冰雪专业理论著作以及老少皆宜的大众读物，兼具知识性和可读性；河北人民出版社、河北教育出版社、河北科技出版社等出版单位推出《国之大事——扎实筹办冬奥会，推动冰雪经济发展》《聚焦放大冬奥效应　加快推进冰雪运动强省建设》《冬奥在崇礼》《话说冬奥》《冬奥序曲——崇礼筹办冬奥会纪实》《冰上时光——步入花样滑冰七彩殿堂》等一系列学术类、大众类优质出版物，积极向广大读者展示燕赵风采，普及冬奥知识，弘扬冰雪文化。

---

① 此部分数据主要来自河北出版传媒集团官网以及河北大学出版社、燕山大学出版社。

2022年2月8日，河北人民出版社的《中国文化对欧洲的影响》入选2021年度国家社科基金中华学术外译项目立项名单。

2022年3月7日，河北出版传媒集团11种选题项目入选2022年度国家出版基金拟资助项目（见表1）。

表1　2022年度国家出版基金拟资助项目河北出版传媒集团入选选题项目

出版单位	入选种数	入选选题项目名称
河北人民出版社	3	《中国特色社会主义文化制度建设》、《十八大以来全面从严治党纪事》、"河北金石文化丛书"
河北科学技术出版社	2	《燕赵中医学术流派研究丛书》《全球变化下中国生物灾害的发生与预警》
河北教育出版社	2	《华北抗日根据地及解放区文艺大系》《上博楚竹书哲学文献研究》
河北美术出版社	1	《红色画卷——书写中国共产党的精神谱系》
花山文艺出版社	1	《中国古代耕织图概论》
河北少年儿童出版社	1	《影画中国·童心向党》（4册）
河北冠林数字出版公司	1	《了不起的中国人——共和国英雄楷模的力量》

资料来源：《2022年度国家出版基金资助项目评审结果公示》，国家出版基金网站，2022年3月7日，https://www.npf.org.cn/detail.html? id=2042&categoryId=27。

2022年9月，为全面总结回顾河北李大钊研究取得的成就，推动李大钊研究的创新性发展，河北人民出版社重磅推出了《李大钊研究在河北（1982—2019）》。

（二）主要获奖情况

2022年3月16日，以"用心打造精品教材，助力教育高质量发展"为主题的人民教育出版社第33次中小学教材工作会议在线上召开。河北出版传媒集团获得中小学教材工作"先进单位奖"，集团公司党委委员、副总经理、董事王志江荣获"杰出贡献奖"，河北省出版总社有限责任公司获得中小学教材培训服务工作"优秀组织奖"、中小学教材"新品种开拓奖"、第41次全国人教版中小学教材印装质量"先进单位奖"、电子音像出版物发行工作"先进单位奖"和宣传工作"优秀组织奖",河北省出版总社有限责任公司党支部书记、执行董事李建峰荣获中小学教材工作"突出贡献奖",集团三位同志分别获得中小学教材市场工作、培训工作、生产印制管理工作的"先进个人奖"。

2022年3月24日,河北省内出版与发行单位的37种出版物入选国家新闻出版署2022年农家书屋重点出版物推荐目录,其中图书32种、音像电子制品2种、期刊3种(见表2)。

表2　2022年农家书屋重点出版物推荐目录河北省入选出版物

出版单位	入选种数	入选出版物
河北人民出版社	4	《铭记:我的小康志》《马克思恩格斯的人生启迪》《冰心传:"爱"的使者》《沈从文传:美丽总是愁人的》
河北美术出版社	13	《党的儿女·雷锋》《党的儿女·董存瑞》《党的儿女·邱少云》《党的儿女·节振国》《党的儿女·刘胡兰》《党的儿女·杨子荣》《党的儿女·赵一曼》《党的儿女·焦裕禄》《党的儿女·王杰》《英雄儿女:罗盛教》《英雄儿女:杨连第》《英雄儿女:上甘岭的英雄》《英雄儿女:三所里阻击战》
花山文艺出版社	3	《梦庄记事》《古城人物》《梓椋山》
河北科学技术出版社	6	《百年科技强国路》《慢性萎缩性胃炎一问一答》《溃疡性结肠炎一问一答》《蛟龙入海:深海探测新深度》《量子通信:世界信息科技的前沿阵地》《中国天眼:探寻宇宙深处的奥秘》
河北少年儿童出版社	4	《妈妈变小的日子》《小麻烦人儿上学了·月光下的小刺猬》《一个女孩朝前走》《走兽记》
河北教育出版社	1	《漫画菜根谭》
河北教育音像电子出版社	1	《老游戏 大科学》
河北冠林数字出版公司	1	《匠心》
河北行知文化传媒公司	1	《思维与智慧》
河北大学出版社	1	《圆梦清华——34位家长的教育笔记》
河北省文学艺术界联合会	1	《民间故事选刊》
河北省农业厅 河北省农业产业化项目服务中心	1	《新农民》

资料来源:《国家新闻出版署关于印发〈2022年农家书屋重点出版物推荐目录〉的通知》,国家新闻出版署网站,2022年3月24日,https://www.nppa.gov.cn/nppa/contents/279/103680.shtml。

2022 年 5 月 27 日，河北出版传媒集团旗下的保定市新华书店有限责任公司、衡水市新华书店有限责任公司荣获"知名文化企业 30 强"称号；河北人民出版社党委书记、社长王斌贤，河北教育出版社党委书记、社长董素山，河北省新华书店党委副书记、总经理韩丽璞荣获"十佳文化企业家"称号。

2022 年 11 月 7 日，河北省社会科学评奖办公室发布了第 18 届河北省社会科学优秀成果奖名单。《东北亚古丝路民族与文物研究》（邓树平）、《一流学科的生成与治理：宏观政策与微观机理》（李春林）两种图书荣获二等奖，《校地合作理论与实践》（丁志华）、《致知践实——秦皇岛发展之我"建"》（刘艳红）、《信息技术驱动下科层制组织的发展研究》（苗俊玲）、《住房公积金财务会计》（种占信）、《长城文化经济带建设研究》（董耀会）、《公孙龙子文献撮要》（孙秀昌）等 6 种图书荣获三等奖。

（三）其他相关荣誉

2022 年，河北教育出版社的《葛剑雄说城》入选 2022 年 9 月"中国好书"榜单。这是本书继入选《光明日报》"八月光明书榜"之后，再次入选权威榜单。

2022 年，河北大学出版社出版的《百味之祖——行走在盐的世界》获得河北省首届"河北最美的书"优秀奖。

2022 年 1 月 26 日，河北美术出版社的《人民的艺术——中国革命美术史》、河北科学技术出版社的《杨力教授谈免疫养生》成功入选"2021 年向全国老年人推荐优秀出版物活动"推荐书目。

2022 年 1 月 28 日，2021 中国正能量"五个一百"网络精品评选最终结果在中央广播电视总台举办的"我就是中国"年度发布盛典上正式发布。河北出版传媒集团主办的微信公众号"北洋之家"的两部作品《"我叫钟南山，我是一名胸肺科的医生"》《发射成功！平均 31 岁玩命 26 年，他们让 55 颗北斗星耀全球！》入选"百篇精品网络正能量文字"。

2022 年 2 月 23 日，燕山大学出版社申报的图书《长城文化经济带建设研究》获评"河北省 2021 年度优秀出版物",《百姓身边的民法宝典》被评为"河北省 2022 年度优秀出版物选题"。

2022 年 4 月 21 日,燕山大学出版社的《长城文化经济带建设研究》《红桥——王尽美在山桥》入选 2022 年河北省全民阅读推荐书目。

2022 年 4 月 22 日,由河北少年儿童出版社出版的《〈没有共产党就没有新中国〉永恒的旋律》分别入选 2022 年全国家庭亲子阅读导读书目和第二届"童阅中国"原创好童书年度入围书单。

2022 年 4 月 23 日,河北少年儿童出版社的《一个女孩朝前走》入选"2021 中国好书"。

2022 年 4 月 24 日,河北少年儿童出版社的《影画中国·童心向党》《一个女孩朝前走》入选"2022 年向全国青少年推荐百种优秀出版物"。

2022 年 6 月 20 日,河北人民出版社出版的《让群众过上好日子——习近平正定足迹》、河北教育出版社出版的《我的青海,我的雪原》入选中宣部"奋进新征程 建功新时代"好书荐读活动 6 月书单。

2022 年 7 月,河北少年儿童出版社出版的"童年中国书系"第二辑、第三辑中《呢呢喃喃》(韩青辰著)、《简泉》(赵华著)、《钩月光》(王勇英著)等多种图书荣获 2020~2021 年冰心儿童图书奖。

2022 年 7 月,河北少年儿童出版社的《特种兵学校(29)——飞天少年》与《特种兵学校 AR 科普书——王牌枪械》分别进入第四届"全民阅读·书店之选"儿童文学类与少儿科普类候选作品名单。

2022 年 7 月,河北少年儿童出版社的《橘豆的茧》入选《中国出版传媒商报》"2022 年第二季度影响力书单"。

2022 年 7 月,由方圆电子音像出版社出版的国家出版基金项目《中山国》(DVD)顺利完成基金结项工作,验收评审结果为优。

2022 年 8 月,"燕赵中医学术流派研究丛书"由河北科学技术出版社出版。该丛书是国内第一套系统深入地反映燕赵医学四大流派核心观点和现代应用价值的综合性中医学术研究专著类丛书,填补了中医学派研究方面的空白。该丛书入选"十四五"时期国家重点出版物出版专项规划项目、国家

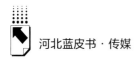

出版基金资助项目，自出版发行以来，广受读者好评、引发热烈反响。

2022年8月22日，由中国作协主办的第八届鲁迅文学奖提名作品公示，河北教育出版社出版的《转世的桃花——陈超评传》《报告文学史论》获得文学理论评论奖提名。

2022年8月25日，花山文艺出版社的小说集《无法完成的画像》中同名小说获第八届鲁迅文学奖。

2022年9月7日，河北少年儿童出版社出版的《病毒密码》、"自然学堂博物美文"系列（10册）荣获2022年河北省优秀科普图书三等奖，"科学王国里的故事"系列（8册）荣获2022年河北省优秀科普图书优秀奖。

2022年9月13日，河北人民出版社版权输出的图书《中国共产党百年发展历程》（俄文）入选2022年"丝路书香工程"项目，《中国共产党百年发展历程》（英文）入选2022年"经典中国国际出版工程"项目。

2022年10月，河北少年儿童出版社的《特种兵学校》（第29～32册）入围2022深圳读书月"年度十大童书"百本优秀童书书单。

2022年11月，河北少年儿童出版社出版的《一个女孩朝前走》入选中宣部2022年"中国当代作品翻译工程"。该图书俄文版输出至俄罗斯尚斯国际出版社有限公司。

2022年11月25日，河北出版传媒集团三种图书入选2022"农民喜爱的百种图书"，分别是河北人民出版社《让群众过上好日子——习近平正定足迹》《铭记：我的小康志》、河北美术出版社《党的儿女·雷锋》。

（四）发行及宣传活动

2022年，河北出版传媒集团《名编荐书》短视频栏目继续提升改进，并让更多编辑参与进来，努力形成有影响力的IP。

2022年1月13日，河北省第26届文化科技卫生"三下乡"集中服务活动在蔚县举行。河北出版传媒集团聚焦基层群众需求，将2000多种政治理论读物、农业科技图书、青少年精品读物进行了现场发放，受到基层群众的热烈欢迎，并捐赠了价值10万元的优质图书，支持当地文化建设，推动基层全民阅读深入开展。

2022 年 1 月，为迎接北京 2022 年冬奥会和冬残奥会，河北省新华书店有限责任公司在全省范围内开展了以"科普运动知识 弘扬冬奥精神"为主题的冬奥会科普图书营销活动，全省各地新华书店分别在门店设立主题图书展台，甄选《冬奥梦 冰雪情——冬季运动知识读本》《冬奥奇缘遇见冰雪赛场和中国榜样》《一起去看冬奥会》《冬奥场馆来了!》等多种冬奥会主题图书。新华优选商城特设冬奥会图书专区，设置线上专属折扣，充分满足广大读者阅读需求。

2022 年 2 月 18 日，由著名文学评论家、中国报告文学学会常务副会长李炳银主编、河北教育出版社出版的"中国报告文学理论建构丛书"出版发布会在中国现代文学馆举行。

2022 年 4 月，由河北少年儿童出版社出版、英国卡兹班出版传媒集团引进的"童年中国书系"三册作品（《我的邻居是大象》《高小宝的熊时代》《相遇，白桦树》）英文版新书发布会在伦敦国际书展成功举办。

2022 年 4 月 23 日，在第 27 个世界读书日期间，河北出版传媒集团助力"全民阅读"深入开展，全省各地新华书店同步开启"一起读书吧"主题阅读文化活动，以丰富的品种、优惠的价格，让广大人民群众尽享文化惠民盛宴。

2022 年 6 月，河北省各地新华书店深入基层、深入读者，做好《让群众过上好日子——习近平正定足迹》一书的宣传推广发行工作，切实满足广大党员干部群众学用需要。

2022 年 9 月，河北教育出版社的《西方文学之旅》被读书类 UP 主纷纷推荐，短短几天卖出千余册。

（五）图书参展情况

2022 年 8 月 26 日，第 12 届河北省图书交易博览会在沧州开幕。本届省书博会采取线上线下同时启幕的方式：线上展示了展销省内外近 20 万种优秀出版物；线下精选了来自全国 210 余家出版社 6400 余种 30000 余册图书

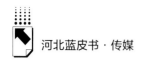
参与展示展销。

受疫情影响，2022 年北京国际图书博览会延迟举办。

为进一步加强燕山大学出版社图书"走出去"，燕山大学出版社积极申报了 2022 年度"丝路书香""经典中国""中华学术外译"等项目，力争实现新突破。

二　2022年河北期刊业发展概况①

河北省期刊业以传播先进文化、宣传科学真理、记录历史文明、推动社会进步和经济发展为己任，始终伴随国家政治、经济、科技、文化、教育等各项事业的发展与进步，在开展学术交流、推动科技进步和人类社会发展过程中一直扮演着重要角色，在发布和记录科研成果、推动学术交流、倡导学术争鸣、激发创新思维、引领学科发展前沿、提升公众素养等方面发挥了重要的作用，谱写出共同团结奋斗、共同繁荣发展的壮美诗篇。河北省期刊始终坚持正确的政治方向，把社会效益放在首位，努力实现社会效益与经济效益双丰收。《共产党员》坚持围绕中心、服务大局，始终严把出版导向，严格遵守出版管理各项规定，从版式设计、栏目设置等方面紧贴读者需求；《党史博采》注重出版融合发展，利用微信公众号、今日头条、抖音、西瓜视频、腾讯、视频号等多种形式，宣传党史研究成果，影响力大幅提升。

2021 年在河北省登记注册的期刊 216 种，覆盖社会科学、自然科学各个领域，为全省的学术交流做出了积极的贡献。然而，与建成期刊强省的战略目标相比，当前全省期刊的总体发展规模和水平还存在较大差距。

2021 年，在河北省注册的 CN-13 期刊 216 种，其中《社区矫正理论与实践》为新创办期刊，《女子世界》《通俗歌曲》休刊，河北省实际正常出版期刊 214 种。按 216 种期刊统计，占全国期刊总数 10192 种的 2.1%。全

---

① 本部分数据主要来源于《中国学术期刊影响因子年报》（人文社会科学），《中国学术期刊（光盘版）》电子杂志社有限公司出版，2022。

省 214 种期刊中，社会科学期刊 110 种，自然科学期刊 104 种。据 2022 年年度核验资料统计，在河北省注册期刊基本情况，包括主管部门、主办单位、出版周期、出版页码与上年相比变化不大。

（一）期刊出版发行

2021 年，全省 214 种期刊共收论文稿件 325545 篇，刊出论文 51370 篇，整体刊出率 15.8%；全省期刊总印数为 3349 万册，刊均年印数为 15.6 万册，较 2020 年下降 17.4%；印数较高的期刊是《小学生必读》597.4 万册、《共产党员》538.7 万册、《快乐作文》436.8 万册、《老人世界》375.6 万册；全省 214 种期刊平均期总发行量为 170.23 万册，较上年的 196.3 万册下降 13.3%，刊均发行数 0.78 万册，较上年的 0.92 万册下降 15.2%；214 种期刊单一邮局发行 36 种（16.8%），自办发行 69 种（32.2%），邮局发行和自办发行 91 种（42.5%），赠阅 18 种（8.4%）。

（二）期刊从业人员

河北省期刊从业总人数 1820 人，与上年基本持平。其中在编人数 1170 人，聘用人员 650 人，平均每家期刊从业人数为 8.51 人。其中仅 72 人（39.5%）从事新媒体；硕士及以上学历 667 人（36.6%），本科学历 963 人（52.9%）；387 人（21.3%）具有正高级技术职称，395 人（21.7%）具有副高级技术职称；中共党员 930 人（51.1%）。

（三）期刊出版经营情况

2021 年，全省 214 种期刊中，自筹自支 14 种（6.5%），主办单位拨款与自筹相结合 17 种（7.9%），主办单位全额拨款 116 种（54.2%），其他 67 种（31.3%）。

期刊出版单位经营总收入 35677 万元，较 2020 年增长 1.16%。其中，发行收入 21357 万元，较 2020 年下降 3.87%；广告收入 4680 万元，较 2020 年下降 0.68%；发行收入和广告收入占总收入的 72.98%，较 2020 年减少

4.41 个百分点；新媒体收入 417.4 万元，较 2020 年下降 23.90%；版权收入 275 万元，较 2020 年下降 23.90%；项目活动收入 911 万元，较 2020 年增长 95.49%；其他收入 8039 万元，较 2020 年增长 14.88%。全省期刊利润总额 3353 万元，较 2020 年的 2262 万元增长 48.23%；纳税总额 2649 万元，比 2020 年的 2367 万元下降 11.91%。

经营状况较好的期刊，《共产党员》期发行量达 22.444 万册，年收入 3525.5 万元，利润 1500.7 万元，纳税 454.5 万元；《老人世界》期发行量达 31.1 万册，年收入 1569 万元，利润 285 万元，纳税 164 万元；《小学生必读》期发行量达 16.298 万册，年收入 2464.9 万元，利润 203.6 万元，纳税 342.6 万元；《河北安全生产》期发行量达 14.7 万册，年收入 2669 万元，利润 408 万元，纳税 335 万元；《快乐作文》期发行量达 9.1 万册，年收入 966 万元，利润 52.5 万元，纳税 5.2 万元。其中新媒体收入较好的期刊为《河北旅游》145.3 万元、《党史博采》131.8 万元、《河北安全生产》92 万元、《莲池周刊》47.44 万元。

（四）学术影响力

1. 主要文献计量学指标

104 种科技期刊中，共被 2022 年版《中国学术期刊影响因子年报》（自然科学与工程技术）收录 81 种。其中，刊均复合总被引频次 2381 次，较 2021 版的 1833 次增加 29.9%，但低于全国刊均 2949 次（-19.26%）；刊均复合影响因子 1.018，较 2021 版的 0.815 增长 24.9%，但低于全国刊均 1.122（-9.3%）；刊均基金论文比 0.63，较 2021 版的 0.57 增长 10.5%，高于全国刊均 0.62（1.6%）；刊均他引总引比 0.91，与 2022 版持平，高于全国刊均 0.89（2.3%）。进入 Q1 区（本学科排名前 25% 的期刊）16 种（19.8%），较上年增加 4 种；进入 Q2 区（本学科排名前 26%～50% 的期刊）18 种（22.2%），较上年减少 5 种；进入 Q3 区（本学科排名前 51%～75% 的期刊）25 种（30.9%），较上年减少 2 种；进入 Q4 区（本学科排名后 25% 的期刊）22 种（27.2%），较上年增加 3 种。可见，河北省科技期刊的学术水平虽有明显提高，但低于全国平均水平。

110 种人文社会科学期刊中，共被 2022 年版《中国学术期刊影响因子年报》（人文社会科学）收录 54 种。其中，刊均复合总被引频次为 1497 次，较 2021 版的 1228 次增长 21.9%，但低于全国刊均的 2334 次（-64.13%）；刊均复合影响因子为 0.722，较 2021 版的 0.706 增长 2.3%，但低于全国刊均的 1.493（-48.4%）；刊均基金论文比为 0.62，较 2020 版的 0.60 增长 3.3%，与全国刊均的 0.61 持平；刊均他引总引比为 0.96，与 2021 版持平，也与全国刊均的 0.96 持平。2022 年河北省人文社会科学期刊进入 Q1 区 3 种（5.6%），与上年相同；进入 Q2 区 12 种（22.2%），较上年减少 4 种；进入 Q3 区 16 种（29.6%），较上年增加 2 种；进入 Q4 区 23 种（42.6%），与上年持平。可见，河北省人文社会科学期刊的学术水平较上年稍有提升，但低于全国平均水平。

2. 核心数据库收录情况

在 189 种学术期刊中，《石油地球物理勘探》被美国《工程引文索引》（EI）收录，被 2020 年版《中文核心期刊要目总览》收录 23 种（12.2%），包括《河北学刊》、《河北法学》、《河北大学学报》（哲学社会科学版）、《河北经贸大学学报》、《河北师范大学学报》（教育科学版）、《当代经济管理》、《河北大学学报》（自然科学版）、《河北农业大学学报》、《华北电力大学学报》（自然科学版）、《燕山大学学报》、《中国全科医学》、《中华超声影像学杂志》、《中华麻醉学杂志》、《华北农学报》、《中国生态农业学报》、《南水北调与水利科技》、《石油钻采工艺》、《钻井液与完井液》、《石油地球物理勘探》、《油气储运》、《半导体技术》、《微纳电子技术》、《地理与地理信息科学》。

在 104 种科技期刊中，被"2021 年中国科技核心期刊"收录 40 种（38.5%），被"中国科学引文数据库（CSCD）来源期刊列表（2020—2021）"收录 7 种（6.7%），包括《地理与地理信息科学》、《河北农业大学学报》、《华北农学报》、《石油地球物理勘探》、《中国生态农业学报》《中华超声影像学杂志》（中英文）、《中华麻醉学杂志》等。

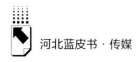

在 110 种人文社会科学期刊中，被南京大学"中文社会科学引文索引（CSSCI）来源期刊目录（2020—2021）"收录 1 种（0.9%），即《河北学刊》；被"CSSCI 扩展版来源期刊目录（2020—2021）"收录 5 种（4.6%），包括《河北法学》、《当代经济管理》、《经济与管理》、《河北经贸大学学报》、《河北大学学报》（哲学社会科学版）。

（五）数字化建设

学术期刊编辑部（杂志社）均使用了在线投审稿系统和协同采编系统，采用了学术不端查重系统，实现了网络办公自动化；大部分学术期刊被国内中国知网、万方数据库、维普数据库、超星数据库等收录；55%的学术期刊编辑部（杂志社）拥有自建网站，37%的建有公众号，其中订阅用户数较多的期刊有《共产党员》《莲池周刊》《公关世界》《党史博采》等，实现了 App 服务，数字化建设使得河北省科技期刊整体的传播力、影响力和学术规范水平有所提升。

（六）期刊获奖情况

2022 年，全省期刊在主题宣传、期刊质量评比中，荣获不少奖励，展现了河北省期刊的风采。《河北学刊》获得"中国共产党建党 100 周年主题宣传精品期刊"；《疑难病杂志》被国家卫生健康委员会宣传司、中国健康教育中心评为主题宣传优秀报刊、优秀栏目和公益广告优秀原创作品；《中国全科医学》荣获"百种中国杰出学术期刊"；《智慧与思维》荣获第二届"我是期刊领读者"优秀期刊；《河北中医》在 2021 年 4 月获中华中医药学会编校质量优秀期刊。

2022 年 12 月 1 日，中国高校科技期刊研究会第 26 次年会发布了 2022 年度"中国高校科技期刊建设示范案例库·杰出/百佳/优秀科技期刊"入库案例和"中国高校科技期刊建设示范案例库·金笔论著/银笔论著/铜笔论著"名单。《河北农业大学学报》入选"中国高校科技期刊建设示范案例库·百佳科技期刊"，实现了入选"百佳科技期刊"零的突破；《河北大学学报》（自然科学版）、《河北工程大学学报》（自然科学版）、《河北工业大学学报》、《河北工业科技》、《河北科技大学学报》、《河北师范大学学报》（自然科学版）、《河北医科大学学报》、《林业生态科学》、《石家庄铁道大学学报》（自然科学版）、《燕山大学学报》共 10 种期刊入选"中国高校科技期刊建设示范案例库·优秀科技期刊"，是迄今为止河北省高校科技期刊入选"优秀科技期刊"数量最多的一次。

三　河北省图书期刊业发展面临的主要挑战

（一）图书出版

1. 疫情反复，图书出版业饱受冲击

2022 年是一个跌宕起伏的年份，国内外经济形势严峻复杂、新冠肺炎疫情反复。传统图书出版的运营模式遭受冲击，从编辑出版到物流配送、营销推广，再到门店销售，出版业的各个环节均受到了不同程度的影响，尤其是实体书店遭受重创，面临生存危机。

此次突发的公共卫生事件对出版机构线上办公效率、融合产品供应能力、平台运营水平、线上营销推广等提出了更高的要求，考验出版机构的应急响应能力，但部分出版机构缺乏相关的经验，线上协作和审批的效率较低，工作流程相对烦琐，导致了图书出版周期比以往略有拉长。这凸显了出版融合的重要性，同时体现出当前出版融合力度不足的短板。不少出版机构开始尝试开展线上的营销推广活动，但由于缺乏前期经验的积累，陷入了线上活动扎堆、流量不足、带货转化率低的尴尬处境。

2. 出版物选题和内容同质化严重，缺乏创新亮点

疫情之下，出版机构大多紧跟当下热点，推出了大量与抗疫相关的出版物，主题基本集中于防护手册、文学纪实、心理疏导、少儿科普等，但也出现出版物选题与内容雷同、同质化严重的问题。其中部分书籍成为爆款后，又有大量的同名或类似的书籍跟风出版，造成了出版资源的浪费。这种现象

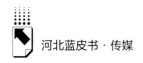

不仅出现在抗疫选题上，也在其他选题上广泛存在。

虽然河北紧邻出版中心北京，但对于北京优质出版资源的吸收程度还不是很高。"京津冀一体化"、雄安新区"千年大计"、"一带一路"建设等国家大事为河北省图书出版提供了重大选题和丰厚内容。河北出版业虽然努力挖掘自身特色，但是对于挖掘的着力点，以及其市场规模和市场吸引力尚缺乏一定的科学认知和专业判断，资源整合能力不足和创新亮点挖掘不够，已成为限制河北出版业发展的现实困境。

3.销售、营销能力不强，优质渠道资源缺乏

受疫情影响，许多实体书店纷纷倒闭，而存活下来的实体店，如何消化已有库存，成为难题。作为沿海开放省份，河北出版企业参与国际出版竞争与合作的动力尚不足，视野也较偏狭，主动承担任务、努力拓展资源的意识不强，也缺乏实际有效行动，与广东、福建、浙江、江苏以及辽宁、山东等省的国际市场开拓还有一定的差距，对于"一带一路"题材图书以及相关引进来和走出去的项目关注不足、投入不够。随着读者消费习惯的改变和阅读平台的变迁，传统出版的卖场营销越来越乏力，盈利增收的空间被进一步压缩。

在这样的背景下，河北出版业转变传统运营思路，从"线下"搬到"线上"，主要进行图书"云出版"与"云营销"。同时暴露出河北出版业线上营销运营能力不强、缺乏优质渠道资源的问题。在图书市场中的竞争光依靠自己是远远不够的，除了直销之外，订单来源最重要的渠道就是分销商和合作伙伴。出版企业必须在客户和渠道成员之间做好平衡，进行全面的服务优化、改革和升级，做好直销业务的同时加强对渠道成员的质量把控。

（二）期刊出版

河北省期刊业虽然在繁荣发展中取得较大的成绩，但与建设期刊强省的目标还有一定差距，主要表现在体制机制制约、集约化集团化程度低、期刊学术质量不高、数字出版滞后、编辑队伍不适应等方面，以及经历了2022

年的疫情冲击，之前反映出的相关问题，有明显加重的趋势。疫情形势带来的国际国内趋势的深刻复杂调整，使国内人员流动和国际交流都受到了严重影响，线上办公成为常态。这导致多数期刊出版单位无法顺利通过线下活动进行有效改革，特别是一些增值服务无法有效开展。相应地，在正常市场流通和产业环境受到疫情严重冲击的情况下，期刊出版的集约化和集团化进程也势必受到影响，特别是在这样的境况下，想进一步提高国际影响力较为困难。学术期刊在办刊水平和专业影响方面，整体表现较为平稳，没有特别突出的亮点，想在短时间内提高某些期刊的影响力也较为困难。2022年底，疫情形势整体出现了较大的改变，但之前产生的负面影响难以在短时间内消除，绝大多数期刊正在强化对于新媒体的依赖。此外，关于编辑队伍的调整和新力量的补充问题，受到疫情的影响，未发生明显变化，即将到来的退休潮、人口老龄化与大学生就业难、民生状况等问题交织，期刊出版业的人才队伍调整势在必行，且应提前布局。

四　河北省图书期刊业的未来发展及对策建议

（一）奋斗新征程、建功新时代，大力加强原创出版、精品出版

提升原创出版能力是中国特色社会主义进入新的发展阶段，推进图书期刊业高质量发展的必然要求。推动原创出版能力提升，推出更多的文学精品力作，是文学界和出版界的共同任务。原创出版能力对民族文学、文化起着塑造和推动作用。雄安新区建设加快推进，法制河北、"一带一路"建设等国家大事为河北省图书期刊业提供了重大选题和丰厚内容。河北省出版界要集中力量策划推出一批具有河北特色、中国风格，描绘中国式现代化和展现经济强省、美丽河北建设的生动实践、讲好河北故事、弘扬燕赵豪情、增强人民精神力量的精品出版物。

高品质的学术期刊要坚守初心，引领创新，展示高水平研究成果，支持优秀学术人才成长，促进中外学术交流。期刊建设要坚持正确的办

刊方向，守牢期刊意识形态阵地；要突出学术引领功能，服务高质量发展；要聚焦一流科技期刊建设目标，深化办刊体制机制改革。河北省各办刊单位和广大科技期刊工作者，应解放思想、改革创新、乘势而上、顺势而为，积极探索中国特色期刊发展的河北路径，引导广大科技工作者把论文写在祖国大地上，为科技强国建设和经济社会高质量发展提供引领和支撑。

（二）加强图书期刊业出版品牌建设，提高社会影响力

坚持以人民为中心的出版导向，围绕自身优势特色构建差异化的出版品牌，努力推出更多具有广泛社会影响力和较强市场竞争力的大众类精品出版物。出版企业应当立足于互联网媒体，开拓、增加读者评论与投诉的渠道，及时接收出版物的反馈信息，不断进行自我反省与检讨，发现出版物的不足之处。服务质量与水平的提升不是一朝一夕的事情，需要在长期的努力中逐步转变传统思维模式，满足读者的需求，加强自身的品牌建设，提高社会影响力。

从推动学术期刊高质量发展来看，要加强优质内容的出版传播能力建设和学术期刊作风学风建设，创新内容载体、方法手段、业态形式和体制机制，努力打造一批形态多样、学术规范、手段先进、效果显著、可持续发展能力好、具有国内学术水平的品牌期刊。河北期刊应持续关注河北省面临的社会、经济、教育、科学技术及生态环境等各方面发展任务，立足新发展阶段，完整、准确、全面贯彻新发展理念，服务和融入新发展格局，瞄准难题，研讨思路，盘活已有资源，拓展作者资源，提升学术内涵，推动学术期刊高质量发展，提高学术期刊在人民群众中的知名度和美誉度。

（三）重视人才培养，抓住融合创新发展机遇

以往，由于数字出版投入多、产出慢，资源集中度不高，以及获得授权难等，出版机构融合发展的步子一直迈得不太大。随着人们对数字出版物的需求量增加，出版机构应加大投入力度，增加数字资源供给，加强线上平台

建设。

同时，图书期刊业应在融合发展方面更加主动作为，重视融合型人才培养，努力打造一支政治强、业务精、作风正的高水平办刊队伍。完善学术期刊负责人岗位培训和从业人员继续教育培训体系，支持学术期刊开展多种形式的国内外学术交流和业务研修，加大对学术期刊从业人员的培养力度。支持办刊单位出台政策措施，探索编研结合模式，将优秀学者和科研人员纳入办刊队伍，支持教育科研单位教学科研人员与办刊人员双向流动。定期举办全省编辑业务培训班，发挥相关社团组织的优势，通过举办各类线下、线上培训班、研讨会、高层论坛等形式，提升期刊出版从业人员的职业道德和业务水平。

（四）提升全面的精细化管理水平，建立各环节协同作战的工作机制

图书期刊业的强，不是哪个部分、哪块业务、哪个环节强，而是每个部分、每块业务、每个环节都强。一个出版机构想要真正强大起来，就必须做好每一项工作，加强精细化管理。在内容生产环节，必须建立畅达的资讯系统，具备科学的判断能力，形成良好的资源聚拢和维护机制；在生产环节，必须有严密的质量监管系统、严格的成本控制体系；在发行环节，必须建立有效的渠道监管制度、严格的折扣管控制度、刚性的库存管控制度；在营销环节，必须建立鼓励充分营销的体制机制，严格管控营销效果，建立营销效果评估体系。同时需建立各环节充分沟通、协同作战的工作机制。

期刊主管主办单位要充分利用社会效益考核和年度核验等时机，邀请管理单位代表、行业专家，通过业务交流、专题授课、集中宣讲等方式，不断增强责任意识；加大期刊日常审读质检和监督检查力度，持续开展期刊出版质量日常监督检查工作，不断加大对社科类、科技类期刊的抽检力度，持续提升检查的频度和广度。同时，强化与期刊单位的沟通联络，指导期刊出版单位不断完善各项管理制度，不断提高全省期刊单位的办刊质量。不断完善约谈警示、出版提示等各项制度。对年检中发现存在差错率较高、出版形式

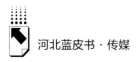

不合格等问题的刊物，主管部门采取约谈主管主办单位和期刊单位负责人的形式，切实督促主管主办单位履行管理职责，指导出版单位整改到位。通过调研指导，印发出版提示、专项提示等方式，引导全省期刊出版单位及其主管主办单位及时学习掌握出版领域的新规定、新要求，不断提高政治把关能力，确保不出导向性问题。

（五）做大做强主业，探索多元化经营

新冠肺炎疫情对全球出版业造成严重冲击，主要表现为出版产业链受阻严重、出版物流通不畅等，直接导致图书销量和出版商收入下降。这就不可避免地牵连出版产业的多元经营，包括旅游、住宿、餐饮、房地产、线下教育等都受到了较大影响。受经济大环境的影响，不健康资产剥离的难度增加，资产安全问题更加突出。目前，河北出版传媒集团的资产量仍然较大，资产规模的控制仍然存在难度。做大做强出版主业，继续深化调整发展思路是促进出版业健康发展、实现国有资产保值增值的必由之路。

基于市场形势，河北省期刊业应该转变管理模式和办刊方式，推动集约化、集团化改革，促进线上线下活动的开展与融合，探索期刊"内容+广告+增值服务"的多元化经营路径。根据读者的阅读习惯、融媒体的传播特性，对纸版内容进行全新整合，形成载体多样、渠道丰富、覆盖广泛的传播矩阵，打造期刊的独特名片。

B.6
2022年河北省影视业发展报告*

景义新　孙佳雪**

摘　要： 2022年河北省影视业取得显著进展：一是大力推动精品创作，影视生产喜获丰收，实现电影票房口碑双丰收、电视剧高分优质有情怀、纪录片特色题材有亮点；二是围绕重大宣传主题，策划推出原创精品，打造"双奥"节目矩阵筑梦"双奥"、以史为鉴缅怀先烈铭记历史、谱写京津冀协同发展新篇章、奏响新时代光影颂歌喜迎二十大；三是发挥红色文化资源优势，赓续河北红色血脉；四是深入探索融媒创新，持续优化经营结构。河北省影视业发展仍面临如下困境：数字化新科技赋能不足，"元宇宙"之路任重道远；视听媒体融合存在短板，全媒体传播体系尚不完善；影视创作活力有待激发，影视题材突破性不强。对此，本报告建议河北省影视业着力推动新技术赋能，优化影视作品视听体验；深化媒体融合，努力构建大视听发展格局；打造宣传矩阵，走分众化产品全媒体传播之路；发挥资源优势，打造红色文化创作和传播高地。

关键词： 影视业　重大宣传　原创精品　全媒体传播

---

* 本报告为2022年河北省软科学研究项目"促进河北省传统文化与科技深度融合发展对策研究"（项目编号：22557647D）阶段性成果。

** 景义新，河北经贸大学文化与传播学院院长、县域媒介与文化传播研究中心研究员，主要研究方向为视听新媒体传播；孙佳雪，河北经贸大学文化与传播学院硕士研究生，主要研究方向为视听新媒体传播。

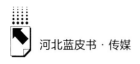

一 2022年河北省影视业发展概况

（一）大力推动精品创作，影视生产喜获丰收

2022年，河北省影视业立足丰富的历史文化资源，深入描绘建设经济强省、美丽河北的火热实践，聚焦脱贫攻坚、乡村振兴、生态文明建设等重大主题，围绕新时代的开拓进取，发掘新风貌、新人物，不断推动精品创作，展示新时代河北的精神气象。河北省始终坚持把讴歌伟大时代作为内容创作的灵感、把经济社会发展作为精品创作的焦点、把人民群众和基层生活作为选题策划的来源，全方位全景式记录新时代新征程的恢宏气象。2022年河北省影视业不断推出影视精品，在影视生产方面喜获丰收。

一是电影票房口碑双丰收。2022年，河北省电影业可谓火爆"出圈"。河北参与出品的影片《我和我的父辈》《人生大事》获第35届中国电影金鸡奖多项提名。其中，河北广播电视台刘江江导演的《人生大事》票房破10亿元，获最佳故事片、最佳导演处女作、最佳男主角、最佳女主角、最佳摄影、最佳录音、最佳剪辑等七项提名；《我和我的父辈》获最佳故事片评委会提名。《春天的约定》被列为河北省委宣传部电影精品重点扶持项目，并入选北京电影学院"电影新人成才计划——研究生长片毕业作业"，获2021中国农民丰收节第四届中国农民电影节"2021脱贫攻坚主题电影推荐影片"荣誉，入选2022年第七届中加国际电影节，并在农村数字院线放映中取得不俗的成绩。联合创作的《守岛人》登陆全国院线，获第34届中国电影金鸡奖最佳故事片奖等多个奖项，实现"两个效益"双丰收。河北出品的《谷魂》《乡土》被推荐为"2022乡村振兴主题电影推荐影片"，以燕赵大地农业农村领域的真人真事为原型，讲述了助力农民脱贫致富、实现乡村振兴历程中的感人故事，塑造了平凡而又伟大的奋斗者人物群像。

二是电视剧高分优质有情怀。2022年河北省围绕主题主线，推动广播电视和网络视听产业高质量发展，加强电视剧精品创作，重点策划、推出一批优秀剧目，有"一带一路"题材电视剧《时间的果实》、红色革命历史题材电视剧《冷子》、重大革命历史题材电视剧《鞠躬尽瘁》、献礼延安文艺座谈会80周年电视剧《青春如歌》、京津冀协同发展题材电视剧《瓣瓣同心》、雄安新区题材电视剧《雄安之恋》、乡村振兴题材电视剧《故乡的泥土》、大运河文化记忆题材电视剧《永远的大运河》等。河北省出品的电视剧《香山叶正红》获第33届"飞天奖"优秀电视剧奖，《前行者》获优秀电视剧奖提名。《香山叶正红》讲述了1949年北平和平解放后，毛主席带领中共中央从西柏坡进驻香山，解决了一个又一个前所未有的难题，筹备和成立新中国的故事。《前行者》根据河北省作家刘荣书的长篇小说《党小组》改编，以20世纪30年代为背景，再现上海滩暗流涌动下的"前行者"故事。联合出品的《最美的青春》《最美的乡村》《花开山乡》登陆央视一套黄金档，社会反响强烈。

三是纪录片特色题材有亮点。2022年河北省广播电视局出台《关于推动新时代河北纪录片高质量发展的实施意见》，聚焦打造精品力作这个核心任务，把牢把稳方向导向，持续加大引导扶持力度，构建了选题策划、重点扶持、具体指导、推优选树、宣传推介等全链条保障机制，推动全省纪录片创作生产呈现持续繁荣的良好态势，多部纪录片持续擦亮河北文化名片。《答卷：阜平这十年》聚焦阜平交出脱贫攻坚奔小康的优异答卷，《滹沱记忆》入选国家广播电视总局2021年度国产纪录片及创作人才扶持项目，《冀味儿》第三季实地探访京杭大运河河北段，全景描绘生态宜居、生活富足、民风淳朴的壮美画卷。河北广播电视台采制的微纪录片《塞罕坝上父子兵》在党的二十大召开期间在全国各省卫视集中联播。微视频纪录片《我的奋斗我的城》用大家喜闻乐见的节目形态、用主人公或家人自己讲述的方式，讲好石家庄故事，传播好石家庄声音。六集纪录片《大河之北》以宏观视野全景化、全方位、多角度阐释河北的历史由来、地形地貌、丰饶物产，将河北璀璨的历史文化和秀美的自然风光编织其间，展现了河北多姿多彩、美丽怡人的旅游胜境。

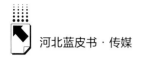

（二）围绕重大宣传主题，策划推出原创精品

一是打造"双奥"节目矩阵，筑梦"双奥"。

2022年2月4日北京冬奥会正式拉开序幕，冬奥会举世瞩目，做好冬奥会宣传责任重大、意义非凡、使命光荣。河北省广电媒体深入贯彻落实河北省委、省政府决策部署，以高度的政治自觉和行动自觉，高质量、高标准做好冬奥会主题宣传，集中推出了一批优秀冬奥会主题广播电视文艺作品，擦亮河北冰雪名片。河北省广播电视台推出原创主题节目，打造冬奥会节目矩阵：全民益智答题类节目《冰雪聪明》、春节期间8小时直播《庆新春迎冬奥》、冬奥会特别节目《"冬奥之光"冰雪盛典暨总决赛》、专题节目《天天冬奥》、《激情冰雪相约冬奥——迎接2022北京冬奥会特别节目》、《云看冬奥（春节版）特别节目》。河北广播电视台推出特色主题纪录片：迎冬奥会专题片《冰雪的召唤》全面反映河北高质量、高标准筹办冬奥会的进展和成效；冬奥会期间推出的纪录片《大好河山》、《品味冬奥 崇礼食记》、《大河之北》（第二季），以地域文化为底色，以河北元素为原点，看山川风貌、历史传承。此外，河北省充分发挥新媒体优势，积极创作推出新媒体产品，有效扩大宣传覆盖面，放大宣传效果，如河北卫视《啥是冬奥》《冬梦》《独家揭秘"冰墩墩"诞生全过程》《冰墩墩变成卡门墩》四条短视频火爆网络，全网传播量达6.5亿次。

2022年3月4日冬残奥会如期而至。全世界的目光再次聚焦中国、聚焦残疾人体育健儿在冬残奥会上的精彩亮相。北京冬残奥会期间，河北省广电媒体全面贯彻"两个冬奥，同样精彩"的理念，精心组织、主动作为、精准发力，持续掀起宣传热潮，为冬残奥会圆满成功做出了积极贡献，在护航冬残奥会顺利开展的同时大力奏响河北声音，营造了浓厚的冰雪氛围。河北广播电视台公共频道推出特别节目《冬残奥时间》，开设"赛场连连看""天天最前'芳'""天天奖牌榜""雪容融小讲堂""我'耀'说"五个板块，节目全程由手语主播同步翻译讲解，突出了三个特点：一是通过视频连线、声音连线等方式，及时报道赛场动态，展现了张家口赛区交通、住宿、志愿者服务等保障工作；二是放大动人瞬间，讲述感人故事，播出《勇者登场 精彩飞跃》《生命的绽放 温暖点亮夜空》《活出精彩 做自己的"冠军"》《冰雪精灵 暖意融融》《铿锵玫瑰 冰雪绽放》《冬残奥村里的幸福生活》等专题报道，增强节目的互动性、人文性，拓展节目的深度、厚度；三是以雪容融形象为线索或标识，通过"童趣配音+MG动画"的形式，普及冬残奥会相关知识，增强节目的趣味性。石家庄广播电视台在四个电视频道持续播出《永远在一起》《美美与共》等冬奥会主题歌曲、冬残奥会公益广告，同时在地铁电视上增加相关内容播出频次，有效覆盖移动人群，营造浓厚氛围。

二是以史为鉴缅怀先烈，铭记历史。

2022年7月7日是"七七事变"85周年纪念日。为了铭记历史、缅怀先烈，由河北省委宣传部、河北省广播电视局、河北影视集团、河北电影制片厂等摄制出品的电视剧《滹沱儿女》于7月13日登陆央视八套黄金档。电视剧《滹沱儿女》将乡土文化与家国情怀牢牢连接在一起，讲述了"七七事变"爆发后，抗日民族统一战线正式形成，八路军120师359旅东进太行山，来到平山县扩军，平山儿女踊跃参军，组建平山团，在党的领导下，英勇抗战，圆满完成党中央赋予的各项任务的革命故事。该剧以平山团的真实战斗经历为主要线索，围绕发生在石家庄市平山县等地的重大历史事件，塑造了以平山团指战员、"子弟兵的母亲"戎冠秀、国际主义战士白求恩等为原型的英模人物的光辉形象，歌颂了滹沱儿女在中国共产党的领导下，在国难当头之际奋起抗争、前仆后继、保家卫国的英雄气概。拨开历史的烟尘，循着红色轨迹再一次审视身畔的山脉与河流、田野与村庄，就可以深刻理解脚下的这方土地缘何是一块革命的土地、英雄的土地、新中国从这里走来的土地。

三是谱写京津冀协同发展新篇章。

2022年京津冀彼此融通、互利共赢，构建了具有京畿特色的新视听发展格局，带动广播电视和网络视听产业区域性一体化高质量发展。京津冀协同做好北京冬奥盛会宣传活动。2022年中国（京津冀）广播电视媒体融合发展创新中心主办"携手迎冬奥 同心过大年"活动。活动期间，京津冀三地共享影视版权，丰富冬奥会、春节期间的电视荧屏内容供给。三地广电局积极协调地区广播电视制作机构，北京完美世界等11家单位向天津和河北捐赠《河山》《筑梦冬奥》《我的硬核社区》《花儿向阳童心向党——庆祝中国共产党成立100周年全国少儿晚会》等24部优质电视剧、动画片、纪录片和晚会节目；天津海河传媒中心向北京、河北捐赠10部电视剧、动画片、纪录片；河北广播电视台（集团）、河北影视集团向北京、天津捐赠15部电视剧、纪录片、电视节目。京津冀融媒体中心还在自有客户端及所属的快手、抖音、今日头条、微博、微信等第三方平台账号上，统一发布话题为"携手迎冬奥 同心过大年"的短视频，在营造迎冬奥会、庆新春浓厚氛围的同时，进一步强化京津冀三地融媒体中心协同发展，做大做强京津冀广播电视融媒矩阵。京津冀共同推动区域内5G+8K高新视频产业发展。2022年北京冬奥会开幕式使用8K技术进行实时直播，这是奥运会历史上首次使用8K技术进行的开幕式直播。北京市广播电视局坚持首善标准、靠前指挥，绘写了全国第一张全景呈现京津冀三地视听布局的《北京5G+8K新视听产业图》。京津冀三地广播电视局签署《京津冀新视听战略合作协议》，开展多项新视听领域的全面合作。未来几年，河北省将加快发展超高清视频、VR等新型信息产品，推动5G+4K/8K、VR/AR技术产品融合应用。

四是奏响新时代光影颂歌，喜迎二十大。

为迎接党的二十大，河北省广播电视和网络视听系统全力开展"迎接党的二十大"主题宣传和创作，围绕重要时间节点，紧扣主题主线，把握宣传节奏，聚焦本地特色做好全年策划，递进式发力，让新闻宣传和文艺宣传有声有色。

多元聚力矩阵传播，加强宣传唱响新时代。河北广播电视台紧紧围绕迎接宣传贯彻大会主题主线，预热阶段即全面构建以重点新闻为龙头，以专题节目、融媒直播为侧翼，聚合四大主题内容、50多个创新议题、百余期精品力作的全媒宣传矩阵，用"河北广电"叙事框架展现新时代大国气象，讲述新征程中的河北故事。重点新闻节目《河北新闻联播》《河北新闻》

《全省新闻联播》及河北网络广播电视台、"冀时"客户端首屏首页，着力开展将党的创新理论转化为重大主题报道的创新实践，有步骤、分阶段，精细策划、精准推出聚焦深入贯彻落实省委十届二次全会精神、全面展示河北省经济社会发展成就、实现中华民族伟大复兴的"中国梦"主题内容。持续做好"领航中国""奋进新征程 建功新时代·非凡十年"等重要专栏专题，推出《白洋淀纪行》《村光无限好》等多组系列报道。

协同探索融媒创新，小切口共情大主题。河北广播电视台联合北京台、天津台，立足京津冀区位优势，开展三地联合采访，推出系列全媒报道《协同发展花开更艳》《同一片蓝天下》《重大项目百舸争流》等，全景展现京津冀干部群众对党的二十大胜利召开的热烈反响，生动记录三地瓣瓣同心，携手打造世界级城市群的新脉动。大型全媒报道《2022 石榴花开·媒体走基层》用 12 组融媒新闻报道，全景展示河北省各民族人民群众共同团结奋斗、共同繁荣发展，喜迎党的二十大的生动实践。创意视频《喜迎二十大｜河北谱写民族团结进步创建事业新篇章》、手绘 H5《燕赵民族团结实录》等一批适合"融媒体矩阵"传播的新媒体产品，被人民网、央视网、"央视频"客户端等转发，全网观看量和浏览量超 1000 万次。

围绕主题深耕精品，以追光视角现时代风华。紧贴大会主题和时代热点，河北广播电视台理论节目持续上新出彩，多方位多视角呈现十年发展所取得的非凡成就。党的二十大召开前夕，河北广播电视台陆续推出多档原创节目和专题片、纪录片，厚植党的创新理论、中华优秀传统文化以及地域特色文化，与新闻节目、资讯专题相呼应，构筑具有"河北广电"叙事特色的党的二十大主题宣传同心圆。其中河北卫视《好好学习》《筑梦》入选国家广播电视总局 2022 年广播电视重点节目名单。文化思政类节目《好好学习》从多元视角解读新时代中国特色社会主义思想。专题片《筑梦》涵盖"绿水青山梦""强农兴国梦""文化自信梦""探索未来梦""中国教育梦"五个主题，深度折射两代人的价值认同，生动展现青年一代的奋斗姿态与精神。《我中国少年》（第五季）弘扬中华传统文化、新时代奋斗者精神、塞罕坝精神、冬奥精神，助力青少年全面健康成长。在国家广电总局迎庆党的二十大重点作品《我和我的新时代》中，由河北广播电视台采制的微纪录片《塞罕坝上父子兵》，在党的二十大召开期间在全国各省卫视集中联播。同时，河北广播电视台深挖地域特色，持续创新节目形式，精心策划推出特别节目24小时慢直播《美丽河北》。以镜头下的"美丽河北"展现河北生态建设成就，以慢直播的形式让受众获得大小屏交互沉浸体验，使受众在峰峦叠嶂、层林尽染中纵览河北生态之美，在青山绿水、鸟飞鱼跃中感受人与自然和谐共生。

宏大主题细微着笔，于平凡中见非凡发展。重点资讯平台发挥触角灵活、辐射多元之优势，集中呈现党的十八大以来河北的社会图景、百姓生活及个体心理的大发展与新变化，打造极具亲和力和场景化的"看系列"二十大资讯专题产品。看交通发展，策划推出音频、微视频系列专题报道《冀路这十年》，展示河北在交通方面的发展；看新时代最美人物，打造"最美系列""强国复兴有我"两大主题品牌节目，展示不同行业、不同领域先进人物事迹；看河北大美风貌，持续推出系列节目《这么近 那么美 周末到河北》《家门口的幸福地标》；看乡村振兴，重点推出《乡村振兴——向着梦想前进》，集中呈现乡村振兴典型人物及事迹。大型直播节目《今日河北》，聚焦各地项目建设、生态改善、乡村振兴、高质量发展亮点成效。特别节目《千鸟竞飞淀上美》见证白洋淀鸟类栖息地建设进展，传播爱鸟护鸟意识，打造"淀泊风光、华北水乡"城市品牌，助力雄安新区建设发展。

做好党的二十大宣传报道是各级媒体及每一位媒体人的重要职责，亦是光荣使命和初心使然。河北广播电视台深耕精品创作、提升视听创意能力、探索融媒创新，全情全力不断深入贯彻落实党的二十大精神宣传，为加快建设经济强省、美丽河北营造良好舆论环境。

（三）发挥红色文化资源优势，赓续河北红色血脉

文化是民族的血脉，是人民的精神家园。展开波澜壮阔的文化建设长卷，斑斓厚重的文化底色映入眼帘。当时间的指针指向"十四五"的崭新

刻度，巨笔擘画出的文化新蓝图徐徐铺展。2022 年 8 月，中共中央办公厅、国务院办公厅印发了《"十四五"文化发展规划》，作为锚定到 2035 年建成文化强国目标的第一个文化发展五年规划，该规划意义重大，亮点颇多。其中"河北元素"频繁亮相，精品文艺创作让理想信念闪耀荧屏，引领观众重温革命历史，赓续精神血脉，不断筑牢理想信念根基。该规划提出，推介党史研究重大成果和宣传教育普及品牌，制播《敢教日月换新天》《红船》等专题片，《1921》《革命者》等影片。其中，影片《革命者》由国家电影局主抓，河北省委宣传部、北京市委宣传部等联合摄制。

巍巍太行回荡着冲锋的号声，淙淙滹沱述说着英雄的壮举。河北是红色文化资源大省，拥有丰富的革命文化传统以及深厚的文化底蕴。为此，河北创作出品了一批表现中国革命史的红色题材影视剧，如《小兵张嘎》《野火春风斗古城》《烈火金刚》《平原枪声》《谁主沉浮》《血战湘江》《古田军号》《海棠依旧》《守岛人》《吕建江》《革命者》等。电影《革命者》写入该规划，说明影片得到人民的肯定，体现出河北电影人的政治、使命担当和艺术责任，也意味着河北省影视创作上了一个新高度。河北文艺工作者从未停下脚步，将红色题材艺术创作的审美特征与党史研究教育相融合，以感人肺腑的史实激励人民群众。由范建浍执导的反映民族解放、土地革命历史的电视剧《白毛女》已杀青；由黄山导演的展现中国杰出女革命家的重大革命题材电影《青年邓颖超》已完成后期精剪；由陈力执导的重大革命题材史诗电视剧《浴血荣光》已开始拍摄，该剧由福建电影集团立项并主导，河北省委宣传部支持，河北广电影视文化有限公司、河北影视集团联合出品。

此外，河北积极对接京津地区的文化和旅游资源、产品、产业和品牌，共同打造京津冀文化和旅游发展协同体，努力推动形成京津冀文化旅游资源共享、公共服务协同、平台渠道共用、规范标准共管、精品线路共推的发展机制。2022 年 8 月 23 日，由文化和旅游部与京津冀三地联合举办的第十三届中国艺术节各项工作全面启动，河北的民族歌剧《雁翎队》、云南的话剧《桂梅老师》、广东的话剧《深海》以及新疆的舞剧《张骞》等四部精彩剧目，通过剧场演出和线上参演的方式率先亮相，在燕赵大地拉开第十七届文华大奖部分参评剧目演出的序幕。京津冀三地联合办节是中国艺术节的一次有益尝试，也是贯彻落实京津冀协同发展战略的重要举措，充分展现了党的十八大以来文艺工作者的新作为、新气象、新高度。

（四）深入探索融媒创新，持续优化经营结构

按照中共中央和河北省委关于加快推动媒体深度融合的指示要求，河北广播电视台（集团）制定出台推动媒体深度融合发展五年规划，深入实施机制改革、内容转型、阵地转场、技术转向、人才转岗的"一改四转"战略，初步形成河北广电媒体融合转型的新经验、新模式。

2022年河北大力打造特色鲜明的融媒精品，推进广播视频化、融媒直播、短视频生产。原有节目近60%完成初步融合转型，新上节目均具备新媒体属性。2022年打造的《啥是冬奥》《独家揭秘"冰墩墩"诞生全过程》等精品短视频全网传播量均超3亿次，得到业内外一致好评。创意视频《喜迎二十大丨河北谱写民族团结进步创建事业新篇章》、手绘H5《燕赵民族团结实录》等一批适合"融媒体矩阵"传播的新媒体产品，被人民网、央视网、"央视频"客户端等转发，全网观看量和浏览量超1000万次。系列融媒报道《身边·图个幸福》，由一人一事的"小故事"突出反映党的十八大以来国家时代的"大变化"，全网阅读量突破1100万次。系列融媒产品《我们这十年》，用具体细微的镜头和故事引发受众共鸣，再现河北乡村振兴、生态环保、科技创新、文化建设等多方面的发展成就，上线两天阅读量突破千万次。创意短视频《我的家乡我来夸》邀请百姓观察员通过自拍Vlog，以说唱、快板、歌唱等曲艺形式，夸家乡变化、赞祖国发展，浏览量近百万次。大会期间，"冀时"客户端推出"跟着鸟儿游河北"专栏，虚拟主播"冀小佳"惊艳亮相，新科技赋能主题宣传，成为生动展示美丽河北成就的又一亮丽名片。

2022年河北广播电视台厚植"围绕节目做产业"的发展理念，加快培育"广电+"产业，使其成为创收的有力支撑。河北广播电视台释放全媒体

潜能，广播、电视、新媒体、IPTV、公交车体"五轮驱动"，深耕精品内容，推出更多讴歌时代、内容精彩、形式新颖、受众喜爱的融媒精品。同时不断拓展产业，依托优质平台资源，做大做强优势产业，大力拓展"广电+"新型产业。一是坚持"稳字当头、稳中求进"的工作基调，加大品牌广告开发力度，全力稳住广告创收基本盘。积极与各级政府部门开展战略合作，构建"新闻+政务+服务"的运营模式，推广"节目+广告+活动+产业"的融合经营机制。实施"燕赵品牌工程"，助力高质量发展，积极打造功能完备、项目齐全、服务便捷的"广电+"产业模式。二是继续探索形式多样的公共文化服务模式，成功推出河北"汽车文化节""婚恋文化节""健康文化节"等数十个省级品牌活动，积极服务社会、服务群众，更好地满足人民群众对美好精神文化生活的新期待。三是依托各频率频道优质节目内容，探索形成了以《冀有好物》为代表的"电商矩阵型"、以《有缘天空》为代表的"平台输出型"、以《名医来了》《非常大中医》为代表的"用户互动型"、以《歪楼正说》为代表的"内容衍生型"、以《冀时帮》为代表的"跨屏服务型"、以《小强来了》为代表的"全媒融合型"等6种节目内容转型模式，初步建成了河北广播电视台全媒体"内容IP"集群。

二 2022年河北省影视业发展困境

（一）数字化新科技赋能不足，"元宇宙"之路任重道远

VR是新一代信息技术的重要前沿方向，是数字经济的重大前瞻领域，将深刻改变人类的生产生活方式，产业发展战略窗口期已然形成。当前，以大数据、VR、人工智能、物联网等为核心的数字化新科技正在颠覆人们的生活方式，尤其是数字化场景的应用将消费端与制作端打通，为数字化万物、数字化影视提供强劲的推动力。

随着新一轮技术革命与产业变革的加速推进，加强数字科技赋能已然成为影视产业高质量发展的重要途径。一方面，数字科技发展水平决定社会生产力

的水平、潜力和增长空间。数字科技作为一种资源，只有与实体经济相结合，其作为资源的价值才能真正发挥，其在推动经济发展和社会生产进步当中的价值才能得到充分彰显；另一方面，大数据、区块链、人工智能、物联网等技术与影视产业的深度融合，使新技术、新业态、新模式不断涌现，能够有效促进传统影视产业各环节效率的提升，有力推动影视行业新业态的蓬勃发展。

然而，相对于现代传媒业较发达的省份，河北省传媒业的技术支撑力总体较弱，关键技术主要依靠服务外包，严重影响传媒产品的更新迭代和创新突破。基于5G、AR/VR、人工智能、云计算、物联网、区块链等先进技术的内容产品不够丰富，使传媒业的智能化场景开发应用较为欠缺，传媒业亟须提升智能化水平，为受众提供更丰富、更完善的基于新技术的内容产品。河北省应积极开展虚拟制片、影视特效技术、AR、混合现实等多重技术手段的综合应用，增强高沉浸感的视觉观感，为观众打造科技之力与艺术之美融为一体的视听盛宴。

（二）视听媒体融合存在短板，全媒体传播体系尚不完善

影视传播从以往单一渠道传播到如今全媒体矩阵式传播，呈现立体化传播趋势。中央、省级与各城市主流媒体积极催化融合质变，在巩固传统渠道传播的同时，大力发展新媒体传播，积极推进全媒体音频平台建设。媒体融合是影视产业发展的方向，改变了媒介内容的生产、传输乃至整个媒介。伴随互联网飞速发展与信息传播方式演变，影视剧营销日趋成熟。营销战略制定、物料发放、艺人协调、活动举办、线上宣传等都成为影视作品的营销重点。影视产业应着眼于整合营销，将各独立营销体系融合成一个整体，让传统媒体、新媒体、自媒体相互补充、优势叠加，将影视剧的主题、看点重新包装，通过嫁接当下网络热点和青春潮流文化，接地气、接人气。

但是，河北影视业在全媒体传播方面还存在诸多短板，制约着河北文化形象以及河北优秀影视作品的传播。对于影视业而言，融合应该是实现影视信息互助、互动、共享、公平、活性的新型媒体的有机结合。河北题材影视作品虽然塑造了一定的河北文化形象，但是未能很好地运用现代化的全媒体

传播手段为影片本身进行包装，且叙事结构过于僵化；影视传播人员未能很好的把握受众心理展开影视作品宣传；依靠网络微短剧推出优秀网络影视作品，应成为河北影视业着重思考的方面。河北省应积极构建全媒体传播体系，努力促进媒体深度融合，塑造河北文化新形象，尽早迎来河北影视的春天。

（三）影视创作活力有待激发，影视题材突破性不强

近年来，河北创作生产的主要影视剧作品均在讲述河北故事方面做出了努力。回望2022年"出圈"的影视作品，这些剧目的切口更小、话题共鸣感更强，也拉动着现实题材剧与年轻人渐行渐近。2022年爆款的剧目《大山的女儿》《幸福到万家》等从内容上抛去了过去或"老破穷"或"伟光正"的叙事模式，转而重点描绘新农村建设中的青年群像、展现蓬勃的时代建设力量，这种鲜活感、贴近感成为吸引年轻人的关键。众所周知，河北红色文化资源丰富，这为河北红色电影创作生产提供了丰富题材。多年来，河北省影视业一直深入挖掘当地红色文化资源，努力探索实践红色电影与时俱进的创作生产之路。

然而，在商业大片的市场冲击下，以英雄人物、革命故事为题材的红色影视剧，慢慢成为影视行业的"弱势群体"。红色影视要想占据一席之地，需要艺术创新、题材开阔、主题深化，从而进一步适应市场。相较之下，河北省影视业在题材内容上的创意创新依旧存在较大的发展空间，如何将现实题材与时代感相结合，展现蓬勃的时代活力，从而吸引年轻人，应该成为河北省影视业内容突破的关键点。

三　河北省影视业未来发展对策

（一）推动新技术赋能，优化影视作品视听体验

当前，5G、超高清、VR等新技术飞速发展，传统视听已经越来越难以

满足人们对美好视听体验的需求。2019 年，国家广播电视总局提出了 5G 高新视频的概念，包括互动视频、沉浸式视频、VR 视频和云游戏四个方向，旨在用"更高技术格式、更新应用场景、更美视听体验"的视频服务人民大众。随着信息技术的迭代、5G 网络和终端的普及，各种新视频的应用场景将日新月异。实现新技术赋能，优化视听体验是影视业迈向未来的重要一步。

河北省影视业要把握虚拟内容形态制作播出、集成播控和传输分发演进的发展趋势，促进内容生产；要加快从云、边、端实现跨屏、跨网络、跨行业和跨区域的技术底座的构建；要加快从多元显示放映终端牵引万物互联、虚实结合，促进生态构建；要切实做到以用户为中心，从用户需求出发，创新应用场景、增强互动体验、丰富内容形态；要借助人工智能前沿技术策划各类内容，运用人工智能技术挖掘内容、分析观众和用户偏好，做到喜好匹配和精准推送，同时注重通过内容引导观众和用户；要做好视听大数据分析，采集观众和用户有效信息，做好多种场景、多种形态行为分析，研究各相关领域的视听应用数据，形成引导观众和用户的真正数据分析报告，支撑内容生产制作；要加强各方协同，充分发挥广电视听产业内容优势和用户黏性，引领行业新发展。

（二）深化媒体融合，努力构建大视听发展格局

跳出影视小循环、畅通视听大市场是大视听产业全力发展的必要前提。河北省影视业要打破以广告、收视费等业务板块划分的传统产业概念与框架，跨越媒体边界，全方位转变为由用户、渠道、终端、消费模式及其关联链条组成的生态式观念。要统一视听市场基础规则，打通关键堵点，努力构建大视听发展格局。视听媒体因融合发挥的社会作用将更加独特且重要。除了新闻资讯、综艺娱乐外，视听服务将被嵌入和广泛应用于应急服务、网络政务、民生和社会服务等多个领域，成为推动文化繁荣兴盛、满足人民群众美好生活新期待、促进经济社会发展的重要力量。

媒体边界包括视听媒体的边界要不断扩展。对特定媒体的准确定义和边

界划分将越来越难，"视听媒体"概念将更加适用，视听产业各方也将进一步重构为大视听产业。因此，一是要注重对新技术特别是数字信息网络技术的应用，这对媒体融合发展的支撑将更加显著。以科技赋能媒体深度融合，实现主力军占领互联网主战场，在服务国家重大战略中坚守意识形态主阵地，必将会构建有先进技术支撑、满足人民群众需求，集传统影视和现代网络视听于一体的大视听发展格局。二是要不断丰富视听媒体内容，让优秀内容因融合变得更加丰富多彩。突破三维、四维声光电技术加持下的视听内容，构建融合 VR 的"元宇宙"，营造网上精神家园。三是要积极推动"视听媒体+"模式融合发展，让其更丰富。通过融合发展赋能视听业务，不断拓展视听服务新领域。

（三）打造宣传矩阵，走分众化产品全媒体传播之路

在媒体深度融合发展的背景下，河北省影视业应主动适应舆论生态新变化，不断创新宣传方式，积极探索影视作品的创新传播方式。2022 年 7 月 28 日，"河北省广播电视协会"新媒体宣传矩阵正式上线运营，致力于提高全省网络视听节目服务水平，以讲好河北故事为目标，统筹处理好传统媒体和新兴媒体、主流媒体和商业平台的关系，加快推动媒体融合发展，适时推出"河北省广播电视协会"微信公众号、视频号、抖音号、头条号等宣传矩阵，力图形成规模化的全媒体传播矩阵，构建多层次、立体化发声格局。为助力媒体融合向纵深发展、推动河北影视行业高质量发展，河北省影视业应该进一步打造宣传矩阵，加大全媒体宣传力度。

要加强统筹协作，推动视听作品组织化、规模化播出。一方面，在行政主管部门组织策划下，跨行政区域联合各地影视媒体播出重点作品和节目，扩大宣传声势；另一方面，由当地影视机构牵头，与其行政区划范围内的各级影视媒体、融媒体中心联合播出、联动传播，取得良好宣传效果。

要将优质资源要素向网络聚合，加大全媒体宣传力度，构建多位一体的影视宣传格局。越来越多的影视机构善于运用网络手段，不断完善自身的宣传格局，综合运用传统媒体、新媒体客户端、网络视听平台等多种传播平台

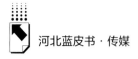

宣传理论节目，力求打造全方位、立体化、多层次传播体系。

要根据不同平台的受众群体与传播规律，打造分众化、差异化影视融媒产品。不少影视机构将视听作品按照各媒介平台属性，二次加工制作音频、短视频、图片专题、报道等，在对应平台播出，并通过话题互动、直播答题等方式，增强受众的参与感，在观众特别是年轻观众中引发热烈反响。

（四）发挥资源优势，打造红色文化创作和传播高地

目前，很多影视媒体在努力探寻属于自己的文化之路，探索将各具特色的传统文化以新内涵和新表达呈现在观众面前，力图破解文化节目创新的潮流密码。对本土资源的深耕以及对文化接近性的强调，正成为省级影视作品创新的突破口。河北作为红色文化资源大省，更应该挖掘地域文化资源，发挥本土的资源优势，打造红色文化创作和传播高地。

一些本土文化节目"破圈"的重要启发是，传播与创作同等重要。一是要坚持全媒体传播，移动优先。坚持把"小屏"传播放在首位，始终围绕移动端的应用场景策划选题、制作内容。二是要注重短视频传播，扩大节目影响力。在全媒体时代，文化节目"出圈"的"爆点"往往不是长视频，而是小而精、美而优的短视频，各台瞄准时机通过植入交互、开放、共情等互联网传播基因，剪辑出最核心、最精彩的内容，以精短、直观、便捷的短视频向网端传播。三是要提高网络社交声量，注重话题持续发酵，形成长尾效应。互动化正成为全媒体传播趋势，本土特色文化节目也在主动进入微信、微博、抖音、B站等人群聚集的网络公共平台开展互动传播，特别是高度重视超级传播者的催化作用，借助网络大V、权威媒体以及有影响力的社会公众人物提升传播能级、放大传播效果。除了在形式创新上做文章，还要在艺术形象、叙事方式、接受体验等方面进行多元探索和突破，不断破解艺术审美的潮流密码，不断挖掘传统文化特征，塑造系列典型形象，从多元视角解读传统文化思想精髓，以最恰当的表达方式彰显河北本土文化的魄力。

B.7
2022年河北省广告业发展报告

宋维山 韩文举 栗滢淇 李银浩*

摘　要： 2022年的经济社会发展延续了前两年增长放缓的趋势，在此背景下，河北省广告业承压前行，稳中求进。河北省广告业各参与主体积极主动的在稳步发展中寻求提升；河北省广告业的产业协作不断探索开创新格局；广告形式融合、数字营销传播、公益广告等重点领域有发展新亮点。受党的二十大精神落地、防疫政策调整、《"十四五"广告产业发展规划》等一系列因素的影响，河北省广告业将进一步迈向高质量发展之路。

关键词： 广告业　数字营销传播　公益广告

广告业是经济发展的助推器，也是社会文明的重要载体。2022年河北省广告业在不断适应、改革和优化中，实现了自身的发展，取得了一定的发展成就。同时，河北省广告业在自身发展的基础上充分发挥了广告业的服务作用，服务了河北品牌传播与市场经济发展，促进了消费和扩大了内需，推动了河北省社会主义精神文明建设和公民道德建设工程的实施。

---

* 宋维山，河北师范大学新闻传播学院广告系教授、硕士研究生导师，河北省广告研究院执行院长、河北省广告协会学术委员会主任、中国广告教育研究会理事、中国酒业协会文化委员会品牌传播专业委员会副秘书长，主要研究方向为品牌营销传播；韩文举，河北地质大学艺术学院讲师、广告学教研室主任，河北省广告研究院助理院长、河北省广告协会学术委员会秘书长，主要研究方向为品牌营销传播；栗滢淇，河北师范大学新闻与传播专业硕士研究生；李银浩，河北师范大学新闻与传播专业硕士研究生。

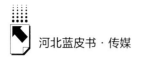
一　2022年河北广告业发展背景：稳字当头

对河北省广告业来讲，产业自身发展既受到经济社会发展大环境、新要求、新趋势的影响，也为加快建设经济强省、美丽河北贡献产业力量。

（一）经济环境影响：经济要稳住，发展要安全

2022年4月29日，习近平总书记在主持召开中共中央政治局会议分析研究经济形势和经济工作时强调"疫情要防住、经济要稳住、发展要安全，这是党中央的明确要求"①，同时，这成为2022年社会经济发展的核心要求和主题。在以习近平同志为核心的党中央坚强领导下，各地区各部门扎实落实、主动作为，最大限度稳住了经济社会发展基本盘，这也给包含河北省广告业在内的各地方相关产业的发展提供了有力支撑。

在此基础上，2022年我国经济呈现稳步发展的特点，第一季度GDP同比增长4.8%，第二季度同比增长0.4%，第三季度同比增长3.9%。一条V形GDP曲线，折射2022年以来我国经济"走过"的不凡历程。

在全国经济发展稳步推进的态势下，河北省经济社会发展取得了一定的成绩。前三季度有关高效统筹疫情防控和经济社会发展的相关政策措施落地见效，经济企稳回升态势良好，但第四季度，尤其是11月和12月，整体经济发展受疫情变化的影响较大，呈现下降趋势。前三季度，全省生产总值30591.1亿元，同比增长3.7%，比上半年加快0.3个百分点。分产业看：第一产业增加值2543.2亿元，同比增长3.9%；第二产业增加值12378.8亿元，同比增长4.4%；第三产业增加值15669.1亿元，同比增长3.1%。由此可见，作为经济发展"晴雨表"和"助推器"的广告业，在全省经济发展中也贡献了不小的力量。同时，河北经济发展为河北省广告业提供了有力的

---

① 《分析研究当前经济形势和经济工作　审议〈国家"十四五"期间人才发展规划〉》，《光明日报》2022年4月30日。

业务支撑和产业发展保障。

经济社会发展的一个重要环节和重要支撑就是社会消费稳步恢复，"产业消费双升级"是畅通经济大循环的需要。无论是省域范围还是全国范围，从产业端看，第一、二产业和部分第三产业部门所面临的消费升级和自我创新发展双重需求，使企业更加重视对品牌的建设和宣传，能有效激发广告业的新活力；从市场端看，我国积极实施扩大内需战略，全面促进消费，加快消费提质升级，这也为广告业的恢复与进一步发展提供了保障。

（二）政府支持引导：政策适时引领，结构优化赋能

2022年，针对经济发展和各产业的优化升级，从中央到地方通过财政、税收、工商等一系列政策，为市场主体纾困，增加市场活力，对广告业发展也给予了大力支持和方向性引导。

在政府支持引导的各项举措中，有关数字经济发展方面的相关政策，对河北省广告业发展的赋能作用是较有代表性的。例如，国务院于2022年1月印发的《"十四五"数字经济发展规划》提出，要加快企业数字化转型升级，引导传统业态积极开展线上线下、全渠道、定制化的营销创新。发展数字经济已然成为当下重要的国家战略，这为商业社会带来根本变化的同时，为广告业带来创新发展和持续发展的机会。2022年5月，河北省发布了《河北省数字经济促进条例》，为河北省数字经济发展提供制度保障。而作为河北省数字经济的重要组成部分，广告业的发展在推进经济转型升级、引导消费、促进经济增长、丰富社会文化中发挥着十分重要的作用。

2022年以来，在政府的引导、鼓励与支持下，河北省的广告业结构进行了相应的优化。2022年河北省广告业规模以上企业及从事广告经营业务的媒体单位的营业额为110亿元，与上年整体相比有小幅度下降（见图1）。但从整体发展趋势来看，河北省广告业主体营业额前三季度呈缓慢增长趋势，第四季度受疫情影响较大，业务量出现暂时性下滑，且下滑幅度较大。

与此同时，河北省广告业在各种因素的影响下进行着产业创新和产业结构优化。一个重要的优化方向是传统广告业务与数字营销传播进一步融合。

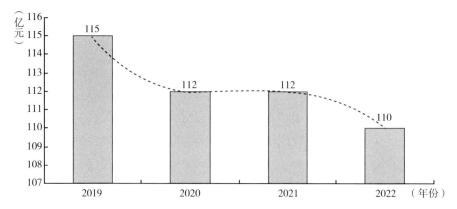

**图1 2019~2022年河北省广告业规模以上企业及从事广告经营业务的
媒体单位的营业额**

资料来源：根据河北省广告研究院调研数据及市场监管部门统计数据综合估算。

各类传统广告业务在2022年受到了不同程度的冲击，而数字营销传播业务在河北省广告业中的比重不断上升，河北省广告业数字营销传播的形态也有了多元化发展，尤其是数字展会、短视频营销、直播带货等数字营销传播形态迅速发展，为河北品牌营销传播提供了更多渠道。由此可见，河北省广告业的数字化创新和转型已经在路上。

（三）技术革新推进：数字赋能发展，产业生态优化

随着数字技术飞速发展，数字技术为广告创作、产品传播带来颠覆性变革，"媒介即营销"的趋势进一步增强。河北省广告业的结构发生巨大的变化，整个行业生态不断向好发展。

技术的革新加速了广告业内外部各要素间的融合发展和"互联网+广告"形式的形成，建立了新的数字广告生态，新业态、新模式、新消费为数字广告产业带来无限增值的空间，5G、云计算、大数据、AI、物联网等新技术深度改变了广告业市场竞争模式。河北省广告业的各类产业参与主体都在新技术的影响下进行自我创新：传统企业从传统经营向数字媒体经营融合转型；中微企业为保证"生存"聚焦业务板块和探索新业务模式；广告

媒体整合"大屏+小屏""电视圈+网络圈",积极构建"广告媒体新生态";行业监管部门和行业协会等组织,继续探索产业园区建设与生态聚合;广告科研机构对广告业的新趋势、新课题展开研究。而不同产业参与主体的自我创新又带动整个产业的优胜劣汰和整体优化发展。

2022年对于河北省广告业发展是极具挑战性但又充满机遇的一年。河北省广告业虽然受社会大环境的影响,在发展中有些波折、有些不足,但从总体发展趋势来看,仍有新亮点、新生机和新突破。

二 2022年河北广告业发展现状:
承压前行,稳中求进

2022年,河北省广告业整体上呈现的发展特征是,承压前行,稳中求进。一方面,面对新的发展环境和发展态势,河北省广告业发展承受着市场需求不足和自身动能不足的双重压力;另一方面,河北省广告业的各类参与主体在积极恢复和拓展业务,并且在实现河北省广告业新发展的同时更好地发挥了广告业在服务高质量发展、引导消费升级、促进大众生活品质提升、助力公民道德建设等方面的积极作用。

(一)产业主体稳中求进

随着数字化进程的加快和经济环境的波动,2022年河北省广告业在机遇与挑战中发展,河北省广告主的广告认知升级、广告企业提供广告服务的质量提升、广告媒体朝数智化方向转型、广告受众的主体权力逐步凸显。

1.广告主:广告投入紧缩,广告认知升级

近两年,市场环境的变化和宏观政策的调控,使互联网、教培机构、房地产等行业出现不同程度的动荡,河北省广告主尤其是小微企业广告主对2022年经济形势的信心仍未恢复,甚至对自身发展持"没信心"和"不看好"态度的比重较2020年和2021年仍要高。

由于对未来发展前景的不乐观态度和受到资金、资源的限制,以及自身业务的调整或转型，河北省广告主不得不转变营销思路，对营销预算投入更为谨慎。虽然广告需求疲软、广告投入紧缩是近3年广告业的普遍特点，但2022年相较于前两年出现了新的特征，即广告主在包括网络广告在内的数字营销传播上缩减投入。究其原因：一方面，这3年内业务规模限制造成了广告主可支配的营销推广费用普遍处于减少状态；另一方面，前两年对电子商务、数字营销传播等存在的不理性或者不科学的认识，造成了广告主寄希望于利用网络开拓业务而对其进行了较大投入，但收效甚小，这也让广告主重新认识和评估参与数字营销传播的价值和方式。

虽然对于市场经济形势的信心有所下降，但是广告主对广告的科学认知是有所提升的，而且不断探索和尝试优化参与广告营销活动的实践。

河北省广告主在广告认知上的转变体现在对品牌建设诉求的升级。河北省广告主在企业经营的过程中，逐渐认识到了品牌建设的重要性，品牌升级已经成为广告主推动企业发展的重要手段，广告主会根据市场的变化，寻求品牌定位、品牌设计、品牌推广等服务。

河北省广告主在广告认知上的转变还体现在对营销渠道的认识加深。在广告主的传统认知中，传统媒体的推广和线下的营销活动才是主流的销售渠道，但是随着媒介环境的变化和疫情的反复冲击，线下渠道受到较大影响，广告主逐渐意识到开拓新的营销渠道的重要性，由此将目光聚焦到数字营销赛道。基于前两年的投入，广告主认识到借助互联网广告平台的巨大流量，将传统广告的"曝光率"传播模式转化为"流量变现"传播模式，是需要投入较多资金的，这对于以中小微企业居多的河北省广告主来说有较大的负担，绝大多数的尝试取得的效果并未达到预期。因此，越来越多的河北省广告主认识到，需要找到与自身相匹配的营销传播渠道才是最重要的。

河北省广告主通过广告参与探索的新的营销传播方向主要集中在以下几个方面：其一，加大对公益的投入和宣传，着力提升品牌社会形象；其二，不断尝试对品牌私域流量的探索，聚集和沉淀用户；其三，对广告资源的投入采用"杠铃策略"，即广告资源的投入倾向于风险小、收益确定的领域；其四，河北省广告主愈加重视源头内容建设。

由此可见，河北省广告主对广告的认知有了一定的改变，但如何平衡广告成本与广告效果之间的关系，成为河北省广告主和广告企业共同面临的一大难题。

2.广告企业：自我适应调整提升，迎接广告行业复苏

2022年河北省规模以上企业及从事广告经营业务的媒体单位的营业额为110亿元，较2020年与2021年有小幅度下降，下降了2%。从统计数据上看，2022年河北省广告业有望恢复到2019年的整体水平，但第四季度各广告企业业务开展受到疫情的阻碍，行业的整体发展迟滞。从整体趋势上看，河北广告业稳中求进的趋势是较为明显的，相信在新的政策形势和经济社会发展的带动下，在一定的时间内会有一个较明显的发展趋势。

2022年河北省登记注册的广告企业在数量和规模上与2020年和2021年相当。市场主体登记信息显示，2022年河北省广告经营单位67000余家。根据河北省广告研究院调研发现：在各类广告市场主体占比中，传统中小微广告企业数量略有减少；从事新媒体广告、网络内容营销、直播带货等数字营销业务的广告市场经营主体数量有所增加；设计制作类广告企业数量有所下降；综合服务类、会展活动服务类和品牌咨询服务类广告企业数量变化不大。总的来看，河北广告企业仍以中小微企业为主，企业自身实力有限，抗环境影响能力有限，这也成为制约河北省广告业整体发展的一个重要因素。

此外，河北广告企业的数量和规模，存在地域性不平衡的情况。目前，企业名称前缀为"河北省"和"石家庄市"的，并且地址在石家庄的广告企业数量超全省广告企业的3/5，作为河北省会，石家庄市所拥有的广告企业在数量和规模上远超其他地市，处于绝对的龙头地位。与此同时，保定、唐山、廊坊、沧州的广告企业数量较多。各地市拥有的广告企业的数量、规模和在全省的占比，基本与各地市的经济发展水平保持正相关。

对行业龙头机构的调研显示，各类广告企业的营业额增速普遍放缓，部分业务板块仍处于一个亏损的状态，但与上年相比，亏损程度有所降低。目前，广告企业现有的几大类业务板块中，广告设计与制作、传统媒体服务和

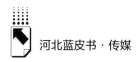
会展活动服务受到的影响较大，业务量下滑也较大，品牌咨询服务、互联网与数字营销服务等业务板块普遍有一定的发展。

河北广告企业发展放缓的原因主要集中在以下方面：其一，根本原因在于整体经济下行压力较大，尤其是实体经济遭到了严重的冲击，各行各业对于广告营销的需求骤减；其二，河北广告企业业务量直接下降的原因是，省内广告主的广告投入减少，省外广告客户的成单业务量减少、单价降低；其三，从经营管理角度看，受大环境和行业规则的影响，垫资周期、回款周期长，坏账率、呆账率高等资金问题成为广告企业面临的一个严峻的生存问题，长此以往，很可能成为河北省广告企业健康发展的安全隐患。

受疫情防控、经济环境以及国家宏观政策等多方面影响，河北广告企业或主动或被动地通过企业内部管理的调整、市场业务的结构调整以及人员结构调整等手段，达到"减亏、控亏和略增"的目标，从而实现对市场环境的适应和对自身生存能力的提升。

随着防疫政策的优化调整、市场形势的好转，最晚在2023年下半年河北广告企业普遍能走出发展乏力的境况，实现扭亏为盈。届时，广告主对于市场的信心会逐渐恢复，消费者也会逐步适应新的经济环境和发展模式。因此，河北省广告企业应该以积极的心态，主动调整发展模式，整合自身资源和力量，迎接广告行业的复苏。

3. 广告媒体：挑战与机遇并存，数智化助推媒体转型

2022年，河北广告媒体受到经济下行压力的影响，无论是传统媒体还是新媒体，广告的投放量都出现了缩减的情况，尤其是部分户外、楼宇、交通等空间型、资源型媒体的广告投放量较历史同期降幅近40%，部分社区媒体，如电梯框架等媒体点位的空置率也接近了1/3。可见，河北广告媒体面临严峻的生存挑战，不得不开始探索新的发展模式和新的发展机遇。

广告媒介的发展在一定程度上受到政策的影响。2022年，行业监管部门相关政策的出台、对相关媒体板块的引导等都对广告媒介的经营形态和业务模式等产生不小的影响。以户外广告为例，石家庄市于2022年出台了

《石家庄市户外广告设置管理办法（试行）》，明确市区所有户外广告设置位置使用权均需通过公开拍卖方式取得，目的在于推动城市公共资源有序合理配置和促进国有公有资产保值增值。在此基础上，石家庄市首次公开拍卖了包括桥柱灯箱、桥梁电子显示屏、路灯灯杆旗、楼体电子显示屏在内的部分户外广告点位的使用权。从媒体经营的视角来看，通过公开拍卖方式取得媒介使用权，对原有的广告市场布局和业务模式都产生了相关影响。

2022年，河北广告媒体的数字化创新与转型不断推进。在数字化发展的浪潮下，河北传统广告媒体积极利用新媒介技术，融入数字营销传播理念，充分打造数字化宣传平台，拓展媒体在品牌宣传、产品营销推广等方面的新形式和新渠道，以提升应对新环境、新市场和新需求的能力。在不断进行新探索的河北广告媒体中，河北广播电视台较有代表性。近年来，河北广播电视台持续进行数智化转型，整合自身的全平台宣传资源，在"冀时"客户端、微信、微博、抖音等平台打造数智化传播矩阵。2022年9月，河北广播电视台（集团）控股的河北广电无线传媒股份有限公司入选2022年全国广播电视媒体融合先导单位，河北广播电视台（集团）打造的"河北'广电+'互联网经济聚合平台产业项目暨河北广电MCN项目"入选2022年全国广播电视媒体融合成长项目。同时，河北广播电视台《冀有好物》栏目在首届全国广播电视融媒营销创新大赛中获得金奖。

除了广播电视等传统广告媒体平台以外，河北户外广告媒体的数智化进程不断加快，特别是楼宇、影院、社区媒体开始利用AI、AR/VR和5G等数字技术为户外广告赋能。比如2022年石家庄湾里庙步行街增添了"裸眼3D"广告大屏幕，把裸眼3D技术运用于传统的户外大屏媒介，给受众提供一种沉浸式的营销体验。随着传统媒体数智化程度的提升，广告主对这些媒介平台的广告投放意愿明显增加。

随着河北省广告媒体数智化程度的提升，广告内容的制作更倾向于个性化和分众化。广告内容的制作要精准把握广告受众和消费者的心理，满足受众的个性化需求，这样才能更好地借助广告媒体的数智化转型推动河北省广告业的复苏和发展。

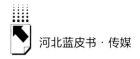
4. 广告受众：受众心理趋向多元化，主体权力逐步凸显

广告受众是广告产业的重要参与者。在一定程度上看，河北广告受众所表现出的群体特征基本就是全国范围内广告受众群体的一个"缩影"。

2022年，在经济、技术等多重因素的影响和推动下，广告受众在接收、选择广告的过程中自主性变得更为突出，同时，受众接收广告的方式越来越多元化，互动性增强，受众的个性化需求也随之变得更加多样。同时，数字营销传播的兴起为广告业带来的挑战和机遇都是巨大的，从传播的形式到传播的内涵每一个环节需要更加重视受众的参与度和接受度。广告企业在提供专业服务时，只有洞悉受众接触媒介时的心理，提供更契合受众的广告形式和传播内容，才能实现广告传播效果的最优化。

首先，在移动互联网时代，受众的媒介接触习惯发生改变：受众接收广告从被动到主动，渠道从单一到多元，更加强调自主性。与此同时，广告随着移动终端的变革，不断创新与受众的关系。在一定程度上，广告市场争夺的最为关键的要素就是用户。根据广告受众的媒介接触习惯的变化，广告的传播形式也在不断地创新。直播广告、互动广告、参与式广告等具体的广告形式不断涌现，这些广告形式突出了广告受众的主体性身份，强调广告传者与受众的互动，从而实现更好的广告传播效果。

其次，在新媒体传播环境下，受众的媒介接触行为发生改变。在传统媒体时代，受众利用媒介多是获取信息或者放松娱乐。而随着媒介环境的演变，以社会关系为纽带的社交媒体出现，这使得受众的媒介接触行为变得更加多元，受众使用微信、QQ等软件来相互沟通，在抖音、知乎、小红书等平台上分享日常生活和想法，利用美团、京东到家、线上社区团购等平台采购生活用品。因此，广告主和广告企业必须根据受众接触媒介的行为来调整广告和营销计划，打通受众的社交圈层，利用社会化广告营销的方式来提升广告营销的效果。

近年来，随着河北省对互联网产业的大力支持，全省范围内各产业基于网络技术的发展都是较为快速的，这使得广告受众的媒介接触习惯显著改变，受众心理更为多元化。在新媒体环境下，如何借助技术创新实现广告服务的升级换代、如何更加有效地俘获广告受众的"芳心"、如何在此基础上实现广告产业的"弯道超车",对河北省广告业来说是兼具挑战性和机遇性的发展命题。

（二）产业协作创新格局

新常态下,市场环境日趋复杂,2022 年河北省广告市场营收状况整体缩紧。河北省广告业虽在整体发展趋势上有波折,但在政、产、学、研、媒各产业参与主体加强相互协作、共同实践下,在战略引导、产业协作、行业自律、专项研究等方面有所建树,不断构建产业协作的新格局。

1. 广告监管:行业监管持续推进,行业服务创新探索

在《"十四五"广告产业发展规划》的要求下,河北省各级广告监管部门围绕"前段指导抓预警、中段监测抓规范、后段查处强震慑"的理念开展工作,加快推进监管服务标准建设,积极适应广告新业态、新模式的发展要求。作为全省广告业的监管服务主管部门,河北省市场监督管理局积极完善协同监管、推进社会共治,打造全链条监管模式,大力提升广告监管工作效能。

广告监管的首要工作就是做好相关法律法规及行业政策的宣传与落地。为做好该项工作,河北省、市、县各级市场监管部门实施了一系列举措。其中,河北省市场监督管理局面向社会开展"广告监管社会问卷调查",共收集有效问卷 18732 份,形成了《河北省市场监管局广告监管社会问卷调查分析报告》;组织开展了系列行政约谈、行政指导和普法宣传活动,2022 年共组织行政指导 1329 次,指导各类广告市场主体 2226 家;针对"三品一械"、房地产、医疗（含医美）、教育培训、大众传媒、投资理财等违法广告频发多发问题,组织全系统广告监管执法人员和相关企业开展广告法律法规线上培训 8 期,培训人员 4.2 万人次;指导河北省广告协会发布广告行业守法诚信倡议书,指导推进行业组织诚信体系建设。

继续推进和创新"三助工程"主题活动是 2022 年河北广告监管服务创新探索的一大特色。"三助工程"由河北省市场监督管理局牵头,河北省广告协会组织,河北广播电视台、百度盘古网络、河北省广告研究院等业界、

117

学界的龙头企业和领军机构全程参与，贯彻"助产助销助转型"的目标，打造"一培两会一平台"和入企帮扶模式，坚持以创新举措为企业纾困解难。2022年"三助工程"实施过程中，成立专家团，制作《企业需求意见征集表》，发动各市局和机关各单位推荐帮扶企业210家，年度累计现场帮扶全省企业216家，解决产品销售、顶层设计、大数据分析等难题363项，组织"河北品牌营销大讲堂"19场，培训超7万人次。

把握工作重心，突出监管重点，保证监管服务聚焦于重点领域也是河北广告监管服务工作的重点。2022年全省广告监管和执法工作聚焦人民群众普遍关注的食品、医疗、保健品、房地产、教育培训、金融投资理财等事关人民群众切身利益的重点领域广告。

2022年1~12月，河北省市场监督管理局广告监测中心共监测各类媒体发布广告1446万余条，涉嫌违法5万余条，条次违法率约0.35%（见表1）。办理各类虚假违法广告案件1100余件，罚没款2100余万元。与上年相比，河北省广告监测总量增加130万余条，违法总量减少3万余条。从总体上看，2022年全省广告检测总量增多，覆盖范围扩大，惩处力度加大。随着广告监测的不断深入，广告监管的成效逐渐凸显，主要表现在违法条次总量的减少和条次违法率的降低（见图2）。

表1 2021~2022年全省广告监测数据

单位：条，%

时间	监测总条次	违法条次	条次违法率
2021年上半年	6653745	58917	0.89
2021年下半年	6503198	27694	0.43
2022年上半年	7173008	26623	0.37
2022年下半年	7284862	23792	0.33

资料来源：河北省市场监督管理局广告监测中心。

总的来看，各级广告行业监管部门针对广告业发展的新态势和新变化，不断加大监管力度，优化监管服务的方式方法，尤其是在2022年省委、省

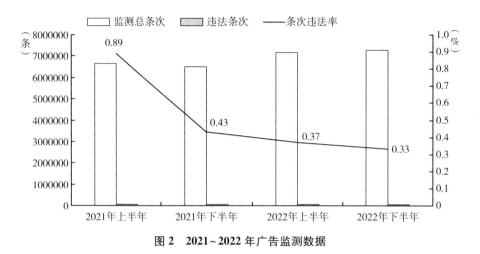

图 2   2021～2022 年广告监测数据

资料来源：河北省市场监督管理局广告监测中心。

政府提出大力优化营商环境的要求后，不断探索和创新广告监管服务，不断激发各市场主体活力和可持续发展力。

2.行业自律：协会工作持续推进，行业服务持续升级

2022 年，河北省各级广告协会组织充分发挥自律、引导组织和凝聚作用，组织企业开展了一系列产业协作、业务创新、对外交流等行业促进活动。同时，通过积极提供行业信息、组织行业培训，帮助广告企业进行业务对接和拓展，引导、帮助企业诚信经营、规范发展，从而有效推动了广告企业的自身规范和业务开展。

一方面，以河北省广告协会为代表的各级广告协会，践行"三个服务"理念，在全省范围内整合优质广告资源，关注并通过各种方式着力提升广告从业人员的业务水平。如河北省广告协会通过一系列有效的举措，大力支持了河北省广告业的健康发展：举办第二十二届河北省优秀广告作品大赛，为全省广告从业人员提供了交流平台，彰显和推广了广告业界创业成果；作为协办单位参与 2022 年河北省公益广告大赛，广泛开展公益宣传，以正能量为主旋律，提升社会文明水平，扩大自身影响力；在全省范围内开展证明商标认证工作，推动行业标准化发展和龙头广告企业的高质量发展。

另一方面，各地市广告协会根据当地广告业发展情况有针对性地开展和持续推进各项特色广告助力活动。如保定市广告协会多次召集广告企业座谈，就《保定市广告产业调研报告》《营销智库助企方案》两项工作进行了调度和推进，针对保定市广告产业的发展现状、面临的机遇与挑战以及政策扶植等方面亟待解决的问题进行深入研判；廊坊市广告协会成立"消费者投诉联络站"，发挥协会专业优势，有效延伸消费者维权触角，实现消费纠纷化解关口前移，更加便捷地解决消费纠纷；石家庄市广告协会多次组织政产学研专家对广告从业人员进行主题培训，以增强广告从业人员的法律法规意识和提高其业务能力水平。

3.广告教研：人才培养多元化，专项研究驱动发展

2022年，河北省广告学界及业界呈现"发散式培养人才，精准化帮扶企业"的特点。在各大院校、专业学术研究机构、各级广告协会和各类广告企业的共同参与下，河北省持续完善广告人才培养体系和广告学术研究体系，推进多元化培养广告人才，开展广告业专项研究，持续推进河北省广告产业智库的建设。

其一，依托高校的广告人才培养模式进一步夯实广告人才培养。河北省高校教育从"数量""质量"两个维度进行广告人才的培养优化，持续利用科教优势，全面培养广告人才的专业素养，发散专业培养方向。首先，现有的广告人才培养基础进一步得到夯实，在现有的124所（截至2022年5月）高校中开设广告学、广告设计与制作、市场营销、网络与新媒体、视觉传达设计、影视制作等与广告业从业岗位直接相关专业的院校就超过了100所，由此可见，高校广告人才培养是有较好基础的。其次，各大高校根据自身资源优势结合当地广告业发展情况建立学科特色，培养学生实践技能，以期打通学术与实践的专业壁垒。最后，高校相关专业的教学中，设计新媒体广告和数字营销传播的教学内容比重在不断提升，这是学界培养和业界需求相辅相成、相互融合的结果。

其二，通过行业组织短培或企业自培开展职业培训逐渐成为广告企业员工适应岗位职能的新方法。在2022年产业升级和高质量发展的新态势和新

要求下，部分广告企业为提升组织内在驱动力，越来越重视行业培训，并组织管理人员、创意设计人员、技术人员等开展或参加各类线上线下培训，以期提升从业人员的业务能力与水平。

其三，探索政产学研协作促进人才培养的新模式。其中，依托"三助工程"，由河北省广告研究院组织举办的"河北品牌营销大讲堂"，就是河北省政产学研协作促进人才培养的亮点工程。"2022年河北品牌营销大讲堂"在对"2021年河北品牌营销大讲堂"总结、优化和提升的基础上，进一步拓展了培训主题、增加了培训频次、扩展了受培范围。培训采取"线上主题培训+线下精准指导"相结合的"智库帮扶"模式助推企业优化升级，整合广告学界、业界的专家和精英，以精准培训为引领，帮助人员能力提升的同时，着眼于帮助企业厘清发展思路，为企业转型升级提供动力。截至2022年底，"2022年河北品牌营销大讲堂"共组织线上培训会20场，特邀培训22人次，参培机构超5000家，受培人员超10万人次，并通过线上培训会和线下跟踪精准帮扶，实现了"以智提质"的目标，同时有效促进了学界与业界的双向对接和双向提升。此外，河北省广告协会在2022年继续推进人才培养工作：一是于2022年成立了协会的二级分会——人才分会；二是于6月底举办了河北省广告协会云成长学院第二届线上研学营，深入省内12家龙头广告企业进行线上参观考察，河北省内多所高校相关专业学生参与其中，总参与人数达3120人次，有效地开拓了学生的专业视野。

其四，以河北省广告研究院为代表的省内专业学术研究机构和专业智库积极开展各类专项研究。河北省广告研究院在2022年主要承办了河北省公益广告大赛、组织了"河北品牌营销大讲堂"、开展了"企业家沙龙"活动、进行了建设国家级公益广告创新研究基地的研究与策划工作、协助河北省乡村振兴促进会编写了规划性文件《关于建设河北乡村振兴综合产业园的建议》、继续开展了建设国家级广告产业园的相关研究等，通过各项课题和专项研究向政府、行业主管部门、行业组织和广告企业等提供专业的"智脑服务"。

4.跨域协作：对外交流日益深化，产业合作谋求升级

《"十四五"广告产业发展规划》中提出，"积极落实指导广告业发展主

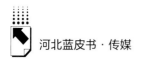

体责任、广泛调动社会各界力量，共同推进规划贯彻落实并提供坚强保证"。河北省广告业各参与主体积极参与各项跨区域的交流合作，为企业和广告业带来了创新发展和持续增长的契机。

面临诸多压力和挑战，河北省各地市广告企业、媒体单位和广告行业协会等，持续开展在全国范围内的交流合作，如河北省广告协会、唐山市广告传媒行业协会等积极组织企业赴辽宁、吉林、黑龙江等地考察交流；省内龙头广告企业、各级广告协会积极参加中国广告论坛、中国国际广告节、北京国际广告展览会等行业交流活动；部分企业积极参加"长城奖""黄河奖"等广告业内的高水准专业奖项的评选等。

河北省广告业在不确定的市场环境中寻求确定性发展，在深度参与合作交流中借鉴、探索和合作，以激发市场活力，促进产业内生增长。通过合作交流，河北省积极借鉴兄弟省市广告业的运营模式、体制机制、创新路径等，并结合本地自身现状和发展要求，推动本省广告业传统生产方式变革，寻求适合河北省广告业可持续性增长的有效模式。

（三）重点领域有新亮点

在经历了2022年的实践和探索之后，河北省广告业在传统广告、数字营销和公益广告等领域有了新的发展。

1.广告形式融合：线上线下联动，跨媒体传播协作

随着网络数字技术的发展和受近几年疫情的影响，传统广告的市场份额受到了不同程度的冲击。2022年上半年，广播广告刊例花费同比下跌7.7%；电视广告刊例花费同比下跌14.7%；传统户外广告刊例花费同比下跌34.6%，影院视频广告刊例花费同比下跌51.2%。面对传统广告市场份额的下降，传统广告业务公司不得不考虑转型发展，河北省传统广告业务公司不断尝试积极拥抱新的媒介技术，开拓新的营销渠道，探索出线上线下营销渠道相结合、跨媒体相互协作的路径。

在传统的广告模式中，线下广告推广和线上广告推广渠道互不关联、合作较少，线上和线下渠道相互竞争，广告资源被浪费，甚至有可能导致价格

竞争，从而降低消费者对品牌的认知程度。因此，为消除线上线下渠道冲突、提升广告投放效果和发挥不同渠道的平台优势，河北广告企业采用了线上线下渠道相融合的推广路径，将线下广告与数字营销传播相结合，把两者的资源优势进行整合，将线下广告作为受众的基础入口，并配合线上搜索、社交媒体的传播，从而提升品牌曝光率，有效实现效果转化以促成销售、购买。

此外，场景化营销的概念随着数字技术的进步越来越"热"，场景营销意在把营销方式与人们的生活场景紧密联系在一起，从而达到商家营销的目的。河北广告企业将传统的户外媒介形式和数字媒体相融合，利用户外空间给消费者提供了一个亲身接触和体验品牌或产品的机会。同时，河北省广告业不断探索新的传播技术，尝试将 AI、AR、VR 和 5G 等技术运用于户外广告，把裸眼 3D 技术运用于户外广告和交通广告等，使得传统的广告形式在内容和视觉上更加逼真和立体化，给受众带来沉浸式的体验。

通过广告技术与广告创意的融合、不同广告形式的联动融合，以及创新的广告形式和广告内容相融合，河北省传统广告业务正在经历不断尝试、积极适应、革新与创造的过程，探索如何利用线上线下相结合的方式和跨媒体相互协作的路径，使传统广告焕发新的活力。

2. **数字营销传播：引领传播趋势，助力品效合一**

随着数字技术的发展，数字营销传播市场规模总体呈逐年增长态势。目前，河北广告主在数字营销传播领域的广告投入占营销总投入的比重已接近50%。2022 年，数字营销传播已经进入营销领域的快车道，河北广告企业也积极把握数字营销传播发展的机遇，借助数字技术的力量，推动广告传播效果的提升。

在政策支持和技术推动下，河北数字营销传播迎来了新的发展。广告媒介的数字化是数字营销的基础，从技术应用上看，河北省的 PC 端、移动端、OTT 和数字户外媒体等数字化程度均有所提高，融合大数据、新技术和算法技术，实现了广告媒介的数字化。例如，在廊坊举行的"2022 中国·

廊坊国际经济贸易洽谈会"就是利用了线上线下相结合的方式,线上展厅运用 3D、VR+AR、视频直播等数字技术形式,为嘉宾客商提供数字化、智能化、沉浸式的观展体验,全方位、多层次展现河北的发展机遇、产业特色、产品亮点,以此吸引更多企业关注和投资。

在广告媒介数字技术发展的同时,河北省广告业数字营销传播的应用形态有了多元化的发展,尤其是融媒体平台、短视频、直播等数字传播形态迅速发展,为河北品牌营销的发展提供更多方向。其中,以河北华糖云商营销传播股份有限公司、河北盘古网络技术有限公司为代表的河北企业积极创新、拓展和布局数字会展、"元宇宙"空间、社交电商、直播带货、信息流推广等数字营销传播业务;字节跳动、腾讯等互联网巨头通过在河北的本地化经营,开展相应的数字营销传播业务。除了借助数字营销传播之外,河北的企业与品牌也借助互联网平台的流量优势,提高品牌和产品的曝光率,促进了河北省企业品牌知名度的提高和产品服务销量的增加。

此外,从数字营销主体上看,除了专业的广告公司和互联网公司,广告媒体也纷纷加入数字营销传播赛道,"媒介即营销"趋势愈加明显。以河北省广播电视台和长城新媒体集团为代表的广告媒介先后增加了社区电商、媒体电商等功能,"媒体+电商"的模式日趋成熟。广告媒介利用自身的媒介资源和品牌优势,实现了在营销领域的转型与突破。

河北省数字营销传播领域虽然整体发展态势向好,但目前仍存在很多问题。由于数字营销传播的特性,数字营销很容易存在广告作弊、数据造假、流量造假、虚假宣传等问题。北京市消费者协会和河北省消费者权益保护委员会联合发布的直播带货消费体验调查结果显示,在 100 个直播带货样本中,有 17 个样本涉嫌存在虚假宣传问题,流量注水、数据造假、虚假宣传等乱象亟待治理。因此,河北省广告业在享受数字化转型带来的行业红利的同时,必须加强对数字营销传播业务的监管与引导,以促进健康、有序和良性发展。

3.公益广告:弘扬主流价值,塑造公益力量

公益广告属于非商业性广告,是社会公益事业的一个最重要部分,公益

广告在传递社会主义核心价值观、弘扬社会正能量、营造健康积极向上的社会氛围等方面起到了至关重要的作用。河北省长期以来十分重视发挥公益广告对社会主流价值的塑造作用，积极开展各类公益广告促进活动，以促进公益广告和公益事业的发展，并为加快建设经济强省、美丽河北等提供推动力。在众多公益广告促进活动中，"河北省公益广告大赛"作为代表性活动，已经成为河北公益广告事业和公益广告宣传的特色性、亮点性公益品牌。

2022年大赛由河北省市场监管局、河北省文明办、河北省广播电视局、共青团河北省委共同主办，河北省教育厅指导，河北师范大学·河北省广告研究院承办，河北省广告协会协办。大赛充分宣传、广泛发动，经过近5个月的征集，共吸引了来自全国34个省份150余家业内机构、540多所高校、90多所中小学及支持公益事业、热爱公益传播的社会公众人士的积极参与，共征集作品12740余份，较上年增长20%。无论是参赛人数、参赛作品数量还是参赛者来源，河北省公益广告大赛在同级别相关赛事中都是领先的，赛事影响力也是有目共睹的。

2022年是河北省公益广告大赛连续举办的第三年，恰逢中国共产党第二十次代表大会的召开。由此，本次公益广告大赛精心策划"我心向党·喜迎二十大"特别主题，面向全社会征集优秀的主题作品，并举办"我心向党·喜迎二十大"2022河北省公益广告大赛优秀作品主题展，打造了线下展厅和线上3D数字展厅，通过线上线下相结合的方式，进行了优秀作品的全方位展示。

同时，在2022年为推动公益广告的发展，河北省广告业各参与主体都在探索促进公益广告发展的新思路和新举措：努力完善公益广告运行机制；通过多渠道筹集公益广告资金，支持建立公益广告专项基金；强化各类媒体媒介、广告经营者、广告主的公益责任；动员社会力量广泛参与公益广告事业；规划建设国家级公益广告创新研究基地。通过完善公益广告运行机制，逐步扩大公益广告的社会引导作用，向全社会传递主流价值观，塑造公益力量。

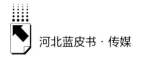

三 河北省广告业未来发展趋势：高质量发展

2022 年 4 月，国家市场监管总局为了促进广告产业的发展，印发了《"十四五"广告产业发展规划》，以促进我国广告产业在服务国家创新发展、促进消费和扩大内需、推动社会主义精神文明建设中进一步发挥作用、彰显价值。习近平总书记在二十大报告中指出，全面建设社会主义现代化国家的首要任务是高质量发展，这也为包括河北省广告业在内的全国广告业的发展指引了方向。

未来几年内，河北省广告业要积极推动广告业高质量发展的相关工作，坚持正确导向、服务大局、新发展理念、规范发展等基本原则，使河北省广告业进一步向专业化和价值链高端延伸；优化提高发展质量、产业服务能力和创新能力，使广告市场秩序持续向好发展，推动河北省广告业的高质量发展。

（一）产业技术赋能高质量发展

习近平总书记在二十大报告中指出，在过去一年，数字技术创新驱动发展态势稳步向好，创新发展体系进一步完善。当前，数字技术的创新迭代与广泛应用，为河北省广告业的高质量发展持续赋能。

第一，鼓励技术创新与应用。云计算、区块链、大数据、物联网与人工智能等新技术支撑下的"数智新时代"已经到来。河北省广告业积极鼓励技术创新与应用，不断提升区域协同创新水平，通过搭建开源技术创新与科技经济融合平台，聚合创新资源、连接创新主体、开展跨界合作、构建协作网络、营造新型产业生态。

第二，鼓励企业模式创新。国务院发布的《"十四五"数字经济发展规划》提出，要加快企业数字化转型升级，引导传统业态积极开展线上线下、全渠道、定制化的营销创新。这为商业社会带来根本变化的同时，为企业与广告业带来创新发展的机会。河北省广告业需以更为开放、更为积极的姿态鼓励企业采用新技术、新手段更新传播模式，不断提升创意创新能力，拓展数字广告市场广度。

第三，鼓励数字化转型。近年来，我国数字经济发展较快、成就显著，互联网广告产业作为数字经济的实践者和先行者，在飞速发展中衍生众多新模式、新场景、新特点。河北省广告业只有扎实推进数字技术建设，不断优化数字广告发展环境，拓展京津冀数字领域合作，推动广告数据共享，积极开展联合行动，才能更好的持续释放产业高质量发展动力。

面对数字化转型加速，河北省广告业要积极拥抱新的媒介技术，借助数字技术发展的机遇，提升自身的综合实力，不断提高河北省广告媒体的数字化程度，促进河北省广告业的创新升级，在数字中国建设创新实践中迈出坚实步伐，甚至实现跨越式发展。

（二）产业协作推动高质量发展

河北省广告业正在持续推动全产业链协同发展，积极构建"广告新生态"，产业协作不断赋能企业创新发展，谋求落地国家级产业园区，重视落实产业专项研究，积极培养广告人才队伍。一系列重点领域和特色项目的协作实施，共同推动河北省广告业的高质量发展。

一方面，以产业协作促进产业创新发展。河北省广告业的各参与主体积极协作，共同谋求产业的创新发展：市场监管部门需进一步优化广告监管服务的方式、方法，创新思路、创新抓手，做好对广告产业的引导、监管与帮扶；广告企业自身需进一步优化内部运营与供给结构，优化对外业务与服务模式，增强应对市场变化的自控力和创新力；广告媒体需进一步通过新技术的融合、新传播模式的探索，为广告业发展提供更有效的媒体支撑；各级广告协会需在充分发挥现有作用的基础上，拓展新思路、探索协会服务的新手段；专业研究机构要主动开创新思路、发现新问题、研究新命题、探寻新路径，为河北省广告业发展提供更有力的智力支持。

另一方面，以产业协作培养高质量广告人才队伍。高校、行业组织及广告企业等需通过校企合作、对外交流等一系列的协作机制，实现河北广告人才培养的创新推进；通过深化产教融合，促进校企合作，鼓励集大学生创新创业以及高端人才培养于一体的资源聚合平台建设，积极打造人才培养新高地。针对不同类别人才进行分类引导、梯次培养、精准扶持，不断提高专业人才创新能力和实践能力，加快形成政府部门、院校、广告市场主体共同培养人才的联动机制。河北省广告业在政、产、学、研的协作下，实现战略引导、产业协作、人才培养、专项研究赋能，以人才培养提升产业发展的驱动力，以人才支撑形成促进产业高质量发展的河北省广告业健康发展新格局。

（三）业态创新引领高质量发展

河北省广告业在发展过程中，通过创新经营方式、经营技术、经营手段来解决当前广告业发展中的相关问题，不断实现产业业态革新，并带动整个产业运作的升级迭代，是河北省广告业高质量发展的必由之路。

第一，业态创新能够使广告企业摆脱业绩增长乏力的困境。传统广告业态的升级创新，加快了企业数字化转型升级，增强了企业的风险应对力、企业服务的灵活性，创新了企业经营的增长点。

第二，数据共享促进产业经营主体共同发展。大数据、云计算、人工智能等现代信息技术在广告领域广泛运用，大幅扩大了发布类业务的规模，打破了传统媒体资源的限制。河北省广告业不断促进数字经济和传统媒体深度融合，鼓励传统媒体逐步展开数字化升级改造，促进了互联网广告的繁荣，实现了媒体间的共同协作，广告服务数字化、智能化、精准化、可控化水平持续提高。

第三，监管服务创新和行业自律创新能有效支撑业态创新。河北省各级市场监督管理部门积极聚焦重点行业、重点领域，提高监管工作的效率，做到有的放矢，促进营商环境优化，持续净化广告市场环境，为实现广告业态创新对产业高质量发展的促进作用提供强有力的引导和服务支撑。河北省各级广告协会通过充分发挥行业自律作用，创新性地整合省内优质广告资源，引导省内广告企业向价值链高端延伸，支持广告企业创新能力和服务能力不断提高，促进产业资源配置更趋合理，推动广告市场持续向好发展。

第四，河北省广告业重点领域的突破能够有效地带动整个产业的高质量发展。一是传统广告形式与数字营销传播的融合，能够促进广告业务的升级换代；二是数字营销传播的赋能，数字营销传播既是广告业的有机组成部分，也是目前引领广告业发展的重点产业板块，河北数字营销传播产业的快速发展，能够促进其他广告产业板块协调推进；三是河北公益广告产业的进一步发展，能够打造河北省广告业的特色新名片、新窗口和新的创意聚合平台。由此可见，重点领域的突破对于整个河北省广告业的高质量发展具有较强的凝聚和带动作用。

未来一段时期内，河北省广告业的发展推力与拉力并存，河北省广告业持续向专业化和价值链高端延伸，同时企业之间需要积极拉动自身发展。未来，河北省广告业将会更加注重发展质量、效益的提升、发展环境的优化和规模增速以适应经济社会的发展需求。

2022年，河北省广告业各参与主体主动创新、积极调整、直面挑战，展示了河北省广告业的活力与韧性。正如习近平总书记在二十大报告中指出的，"未来五年将是全面建设社会主义现代化国家开局起步的关键性时期"[1]。未来，河北省广告业一定会抢抓关键时期，不断创新优化、不断谋求高质量发展，奋力谱写中国式现代化河北场景的广告产业新篇章。

---

[1] 《（受权发布）习近平：高举中国特色社会主义伟大旗帜 为全面建设社会主义现代化国家而团结奋斗——在中国共产党第二十次全国代表大会上的报告》，新华网，2022年10月25日，http://www.news.cn/politics/cpc20/2022-10/25/c_1129079429.htm。

专 题 篇
Special Reports

B.8
河北省媒体深度融合壮大主流舆论的
创新实践研究*

高春梅　韩春秒**

摘　要：　党的二十大报告提出，要"加强全媒体传播体系建设，塑造主流舆论新格局"。河北省主流媒体积极推进内容供给侧结构性改革，创新内容表达方式；运用新技术赋能内容生产；拓展"新闻+"运营模式，在服务中实现价值引领；坚持管理创新，保障媒体深度融合行稳致远；动员社会传播力量，挖掘民间"正能量网红"，努力扩大主流价值版图，取得了显著成效。未来，河北省主流媒体需进一步深化内部融合，推进主力军占领主战场，树立开放思维，整合社会力量共同壮大主流舆论，做大做强平

---

　* 本报告为2022年度河北省社会科学发展研究课题"全媒体时代壮大河北主流舆论的创新路径研究"（项目编号：20220202265）阶段性研究成果。

** 高春梅，廊坊师范学院传媒学院讲师，主要研究方向为网络与新媒体、媒体融合研究；韩春秒，河北省社会科学院新闻与传播学研究所副所长、副研究员，主要研究方向为城乡传播、自媒体等。

台，助力舆论引导和业态创新，树立大融合观，嵌入国家和社会治理体系，以进一步壮大主流舆论。

关键词： 媒体融合　主流舆论　河北

面对信息传播技术的快速发展，舆论生态和媒体格局发生深刻变革。推进媒体深度融合、做大做强主流舆论、建设全媒体传播体系成为当前一项紧迫的任务。党的二十大报告提出，要"加强全媒体传播体系建设，塑造主流舆论新格局"，为进一步推进媒体融合指明了方向。河北省主流媒体积极推进内容供给侧结构性改革，创新内容表达方式；积极运用新技术赋能内容生产；拓展"新闻+"运营模式，在服务中实现价值引领；坚持管理创新，保障媒体深度融合行稳致远；努力扩大主流价值版图，更好地传播河北声音，传播效果显著提升。与此同时，河北省网信部门积极发掘、培树"燕赵好网民"，发动各行各业网民的力量传播"河北好声音"，积极打造"正能量网红"等。在媒体深度融合的背景下，河北省媒体展开了壮大主流舆论的生动实践。

一　河北省媒体深度融合壮大主流舆论的主要实践

（一）推进内容生产供给侧结构性改革，创新内容表达方式

"以内容建设为根本"，面向互联网生产优质内容是媒体融合的前提和基础。在融合发展过程中，河北省主流媒体始终坚持以内容为王，不断推进内容生产供给侧结构性改革，主力军挺进主战场，全媒体报道北京冬奥会、冬残奥会，全国"两会"，党的二十大等重大主题，创新报道方式，让主流价值观入脑入心。

1. 全媒体报道常态化，助力重大主题宣传出新出彩

北京冬奥会期间，河北日报全媒体平台共发布相关稿件 5990 余篇，总

点击量超6.8亿次；冬残奥会期间，河北日报全媒体平台发布产品3300余篇（条），总阅读量约3.6亿次。河北广播电视台坚持主题内容全覆盖、节目载体全覆盖、播出平台全覆盖，并突出原创，打造融媒精品。围绕全国"两会"报道，在全平台推出了《主播说两会》《春天的脚步》等融媒体产品，增强传播力；围绕党的二十大报道，河北广播电视台全时段贯穿、会内外联动、大小屏统筹、全方位聚焦，全媒体平台综合发稿1500余篇，全网总浏览量达8.1亿次。长城新媒体集团围绕党的二十大报道，策划了《总书记到我家唠家常》《说说咱这儿的新变化》等一批极具新媒体特色的重头融媒报道；北京冬奥会、冬残奥会期间，长城新媒体集团共发布冬奥会相关稿件5000余篇，全网点击量超4.8亿次；全国"两会"期间，长城新媒体集团共发布多种形式的原创作品820余篇（条），转载（含信息流）4.6万篇（条），全网总阅读量2亿次。

2.创新内容表达方式，可视化、通俗化、年轻化表达引起共鸣

首先，把握可视化特别是视频化传播趋势，强化直播、原创重点视频创作和生产。河北日报建立统一的视频产品品牌，推进集团视觉报道力量和资源的整合，实现直播报道常态化、视频报道全覆盖。长城新媒体集团也围绕可视化不断丰富产品形态。其次，小切口大主题，突出百姓视角，将重大严肃主题进行通俗化表达。河北广播电视台推出系列融媒报道《身边·图个幸福》，以百姓视角、群众眼光，由一人一事的"小故事"突出反映新时代十年的伟大变革，全网阅读量突破1100万次。长城新媒体集团推出的《百姓看联播·聚焦二十大》栏目，用"竖屏短视频+聚合应用程序"方式，对每日《河北新闻联播》中党的二十大报道进行网络化、易懂化解读，全网总浏览量突破1.2亿次。另外，河北省主流媒体在宣传报道中注重"年轻态、青春范儿"表达，扩大主流舆论在青年群体中的传播力影响力。例如长城新媒体集团以"年轻态、青春范儿"的基本思路，利用年轻人喜欢的交互海报、长城简漫、H5等形式，对二十大报告提出的重要论断进行解读，使重大主题报道入脑入心，增强与年轻人的情感共鸣。

（二）新技术赋能内容生产，提升主流媒体的传播力影响力

新技术是媒体深度融合发展的重要引领和驱动力量。河北省主流媒体在推进媒体深度融合的过程中，注重对新技术的采纳和应用，提升内容生产能力，搭建区域性云平台，推动报道方式创新，提升主流媒体的传播力影响力。

1. 积极运用新技术，提升主流媒体内容生产与把关能力

河北日报报业集团正在以大数据、人工智能为引擎，推进智媒中心建设。该平台致力于打通全业务融合链条，力求建成移动主导、信息畅达、数据开放、可视传播、内容共享、智能驱动的新型传播体系，推动集团由传统媒体向数字媒体、智能媒体转型。2022 年全国"两会"期间，河北广播电视台升级"5G+云采编"模式，素材通过"云"端传输到"中央厨房"，实现采编播一体化快速生产。长城新媒体集团自主研发推出智能视频矩阵系统、虚拟主播系统、智能人像视频驱动系统、冀云直播服务中心系统以及VR 直播眼镜等融媒体技术产品，创新推出"全息云访谈"、XR 直播等报道形式，有效推动集团采编内容生产和传播手段现代化。与此同时，长城新媒体集团创新"AI+人工"审核体系，打造长城智能审核云平台。

2. 新技术助力融媒表达创新，使融媒体产品既有趣又好看

河北日报报业集团采用 XR 拍摄短视频《XR 看报告｜畅游美好未来》，选取二十大报告中百姓关心的热点话题，通过真人出镜与虚拟场景融合，让网友体验愿景成真的快乐，播放量 630 余万次。北京冬奥会期间，河北日报报业集团运用二维图像与皮影戏场景构建相结合的方式，推出微视频《当皮影遇到冬奥会》，播放量超 2.3 亿次。河北广播电视台利用虚拟演播室全程录制，综合运用三维动画、音乐、特效、图文设计等多媒体手段展示两会精神，让代表委员"云"上议政、"跨"屏同框，打破时空界限，使全国"两会"宣传报道更具感染力。长城新媒体集团采用 Web3D、体感控制等技术，推出互动 H5 作品《3D 体感虚拟滑雪游戏｜一起向未来 滑向"雪如意"》，给用户带来沉浸式体验。河北广播电视台和长城新媒体集团还分别

推出虚拟主播"冀小佳""冀小青"等，带用户感受新闻现场、和用户进行语音互动。

3.云平台汇聚媒体资源，一体化、精准化传播放大宣传效能

冀云·融媒体平台是长城新媒体集团打造的河北省云平台。截至2022年9月，全省169家县（区）级融媒体中心、3家省级媒体、6家市级媒体入驻该平台，该平台基本实现了全省覆盖。借助冀云·融媒体平台，实现重要稿件一键推送，推动全省宣传工作"一网联通"。北京冬奥会前夕，长城新媒体集团与人民日报全国党媒信息公共平台合作，对"冀云"客户端冬奥频道进行智能信息流改版升级，采用人工智能推荐、大数据处理等技术，汇聚来自全国各级党媒生产的冬奥会内容，并根据用户画像进行个性化推荐和精准化传播。长城新媒体集团发挥平台优势，将冬奥频道从"冀云"客户端总端统一配置到各县级分端，实现冬奥会信息"一键发布、一次推送、多端直达"。另外，发挥冀云·融媒体平台的技术优势和资源整合能力，搭建河北冬奥会报道媒体素材库，统一配送到全省140多家县级融媒体中心共享共用。冀云·融媒体平台还发挥省级指挥调度中心优势，多次助力实现全省性重大活动统一部署、统一指挥。

（三）拓展"新闻+"运营模式，在服务中实现价值引领

在推进媒体深度融合的过程中，河北省主流媒体跨界整合资源，探索"新闻+"运营模式，通过服务凝聚用户、通过新闻传递价值，在服务中实现价值引领，并助力社会治理现代化。

1.探索"新闻+政务"，有效参与社会治理

河北日报报业集团聚合全省政务服务资源打造网络问政平台——"阳光理政"，该平台联动全省各级6700多家党政部门和单位，通过多种渠道24小时接收网民留言，为网民提供诉求表达通道，12年来共解决网民疑难事项39万余件，累计还利于民资金超11亿元，成为河北省践行网上群众路线工作的重要平台，并被评选为2021年中国报业深度融合发展创新案例。长城新媒体集团打造"问政河北"平台，目前已有省内4000多家党政部门入驻，每月处理群众诉求 1000 多条，答复率超过 90%。通过拓展政务服务，为百姓解决急难愁盼问题，疏解社会矛盾，使百姓有效参与社会治理，有助于壮大主流思想舆论。

2. 拓展"新闻+服务"，积极回应社会关切

在疫情防控常态化背景下，长城新媒体集团依托冀云·融媒体平台，开发了河北省疫情防控公共服务平台。其中，长城新媒体集团联合河北省卫健委推出的"河北省核酸检测地图"H5 和微信小程序，成为疫情防控常态化期间人们的常备工具，浏览量超 2500 万次。依托先进技术，长城新媒体集团与河北省政府办公厅合作推出融媒体应用作品《河北 1+20 惠企政策"一点通"》，为各级各类市场主体提供切实帮助。除此之外，"冀云"客户端已上线 104 类服务，超过 300 项便民服务功能。"新闻+服务"有助于提升媒体公信力和用户信任度，增强用户黏性，进而提升主流舆论传播力。

（四）坚持管理创新，保障媒体深度融合行稳致远

随着媒体融合向纵深推进，加快构建适应全媒体传播格局的新型生产关系，是推动融合质变的关键。2022 年，河北省级主流媒体不断推进体制机制创新，改革机构、完善流程、优化绩效考核机制，推动媒体深度融合提质增效、行稳致远。

1. 优化组织架构、完善业务流程和管理体系

河北日报报业集团深化内部机构改革，努力建立一体化组织架构，内设采编机构改革全部到位，采访部门全部转设为全媒体采访部门，强化全媒体采集职能；新设全媒体新闻策划中心，努力加强重大报道谋划；新设新媒体中心，加强"河北日报"客户端的实体化运作，提高各新媒体端口的联动发布报道的质量。与此同时，整合河北新闻网和《燕赵都市报》资源，破除体制机制障碍，建立全新采编发工作流程，实现"一体策划、一次创作、N 次传播"。长城新媒体集团推进工作室改革，围绕出精品、出人才、出效益，挂牌成立 11 个工作室，对成效明显且运行良好的工作室加大扶持力度，对发展成熟的工作室实行公司化管理，给予其更加独立的自主

运营、资金分配和资源使用等权限，有效激发和释放人才队伍活力，为人才提供展示自我、创造价值的新平台。

2. 优化绩效考核机制，激发人才创新活力

河北日报报业集团进一步完善采编部门绩效考核体系，用考核"指挥棒"引导全员向媒体融合转型，激发全体员工深度融合的主动性和优秀人才创新创造的积极性。强化竞争选拔，打破论资排辈，不拘一格选聘各类人才，为年轻人搭建成长舞台。破除官本位思想，淡化行政级别，创新激励机制，通过健全河北日报首席岗位评聘等制度，为专业人才打通多条上升渠道。河北广播电视台根据深度融合转型创新发展要求，制定了2022年度频率频道全媒传播力考核方案，丰富融合转型加分项指标，鼓励融合先进典型，以进一步推动频率频道融合转型发展。长城新媒体集团也进一步完善薪酬管理和绩效考核体系、深化人才考核评价制度、探索建立具有新媒体特色的专业技术岗位晋升通道，全方位激发人才的积极性和主动性。

（五）动员社会传播力量，挖掘民间"正能量网红"

在网络环境下，主流媒体作为内容生产主体的垄断地位被打破，互联网的开放性使每一个个体都可以借助网络进行内容生产与传播，"众声喧哗"成为常态。与此同时，各类自媒体平台的出现催生了一大批"网络红人"，这些"网络红人"的传播力影响力甚至超过了一些官方媒体，成为影响网络舆论生态的重要力量。河北省主流媒体及网信部门积极动员社会传播力量，挖掘民间"正能量网红"，着力壮大主流舆论，弘扬社会正能量。

河北省网信办联合河北省教育厅、河北省总工会等单位，开展"燕赵好网民"评选活动。2022年，该活动评选出各行各业的"好网民"共计100人。这些人中有利用新媒体平台传播非遗文化的农村妇女，有把革命故事、英雄人物编成歌谣并利用直播平台进行宣讲的耄耋老人，有利用互联网挖掘河北本土文化的自媒体创作者，有自愿为家乡网络空间的清朗贡献力量、借助网络弘扬正能量的自媒体人，有利用网络公众传播反诈骗知识的金融工作者……这些都是公众身边平凡而普通的"燕赵好网民"，他们对传统文化的传承、对社会主义核心价值观的弘扬润物细无声地浸润着身边的每一个人，成为传播主流舆论的重要力量。2022 年，河北广播电视台、河北省广播电视协会举办全媒体新人选拔大赛，面向社会公开选拔具有正能量的网络主播和有创意的全媒体人才，为河北广播电视台引进全媒体人才储备资源。

二　河北省媒体深度融合壮大主流舆论面临的问题

（一）合纵连横的全媒体传播体系建设有待加强

"加强全媒体传播体系建设，打造主流舆论新格局"是党的二十大报告对媒体融合提出的明确要求。从目前河北省的情况来看，各家省级媒体都在内部一体化发展方面积极探索，但省级主流媒体之间存在同业竞争和重复建设，协作协同有待加强；地市级媒体作为四级传播格局中的重要一环，目前还存在建设不足的情况，资源整合、体制机制变革、平台建设亟待推进；县级融媒体中心均已建成，但还需要在提质增效上下功夫。借助冀云·融媒体平台，省、市、县三级媒体之间在一些重大报道中实现了一定的资源共享和协同传播，但总体来看不同层级媒体之间的协同还有待加强。

（二）媒体内部体制机制改革还需继续深化

深化体制机制改革是推进媒体深度融合的内在动力源泉。在一些媒体内部，资源整合力度不够，内容供给侧结构性改革不到位，适应全媒体生产传播的一体化组织架构和业务流程没有形成，没有将优质资源集中到移动端这一信息传播的主阵地。融媒体工作室制度等组织架构扁平化、有助于带动内部组织创新和管理创新的举措需进一步推广，并切实取得实效。全媒体人才欠缺，优质人才引进难、培育力度不够，对人才创新活力的激发和释放仍存在不足，特别是在激发方面，需要通过制度建设进一步激发人才创新活力。

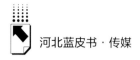

（三）技术支撑能力不足制约内容生产传播

虽然河北省主流媒体在新技术使用方面积极探索，积极利用5G、人工智能、大数据等技术提高内容生产能力、创新内容表达，并搭建云平台来汇聚各级媒体资源，但河北省主流媒体的融合技术与先进媒体的融合技术还有较大差距，缺乏具有市场竞争力的、可实现成果转化的核心技术。人工智能技术在内容生产中的使用还不够多，利用5G、VR等新技术创新融媒报道的手段还不够多样，先进技术对内容生产的驱动力有待加强。另外，省级主流媒体虽然向平台型媒体转型，但由于汇聚的各类资源有限，且底层数据没有完全打通，加之算法算力等问题，还很难实现为用户提供基于场景的智能化内容推送，这些都制约着河北省主流媒体内容生产和传播的效率。

（四）整合社会力量培育"主流网红"还需强化

在"人人都有麦克风"的时代，既要做到主力军挺进主战场，也要动员社会力量参与主流舆论传播，形成主流舆论宣传合力。目前，河北省主流媒体平台对社会传播资源的整合比较有限，以"河北日报"客户端为例，该平台的"河北号"板块主要包含"地域矩阵"和"系统矩阵"，主体为各地区党政机构、职能部门、媒体，缺少对PUGC、UGC的整合。冀云新媒体平台在"直播"板块推出了"达人"，旨在汇聚社会资源进行视频直播，但目前入驻单位少，发布视频不足20条，且内容质量有待提升。在对社会"主流网红"的培育方面，河北省主流媒体目前仅限于对"主流网红"的发掘，如何培育、组织并发展"主流网红"队伍需要进一步思考。与此同时，河北省主流媒体自身没有打造出在网络舆论场有较强影响力的"主流网红"。

三 国内媒体深度融合壮大主流舆论的经验与趋势

（一）深化媒体内部融合机制变革，激发内容生产创新活力

2022年，国内媒体进一步强化媒体内部一体化运作，持续实施融媒体

工作室建设等策略，深化内容供给侧结构性改革。2022年初，上海报业集团推出"融媒轻骑兵"项目，尝试通过该项目打造一支提笔能写、对镜能讲、举机能拍的融媒"铁军"，激发内容生产新活力。通过多次重大报道的实战演练，提升了一线采编短视频产品的生产能力。在此基础上，集团从全产业链赋能，激活团队内容生产动能，启动"融媒工作室赋能计划"，从集团270多个入驻第三方平台的账号中精选出20个工作室，以服务为核心，在运营、技术、资金以及机制等方面给予扶持，旨在催生一批导向鲜明，富有影响力、感染力、号召力的红色大V和"塔尖"IP，打造上海主流舆论的"金字招牌"。

（二）探索跨层级资源整合，凝心聚力弘扬正能量

2022年，地市级媒体融合快速推进，一些地市级媒体强化和区县级媒体的合作，进行资源共享和联动。杭州日报报业集团推进市、区、县三级媒体深度融合，打造市域融合一张网。浙江日报报业集团继续深化融媒共享联盟建设，打造省、市、县三级媒体"命运共同体"，并整合1200多家非媒体单位的宣传力量。浙江日报报业集团不仅在内容生产、传播渠道上与联盟成员深度合作，而且在人才、技术、产业等方面相互赋能，并依托"天目学院"为联盟成员提供策采编发业务培训，越来越多来自乡镇、街道、社区等联盟微融站的主播成为融媒传播主战场上的新力量。

2022年底，人民日报正式上线视频客户端"视界"，该客户端的一个显著特点是打通中央、省、市、县四级媒体，联动政府、媒体、个人共建共治共享，发动网民的力量共同弘扬正能量。如"视界"客户端发起"暖冬计划"，邀请媒体、"三农"、文旅、美食等领域优质创作者参与，用件件暖心小事、道道温暖美食、帧帧冬日美景一同温暖这个冬天；发起"乡村讲述者"招募计划，面向全国网友发布招募令，征集乡村美食美景、风土人情、传统民俗等，弘扬乡村振兴正能量；向各地方媒体发起"温暖人间那些事儿"优质短视频征集活动，记录暖心瞬间，展现人间大爱，弘扬社会正能量。

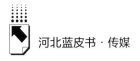

（三）培育"主流网红"，引导舆论汇聚正能量

"主流网红"是指，由于现实或网络中的出彩与正能量言行而在网络空间获得广泛关注的人。当前，脱胎于自媒体平台的"网红"受到网友的广泛关注。为了提升主流媒体在网络空间的舆论引导力，主流媒体积极培育自己的"网红"，一些传统的电视台记者、主持人转向自媒体平台，结合当前社会热点及百姓关注的焦点，运用"网言网语"进行视频化表达，有效引导了社会舆论。如内蒙古广播电视台首席记者、主持人雷蒙在微信、抖音等自媒体平台开设账号"雷蒙帮忙"，2022年针对老百姓关心的热点问题，发布了《就业稳岗政策有干货》《因疫情影响医保报销遇到困难怎么办?》《疫情期间，困难群体可以申请民政救助》《呼市疫情乐观吗?》等短视频，积极传达疫情相关政策、疏导焦虑情绪，为老百姓排忧解难。目前该账号粉丝量超过200万人，视频累计播放量过亿次。

在组织民间"主流网红"方面，一些媒体也做出了有益的探索与尝试。在青岛市委网信办指导下，半岛都市报社发起青岛市网红集结仪式，成立"网红天团"。目前，"网红天团"人数已从最初的数十人发展到200多人，覆盖青岛各个区市，成为各大自媒体平台上发掘青岛美好故事、展现青岛独特魅力的"流量担当"。借鉴"网红天团"的经验，青岛还成立了"名人天团"和"海星天团"。2022年"网红天团"用镜头讲述身边故事，号召大家携手同心共抗疫情，以实际行动助力疫情防控。

（四）注重技术引领，助力内容生产和传播

从主流媒体的内容生产来看，各级媒体适应用户移动化、视频化、碎片化的信息获取习惯，内容形态的视觉化特征日益明显;主流媒体转变话语方式，更加注重共情传播。与此同时，人工智能、5G、云计算、大数据以及与"元宇宙"相关的技术越来越多地应用到内容生产，内容生产呈现明显的智能化、交互化、沉浸化趋势。2022年，虚拟数字人越来越多地应用到媒体报道，功能也越来越多元。2022年全国"两会"期间，央视频推出超

仿真主播"AI 王冠",并与真人主播同框互动,共同主持两会特别节目《"冠"察两会》。"川观新闻"客户端推出数字人记者"小观",具有播报新闻、虚拟主持、互动直播、交互搜索、用户服务等全智能视频服务能力。新华社运用虚拟空间、XR 等创新技术,将主持人"送上"太空,与王亚平代表实现裸眼 3D 般的面对面交流。

对于媒体而言,无论信息传播还是社会治理、民生服务、商业模式,都需要掌握大数据资源,而数据的沉淀、汇聚与打通需要强大的技术平台作为支撑。媒体越来越重视数据打通,着手搭建统一的技术支撑平台,以实现数据资源的汇聚和有效开发。2022 年 6 月,浙江省筹建省级重大传播平台及其全新技术公司——传播大脑科技(浙江)股份有限公司,打造浙江省媒体技术统一支撑平台,旨在打破数据孤岛和垄断,实现省域数据汇聚和连接,并完善省内合纵连横的传播体系,深化"新闻+服务"功能,实现更广泛的社会联结。

(五)加大服务力度,提升主流媒体影响力公信力

除了新闻信息的生产与传播之外,主流媒体还结合用户需求打造服务平台,助力社会治理,体现了主流媒体的责任和担当,且有助于化解社会风险,在一定程度上提升了主流媒体的影响力和公信力。如在疫情防控常态化期间,浙江省牵头指导全省各级媒体发挥媒体的"新闻+服务"功能,设立"战疫求助平台",解决群众现实困难,有效化解风险,成为抗疫的有力抓手。《第一财经》急企业之所急,结合自身专业优势开通"抗疫助企平台",针对求助企业关心的疑难问题给予答复,并选择代表性问题进行发声。为缓解防疫药品物资局部紧缺,2022 年 12 月 25 日,"人民网+"客户端、"人民好医生"客户端试运行"防疫互助平台",为群众提供近距离的药品及防护物资互助共享公益信息服务。

四 河北省媒体深度融合壮大主流舆论的对策建议

(一)深化内部融合,主力军占领主战场

主流媒体应进一步深化内部体制机制改革,以全媒体内容生产为核心,

以互联网为主阵地，进一步完善一体化组织架构，整合全媒体内容生产、编辑、制作、运营力量，优化生产传播各环节，建立全媒体指挥调度体系，将优势产能进一步向互联网特别是移动端倾斜。要进一步加大全媒体人才引进及培养力度，通过制度建设吸引人才、留住人才，健全绩效考评机制，提升融媒体产品在绩效考核中所占的比重，激发人才创新活力。强化技术驱动，借助先进技术助力内容生产与传播，探索将大数据、人工智能等新技术运用于内容的生产、传播与反馈，创新语态、创新表达，制作出更多刷屏的爆款产品，使主流价值观入耳入脑入心。与此同时，采用更加灵活的运行机制，打造"网红记者""网红主持人"。

（二）树立开放思维，整合力量共同壮大主流舆论

在推进媒体深度融合的过程中，应该认识到人才不仅来自主流媒体内部，还来自社会，来自互联网的广阔疆域。首先，要加强省、市、县三级媒体在内容生产、传播渠道、技术、人才等方面的协同与合作，共同组织、策划报道及活动，形成协同报道声势，省级媒体加大对地市级媒体的技术支持，加强人才交流。其次，打造开放式平台，构建 PGC、UGC 内容枢纽，在汇聚各级媒体资源，整合各级党政部门、企事业单位力量的同时，吸引广大用户参与内容生产与传播，并为他们提供相应的培训，培育一批扎根于当地的"民间网红"和意见领袖，激励本土化的知识生产。再次，宣传主管部门可通过多种方式挖掘、培育"民间网红"，并给予"正能量网红"以政策、资金等方面的扶持，激发群众的力量共同壮大主流舆论。

（三）做大做强平台，助力舆论引导和业态创新

大数据时代，数据已经成为重要的资源和手段。平台化是互联网的发展方向，建立新型主流媒体，也必须建设平台型媒体，依托自身资源优势做大自有平台，通过汇聚各类资源吸引用户，在此基础上沉淀各类数据，并依托算法实现各类信息的有效匹配，实现业态创新，重构商业模式。当前，河北省主流媒体中心已经初步建立了自主可控的平台，但总体来看资源聚合度不

高、各类数据沉淀不足，难以实现信息的个性化精准传播，尚未形成全新的盈利模式，还需要在进一步汇聚资源的基础上，做大做强平台，基于海量数据开展精准传播，助力舆论引导和业态创新。

（四）树立大融合观，嵌入国家和社会治理体系

互联网环境下，媒介已不仅是资讯内容的传播中介，还成为新的社会形态的激活者、连接者、整合者和建构者。在这一语境之下，媒体融合不仅是媒体内部的融合，还需要以更加开放的逻辑，基于互联网对于各类资源进行新的连接与再连接，通过连接各类资源与服务来凝聚群众、服务群众，并寓引导于服务之中。主流媒体可进一步拓展政务服务、电子商务、在线教育、在线医疗、在线娱乐、群众诉求表达等功能，面向用户提供各类本土化公共服务和生活服务，并通过对各类用户数据及工作数据的分析，有效提高党和政府决策的科学性和精准度，助力社会治理。

参考文献

黄楚新、陈智睿：《媒体融合：加速整合，提质增效》，《青年记者》2022年第24期。

窦锋昌、李爱生：《报业转型：破壁与创新》，《青年记者》2022年第24期。

曾祥敏：《我国媒体融合的十大创新探索》，中国记协网，2022年8月31日，http：//www.zgjx.cn/2022-08-31/c_1310657913.htm。

B.9
社会治理视域下河北省融媒体平台运行现状及发展建议

—— 以冀云 App 及其分平台为例

李 丽　黄凤翔　钱志影*

摘　要：　冀云 App 作为河北省媒体融合建设的重要移动端口，为省内社会治理注入新活力。它积极打造"新闻+政务+服务"的运营模式，以汇聚省内外新闻信息、吸收多元主体内容创作、创新内容传播手段等方式提高内容吸引力，增进社会认同，加强舆论引导，并结合区域行政资源提供在线政务服务、民生服务为民众解决生活难题，开发购物平台满足用户多元需求，激活社会资源，成为河北省主流媒体参与社会治理的新角色、新方向、新阵地。在未来运营过程中，平台需要解决话语权有待加强、平台传播手段有待更新、公共服务集成效果有待提高等问题，以此持续强化平台内容建设，打通平台与平台、平台与用户的双向互动，继续深化完善平台各类服务，不断进行创新迭代，将自身转变为社会关系的建构者与社会生活的组织者，推动社会治理向纵深发展。

关键词：　社会治理　融媒体平台　冀云 App

---

* 李丽，博士，河北经贸大学文化与传播学院讲师，主要研究方向为广播电视与新媒体；黄凤翔，河北经贸大学文化与传播学院硕士研究生，主要研究方向为传播学；钱志影，河北经贸大学文化与传播学院硕士研究生，主要研究方向为视听新媒体。

一　冀云 App 及其分平台融入社会治理的实践与现状

（一）汇聚多方信息，为融入社会治理创造条件

冀云 App 作为省内外信息汇聚的平台，打造了四通八达的信息网络，逐渐转型成为社会治理的新角色，成为社会治理中不可或缺的治理单元、治理枢纽。该 App 持续发挥融媒体平台的优势，打通了各个媒介之间的区隔，并通过"PGC+UGC"的信息生产模式，满足用户的多种需求，不断增强用户黏性。这种信息居间者的身份，使得冀云 App 为河北省实现一省一平台的统一协调机制创造了条件。

1. 联通上下，聚合省内外信息

冀云 App 已成为河北省内和部分省外信息汇集的新高地，为用户节约了信息获取的时间与物力成本，用户通过冀云 App 平台可查询到河北省政策、社会时事、招聘等相关权威信息。

在省内信息整合方面，冀云 App 与省内各市县融媒体中心互联互通，通过内容赋能、技术赋能、管理赋能，实现了全省新闻宣传统一部署、重大稿件一键推送，打造了内容丰富、渠道广泛、传播有效的融合创新模式。

首先，冀云 App 在首页的"头条"位置专门设有"全省冀云分平台"，用户可通过该标签，任意切换到其他城市的冀云分平台，直接浏览与该地相关的最新消息。从"头条"跳转到各市的界面之后，各分平台页面设计具有一致性，页面顶端分为固定的五个板块，即"要闻""V 视""直播""专题""各县"。"要闻"以文字新闻为主要内容；"V 视"以视频新闻为主要内容；"直播"以本地特色活动为主要内容；"专题"以本地主题活动为主要内容，例如"太平河更新记""金盾风暴"等；各县内容来源主要为当地的县级融媒体中心，例如"无极县融媒体中心""昌黎县融媒体中心"等。另外，各市还会依据当地的特色活动适时地增减板块，突显当地重要信息，例

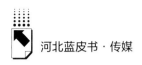

如在"冀云·廊坊"中就以"消防"和"教育"取代了"直播"板块。

其次，冀云 App 首页上方设有"头条""石家庄""时政""机关党建""活动""English""评论""经济""社会""体育""教育""专题""冀云号""健康""文旅""汽车""房产""诵读""萌宠""心理"等 23 个"我的频道"对省内信息进行分类。例如"教育"频道的内容汇聚了大中小学相关信息及教育部相关通知等；在"机关党建"中，信息来源包括但不限于省直机关纪检监察工委、省自然资源厅等单位向冀云 App 提供的会谈内容、专题报告等。用户个人可通过频道查询自身所需内容并通过点赞、分享、评论、转发等形式进行互动，用户在彼此互动的过程中对信息进行补充和二次分享，同时倒逼各市县平台和冀云总平台进一步优化内容，将海量信息呈现在受众眼前，满足其多元需求。

冀云 App 除拥有海量省内信息资源外，还引入了部分省外及国家宏观政策的相关信息资源。在首页的"头条"及各个频道中，部分信息转载自人民日报、新华社、齐鲁晚报、贵州国际传播中心等媒体，包括经济政策、民生、环境等宏观信息内容，有效解决了信息单一、信息共享缺失等问题。一般来说，省外信息集中在"English"频道，信息来源主要有安徽新媒体集团国际传播中心、云南日报、国际在线陕西频道等，以全英文的形式向各类群体进行传播。

冀云 App 作为河北省内信息的集聚地，一方面，共享共建了各市县之间的信息渠道，用户不用下载市县 App 即可查阅地方新闻；另一方面，通过整合资源打造出河北省统一的信息平台，实现了省内外信息的集纳互通。用户通过一个 App 即可了解河北省全域动态及国内重要新闻，这种信息汇聚能够高效满足用户个性化的信息需求，增强了用户黏性。

2. 互联互通，打通媒介区隔

第 50 次《中国互联网络发展状况统计报告》显示，我国网民使用手机上网的比重达 99.6%[①]，因此建设好移动端留住老用户、吸引新用户成为主

---

① 《第 50 次〈中国互联网络发展状况统计报告〉》，中国互联网络信息中心网站，2022 年 8 月 31 日，http：//www.cnnic.net.cn/n4/2022/0914/c88-10226.html。

流媒体增加自身影响力、传播力，提升社会治理效能的重要路径。冀云 App 作为河北省重要信息枢纽的同时，是用户信息接收的重要移动入口，不仅聚合了省内外信息，还打通了媒介区隔，实现了多种媒介形式之间的互联互通。

在原创内容建设方面，冀云 App 页面上方设有的"头条""时政""活动""视觉""经济""社会"等多个频道与冀云分平台的"要闻""V 视""专题""各县"频道的新闻资讯，集合了文字、图片、声音、视频等多种传播手段。大部分新闻资讯会在文字、图片的基础上加入视频元素，也有一些内容直接以视频形式呈现。同时，在每一篇新闻资讯的右上角会有一个形似"耳机"的图标，用户点击图标后即可收听本篇文章的语音播报，逐渐解放眼睛和双手。另外，冀云 App 页面上方的"视觉"频道还聚集了海报、MV、3D 建模、手绘长卷等多种不同的传播形式。

除了原创内容建设，在内容引进与汇集方面，冀云 App 及其分平台整合了报纸、电视、网站以及其他新闻媒体等各类媒介平台上的新闻资讯，为用户提供了丰富、全面的本地新闻资讯及国内最新热点。首先，冀云 App 打通了与报纸的区隔，在首页中，"头条""时政""English""视觉"等频道的内容主打"原创+转载"，转载来源包括但不限于省内的河北日报、燕赵晚报等，省外的北京青年报、人民日报等，内容聚焦于省内新闻和国家重大新闻。冀云分平台转载来源包括但不限于当地日报、晚报以及省级报纸。另外，冀云 App 在"报纸"频道里同步了《河北经济日报》的内容，用户可自由选择所需版面，这大大缩短了检索信息的时间。其次，在冀云 App 内可通过"直播—联播"来收看本地的新闻联播，其将包括省内 11 市与雄安、定州、辛集三地的各地传统视频媒体的重要报道予以集中呈现。一些冀云分平台会在"V 视"频道更新本地新闻联播内容。最后，冀云 App 内容汇集了其他媒体"两微一端"的最新消息。在"体育""教育""专题"等频道中可看到一些来自教育部网站、"河北日报"客户端、"央视新闻"客户端等平台的信息。同时在"心理"频道中可以看到众多优质微信公众号，例如"丁香生活研究所""警苑心语"等的内容，极大丰富了 App 的内容

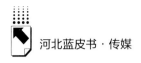

来源。

　　冀云 App 及其分平台通过原创内容与转载内容的建设，逐渐从传播手段、传播平台两个方面打通媒介区隔，聚合包括传统与新兴媒体在内的各类媒体的多方面信息，打造更加完善、丰富的内容生态，吸引用户加入，为更好地开展社会治理奠定坚实的信息及用户基础。

　　3. 吸引用户参与，增进社会认同

　　冀云 App 全面应用人工智能与大数据技术，积极开拓"冀云号"频道，吸引大批"专业生产内容"（PGC）和"用户生产内容"（UGC）的入驻，倾力打造权威移动发布平台。"冀云号"不仅打通了各个市县下辖的平台，而且吸引了众多自媒体参与内容创作生产，极大地丰富了平台内容类型、拓宽了各地信息传播渠道、增强了社会舆论引导力，为提升社会治理效能打下了坚实的基础。

　　"冀云号"作为冀云 App 的频道之一，其内部模块有着明确的划分。进入"冀云号"内，可以看到"人气榜"上排名前十的账号。此外，用户还可以通过"分类"查找 PGC 或 UGC 的账号，搜索自己感兴趣的内容，查找方式有三种：一是用户可以在"检索框"直接输入企事业单位、自媒体名称；二是用户可以在"地域分类"中定位到"河北省""石家庄市""唐山市""秦皇岛市"等，浏览本地的融媒体平台、企事业等单位的账号；三是行业分类包括"推荐""政务""媒体""学校""名企""机构""矩阵号"等，板块内机构分类明晰，能够帮助用户快速找到所需单位的最新动态，例如"河北工业大学""石家庄新闻广播""唐山市迁安市网信办""保定税务局"等；四是在"冀云号"内，"推荐"板块每天推荐一批不同的账号，有助于扩大平台影响力。

　　"冀云号"的用户可以通过"订阅"的形式及时获取相关消息，并在"文章""视频""闪闪"三个模块中浏览相关信息。例如"妈咪生活圈"这一账号中，"文章"模块内容主要传递育儿经验；"视频"模块内容多为亲子关系、萌娃趣事等；"闪闪"模块内容以儿童辅食为主。此外，"闪闪"模块也在首页开辟了专门的通道供用户上传、浏览短视频，主要将用户自主上传的短视频作为内容支撑，内容种类多样。用户还可将该条内容分享至"微信""微博""QQ"第三方平台，运用多种手段实现信息多渠道传播，并且能够通过订阅、点赞、转发、评论形成自己的社会圈子，为有相同兴趣的用户提供了借鉴。这不仅提高了信息在圈层内部的渗透率和传播效率，而且增强了用户和社群之间的互动。

"冀云号"中 PGC 和 UGC 二者相结合的内容生产模式，实现了该板块内容的持续输出，极大地丰富了平台内容类型，凭借多元化、丰富的内容吸引众多用户的参与，增强用户的认同感。

（二）增强双向互动，为推进社会治理提供动能

冀云 App 积极探寻社会治理新方向，由互联网初期单向传播模式逐渐转向与用户的双向互动模式，充分发挥互联网思维，致力于打造"新闻+政务+服务"的平台型媒体。该平台与用户的双向互动主要体现在开展在线政务服务、聚焦民生服务、丰富商务服务三方面，通过政务、民生、商务服务的开展优化受众体验。

1.线上连接，开展政务服务

冀云 App 积极开发了在线政务服务。一是开通专门的政务服务板块，为民众提供了便捷、移动的服务入口，降低了民众办理相关业务的难度与成本。二是开展网络问政服务，将着眼点放到民众日常生活所需上，为其提供了表达自身诉求与建议的线上渠道。在线政务服务以一系列"指尖操作"的形式，切实为民众生活提供了方便，平台以数据产品推进政务服务与社会治理相融合，搭建起双方互动沟通的有效渠道，以此不断推动社会治理向纵深发展。

冀云 App 页面下方的"服务"板块中设有专属的"政务服务"入口，分为 21 个入口，如"企业信用查询""税费服务""旅游投诉"等，聚集了省内多个政府部门的查询、服务和投诉平台。用户点击图标后即可直接进入相应办事界面或跳转到微信小程序办理相关业务。以"河北微法院"为例，用户可以在里面立案、查询自己的相关案件、进行诉讼缴费、查询法规等。

另外，"问政"频道推出了"一图带你办"栏目。该栏目聚焦于取水许可、执业药师注册等相关需要审批、注册或资格认定的事宜，旨在通过简洁明了的图片直观地为用户提供相关办事流程、注意事项等信息。在线政务服务的开展，一方面可为办事机构节约人力物力，提高行政效率，另一方面可为民众提供线上办事的渠道和选择，进而吸引用户，进一步推进融媒体平台与社会治理相结合，使其充分发挥作为社会治理重要抓手的作用。

除了设有专属的"政务服务"入口，冀云App首页上方还设有"问政"和"微心愿"频道，为用户提供在线表达需求、寻求帮助的渠道。在"问政"频道中，用户可以点击"我有诉求"提出自身诉求或进行建言献策，然后通过"诉求查询""落实了吗""解决了吗"等入口对诉求结果进行查询，了解诉求处理进展。此外，"问政"频道也会根据社会舆情的情况不定期推出一些专题，主动设置"问政"的议题。例如"'问政河北'为您解'薪'愁"专题，畅通农民工讨薪维权举报投诉渠道，为农民工解决"薪愁"。对于此类问题，相关部门会根据具体情况集中受理解决。"微心愿"频道设有"心愿大厅""直播圆梦""圆梦使者""圆梦时刻""我的"五个板块。在"心愿大厅"板块中，用户可根据地区和心愿方向对已认领、待认领或已完成的心愿进行筛选。在"圆梦使者"和"圆梦时刻"板块，用户可以看到已完成心愿的提出、解决过程以及用户对解决结果的反馈。冀云App"问政"频道和"微心愿"频道的开通，为用户及时解决急难愁盼问题提供了便捷渠道，有利于及时有效地化解社会矛盾。

2. 便民高效，聚焦民生服务

冀云App"民生服务"板块涉及用户日常生活的各个方面，为用户提供了解决出行、医疗、生活缴费、疫情服务等问题的一体化入口，有利于吸引更多用户加入，推动民众积极参与社会治理，进一步推动社会治理向纵深发展。

冀云App在页面下方设有"服务"板块，包括"新闻采编人员资格培训入口""教育服务""疫情服务""生活缴费""我要办事""医疗健康""出行服务""车主服务""便民工具"等九项内容。在"教育服务"中，用户可以查询高考成绩、高考录取结果，还可以使用河北省高考志愿填报AI助手，进行一分一档表查询、高校投档分数查询或者进入全国院校信息库，了解全国各个院校的类别、官方网址、官方电话、投档最低分数等信息，为考生及其家长选择院校、填报志愿提供了方便。在"疫情服务"中，用户可以找到疫情服务平台、核酸结果查询以及医疗机构查询等服务，大大方便民众获取日常出行所需信息并且能够更好地保护自身的安全。在"生活缴费"中，用户可以在线进行固话话费、有线电视费、燃气费等一些生活必需项目的查询与缴费。在"医疗健康"中，用户可以找到"我要挂号""我要问诊""药品查询""日常急救"等服务。在"我要问诊"中，用户可以查看疾病手册，了解常见疾病的病因、症状以及进入相关话题查看其他相关疾病信息，也可以进行健康自测，使用其中的量表进行精神心理、健康生活、肠胃消化、老年健康、女性健康等多个方面的测试。在"药品查询"中，用户可通过搜索药品名称，选择对应的制药公司，了解药品用法用量、注意事项等信息。在"车主服务"中，用户可以找到车辆买卖、寻求车辆救援等服务。在"便民工具"中，用户可以查询天气情况、常用公共服务电话，了解垃圾分类信息。另外，其中也增加了"大小写转换"与"扫描助手"等小工具，为用户的办公与生活提供了便利。

冀云App以民为中心，聚焦"便民"与"生活"两个关键词，通过多种服务的链接，积极打造集成式服务入口，有针对性地满足用户教育、医疗、出行、缴费等各个方面的需求，大大节省了用户的时间与精力，提高了民众生活幸福度，进一步促进了社会和谐发展。

3.试水电商，丰富商务服务

新冠肺炎疫情让线上购物获得了更多人的关注，线上购物由年轻人的"专利"开始转向全民参与。在这种背景下，冀云App想要吸引更多用户的关注，仅依靠信息取胜是远远不够的。平台也因此开通了"商城"频道，并积极开拓"自选+推荐"两种形式，为用户开辟多种商务服务。

冀云App中自主经营的购物平台为"最河北·冀云电商"，用户可在首页上方选择"商城"频道自主选品下单。平台商品种类包括"食品生鲜"

"服饰箱包""母婴亲子""运动户外""数码家电""家居生活""美妆洗护""其他"等。用户既可以在页面顶端位置定位到"保定市""承德市""石家庄市""衡水市""邢台市"等查看特色产品的销售情况，也可以直接搜索商品进行购买，省去了切换App进行选品的烦琐步骤。此外，冀云App在"商城"中还开辟了主题为"爱心助农"的"最河北直播"模块，各市县可在该平台推荐本地特色产品。用户通过收看直播，可直接下单购买本地特产，例如石家庄市"爱心助农 走进赞皇"、邢台市"爱心助农 走进临西"等直播。助农直播板块的设立有效利用了社会资源，凭借庞大的用户群体及其购买力，吸引更多市县产业将农作物的售卖由线下转为线上，在助推当地产业发展的同时增强了便民商务服务能力，使服务更加深入百姓日常生活。

冀云App除开设了自主经营的购物平台外，还积极链接其他购物平台以满足用户的多种需求。在"服务""便民工具"中可以查询到"美团外卖"这一平台，点击后界面直接链接到"美团平台"，该界面和美团App平台操作并无异样，用户可以根据定位选择周边的美食好物进行下单。

冀云App平台在构建过程中秉持"贴着受众走，跟着民生跑"的原则，致力于将自身打造成一体化服务平台，通过开展在线政务服务、开通民生服务、开辟购物平台等方式，提高自身功能性与实用性，既满足用户生活各方面所需，也为用户提供了双向互动的渠道。一方面，用户可以自主寻找满足各类需求的入口；另一方面，平台可以通过关注用户反馈，进而调整自己的服务战略与布局，以此逐渐增强用户使用黏性，为推进智慧城市建设打下坚实的用户基础，进一步推动社会治理现代化。

（三）增强价值引领，为优化社会治理凝聚共识

冀云App作为河北省融媒体平台的重要移动入口，不仅积极追踪和满足用户诉求，还通过主动设置传播议程，引导社会主流价值观，加强社会整合，提升社会治理能力和治理水平。与此同时，不断创新传播形态，拓展信息传递新渠道，不断增强平台内容传播的吸引力和感染力。

1. 设置传播议程，加强社会整合

冀云 App 依据公众的诉求和兴趣设置议题，进行内容的创作和传播。一方面，通过"专题"设置，引导用户关心时事政治、本地时事，积极参加社会治理；另一方面，通过特色频道的设置，提升用户文化涵养，提供相应的问题解决途径和情绪发泄渠道，以此增强社会凝聚力与舆论整合能力，进一步促进社会和谐发展。

首先，冀云 App 通过设置社会时事热点的专题来引导社会主流价值观，扩大宣传效果、提高社会关注度。比如 2022 年全国瞩目的中国共产党第二十次全国代表大会召开，总平台及分平台"冀云·唐山""冀云·廊坊"开展了"喜迎二十大""二十大代表风采""中国共产党第二十次全国代表大会 踔厉奋发 勇毅前行 团结奋斗"等专题活动，进行相关主题内容的报道；在国庆期间，开展了"欢度国庆 礼赞中国"的主题活动，展现省内外多种多样为祖国庆生的活动，还开设了"环评服务看河北"、"我的新生活"等固定的专题。

其次，总平台及分平台通过开辟"冀农书屋""心理""消防"等特色频道来拓展媒体的传播广度、深度，提升媒体的温度，积极主动地引导社会正能量，履行平台的社会责任。比如在"冀农书屋"频道中设有"悦读""听书""视频""书架""咨询"五个栏目，书籍种类繁多。"悦读"以各类电子书为主，"听书"以听为主，"视频"包括党政党建、农业农村、卫生健康、教育类、少儿类、红色经典、综合类七项内容，"书架"以"阅读历史"和"我的收藏"为主要内容，"资讯"以文化相关的内容为主。此外，用户还可以在"冀农书屋"主页点击"百姓点单系统登录"，直接跳转至"冀农书屋"移动版内进行查阅。"心理"特色频道通过一些热议话题的设置，为用户提供免费的心理疏导。该频道包括三项主要内容："心理咨询案例"通过鲜活案例的分享，如"孩子沉迷网络游戏无法自拔怎么办"，为用户提供解决类似问题的借鉴经验，在每个案例里都附有"心理咨询平台"的二维码，扫码即可进入平台免费咨询；"从心说"每期节目聚焦热门事件、热议话题或某一热点现象，如"疫情宅家的情绪管理指南"，邀请业内专家学者畅聊其中所涵盖的心理话题，每个话题内还附有视频帮助用户调节悲观情绪；"晚安·新朋友"以各类暖心软文为主，如"宠物人生，陪伴是一种告白"等，用户可以通过收听语音广播入睡。此外，还开展"河北省高校优秀心理健康教育成果展播"专题活动，帮助解决在校大学生的心理健康问题。

冀云 App 通过"专题+频道"的形式积极主动设置传播议程，传递社会正能量的同时为用户提供情绪疏解的渠道，增强用户的向心力和社会的凝聚力。

2.汇聚传播新样态，拓展引导新渠道

内容毋庸置疑是媒体竞争力的核心要素，内容吸引力因此成为媒体平台建设的重中之重。冀云 App 一直不断强化创新思维，创新产品形式，利用图解、漫画、MV、航拍等多种传播手段挖掘可视化新闻产品，以此汇聚传播新样态，拓展价值观引导新渠道，助力社会治理有效、深入推进。

除日常新闻资讯外，冀云 App 及其分平台都设有"直播"频道。"直播"频道内容丰富，涉及党建、农业、健康等多个方面，以分平台为例，其"直播"频道设有"2022 石家庄国际啤酒节""瞰遍张家口｜京西福地下花园"等多个主题。在此基础上，冀云 App 还专门设置了"视觉"频道，用户可以浏览以"AR 视频+文字""MV+文字""微视频+文字"等形式呈现的新闻资讯，内容涉及政治、经济、生活等多个方面。另外，此频道还设有"动漫解读'1+20'政策""超哥夜画""手绘长卷""3D 视频｜百年风华看河北""创意视频｜寻找课本里的那一抹红"等多个专题，其中"动漫解读'1+20'政策"专题用生动有趣的动漫形式，为民众讲解河北省经济运行的一揽子政策及 20 个配套政策，如《关于科技支持全省经济平稳发展的十二条政策措施》《关于进一步促进高校毕业生等青年就业创业的十九条政策措施》《关于支持企业高质量发展十条用地政策措施》，为各级各类市场主体了解、熟悉政策提供了切实帮助，也为冀云 App 可视化产品的创新注入新活力。另外，冀云 App 每逢重大主题报道一般都会发布手绘长卷作品，如《手绘长卷｜河北脱贫攻坚图景志》。为庆祝中国共产主义青年团成立 100 周年，冀云 App 推出了《手绘长卷丨新时代中国青年图景志》，作品刻画了新时代青年奋发图强、担当有为的精彩瞬间，设计长度为 1919 厘米，意欲呼应 1919 年，一经推出即成爆款。该作品被"共青团中央"公众号全文推送，总播放量已突破 5000 万次。[①] 在一步步探索中，手绘长卷逐渐成为冀云 App 的特色品牌，形成了鲜明的"冀云 IP"。

冀云 App 通过不断强化创新思维，将新型传播手段引入内容建设，做好政策、重大节日等重要主题作品的制作与传播，为吸引民众持续强化了内容吸引力，扩展了价值观引导新渠道，也增强了其新闻舆论传播力、引导力、公信力，不断扮演和落实好自身作为社会治理重要抓手的角色与定位。

二 冀云 App 及其分平台助力社会治理效能提升面临的主要困境

党的二十大报告提出，完善社会治理体系，健全共建共治共享的社会治理制度，提升社会治理效能，畅通和规范群众诉求表达、利益协调、权益保障通道，建设人人有责、人人尽责、人人享有的社会治理共同体。冀云 App 着力搭建"信息+服务+商务"的河北省融媒体平台，旨在让该平台能够从多角度、多维度满足用户的多样化需求，畅通信息传播通道，进而推动社会治理现代化的进程。但是该平台在建设过程中难免会存在一些传播力较弱、"有端无客"的现象，同时在内容形式上较为单一，并没有将自身的亮点展示出来，导致受众与平台之间的互动性大打折扣。

（一）引导力较弱，话语权有待增强

当前，随着互联网技术的发展与接收终端的普及，"人人都有麦克风"

---

① 《河北长城新媒体集团总编辑：以可视化为重点推动媒体融合发展》，"中国报业"微信公众号，2022 年 9 月 21 日，https：//mp. weixin. qq. com/s/3LN2CQ-MFXXWalM1PUfyvg。

的时代到来，自媒体的野蛮生长使得网络空间形成多元价值观争锋的旋涡。作为引导群众参与社会治理的重要载体，冀云App及其分平台扮演着公共议题的设置与舆论引导的角色，但在引导过程中同样出现了内容原创性不足、传播力有待加强等问题。

1. 分平台原创内容生产力不足

内容是影响媒体竞争力与引导力的重要因素，像安吉县融媒体中心等全国优秀县级融媒体就特别注重围绕主题报道进行优质内容创作，而从目前来看，冀云App分平台在内容生产方面仍存在时效性较差、原创性不足两方面的问题。

一是分平台新闻资讯时效性较差。以"冀云·廊坊"下设的"文安"频道为例，截至2022年10月26日其信息发布时间及数量依次为10月26日1条、10月19日2条、10月3日1条、9月28日6条、4月8日1条、3月30日1条，包括县委理论学习中心会议、文明祭祀宣传标语、《雄安》纪录片、县域内工作会议多个主题。信息发布时间间隔较大、数量少、内容较为混杂，热点更新速度不够迅速。

二是新闻内容原创性不足，创新能力有待提高。一些分平台下设区县频道的内容大多转自新华社、人民日报等央媒或者河北日报、河北新闻网等媒体，真正关于本区县的内容较少。如二十大期间，以"冀云·张家口"下设的"万全"频道在2022年10月20~26日的内容为例，除去未明确来源的新闻信息，该频道共发布信息57条，内容主要为二十大精神的传达、解读以及河北省会议的召开，其内容主要转自新华社、人民日报（含客户端）等央媒或者河北日报、河北新闻网等媒体（见表1），真正关于万全区自身对于二十大的宣传与报道并未涉及。

内容同质化以及生产时效性差必然会导致内容对用户的吸引力大大降低，容易造成用户的流失，内容的生产、传播无法与用户形成良性互动，大大影响平台议题设置与舆论引导能力，进而影响平台的社会关注度以及社会治理效能的发挥与提升。

表1 2022年10月20~26日"万全"频道新闻信息来源及数量

单位：条

来源	数量	来源	数量
人民网	9	河北新闻网	3
人民日报（含客户端）	11	河北日报	2
新华社	21	张家口日报	1
新华网	7	张家口新闻网	1
央视网（中央广播电视总台央视网）	2		

2. 互动欠佳制约了传播力

在注意力经济时代，民众的注意力成为稀缺资源。吸引民众注意、增强用户与平台之间的互动性、增强用户黏性成为平台发展的重要一环。就目前而言，"有端无客"成为冀云App发展的一大短板。

冀云App整合原有的"长城24小时""长城网""河北经济日报"等媒体资源与人才团队，依靠其背后强大的技术、资源、人才优势，取得了可喜的成绩，截至2022年10月其总下载量超3600万次①。但是根据网友评论发现，"答题""强制下载"这些词汇频繁出现，可见这些下载并不都是用户自愿的，有些实属联动性下载。冀云App虽然在短时间内能收获大量用户，但是可能失去长期稳定的忠实用户。一些社交或融媒体平台借助"意见领袖"进行宣传推广，将其粉丝转化为自身的长期用户，将自己的平台在不知不觉间变为用户的必选平台，这无疑是更好地开拓新用户的方式。

同时，冀云App在整合各板块以及其分平台信息内容以增强用户黏性方面仍有很大的提升空间。例如"头条"页面的一条新闻，浏览量已达到28.9万次，但是点赞量、评论量、转发量均为0次。分平台也是如此，在浏览"冀云·秦皇岛"分平台时，《王曦调研检查疫情防控和冬季供暖》的浏览量5771次、点赞量1次、转发量0次。在"闪闪"中也是如此，每则短视频的点赞量、评论量、转发量不超过30次，某些短视频用户互动总次

---

① 数据来源为冀云App。

数不超过 10 次。

"有端无客"对于任何一个平台来说都是一个较为致命的难题。如果平台不能真正实现与用户之间的双向互动、不能保证平台的日活跃度，那么平台的传播力、影响力可以说是微乎其微的，平台就不能起到引导用户的作用，也不能真正有效地参与社会治理。

3. 平台信息联动性不够

一个平台的良性运作一般依托于平台内各方的协调，包括各个板块的内容设计、平台与用户之间的互动等，冀云 App 与其分平台以及各个频道在设计联动性方面有待加强。

冀云 App 与其分平台之间的联动性不强主要体现在热点专题设计上。总平台与分平台之间良性的关系应如"长江云"等平台探索的"1+N"模式①一样，分平台真正将总平台为我所用，为用户呈现既统一又丰富多彩、各具特色的内容。在这方面，冀云 App 显然还有欠缺。比如，在 2022 年二十大专题活动策划过程中，总平台设立了"喜迎二十大"的专题，分平台同样转载、开辟了该专题，但是大多没有结合本地工作实际进行报道，因此报道的内容不仅缺乏贴近性，而且在一定程度上导致了内容的重复，影响了传播效果。二十大结束后，总平台开辟了"二十大代表在基层"的专题，但在各个分平台没能找到类似的设计，分平台并未与总平台进行联动，整个专题成了总平台的独角戏。有的分平台如"冀云·张家口"下设的"万全"频道直接转载冀云 App 中来自"长城新媒体""新华社""人民日报"的内容，与冀云 App 首页大同小异，基本不涉及本地相关信息，成为总平台的翻版。

冀云 App 各频道之间的联动性也有所欠缺，最为明显的是"冀云号"和"闪闪"。该平台在设计过程中，既把"闪闪"作为一个独立的板块进行呈现，同时在"冀云号"内和"文章""视频"并列展示。入驻"冀云号"的各个账号的"闪闪"和"视频"板块都是以视频的形式呈现的，但是浏览

---

① 周煜媛：《长江云：开启媒体深度融合新模式》，《中国广播影视》2022 年第 22 期。

各个账号发现，用户在这两个板块上传的视频并没有区别。还有一个较为明显的问题，比如当用户在"冀云号"账号中将视频上传至"闪闪"板块，但是在独立的"闪闪"板块中并不能显示用户上传的内容，这就导致用户内容在平台内不能实现"一站式"传播。用户要想从"冀云号"中找到"闪闪"板块，需要经过多番操作，这样烦琐的操作消磨用户对平台的耐心。同样，在一些频道设置方面存在联动性不强的问题，如"微心愿"和"问政"频道内容较为接近，都旨在解决群众日常的问题和困难，操作流程也大体相同，都遵循"上诉—反馈—解决—公示"的顺序，没有差别。

平台信息联动性不强就会导致内容的重复，从而占用并浪费一定的社会资源，这会直接影响受众对该平台使用的信心，所以总平台及分平台、各板块之间的有效联动是必要的。只有通过良性策划和运营，才会为受众提供一个更为完善和便利的获取信息以及服务的平台。

（二）平台传播手段有待更新

作为新媒体平台，除了内容生产之外，信息传播手段对平台影响力与引导力的增强也十分重要。目前，冀云 App 仍存在内容呈现形式相对有限、媒介技术应用不充分等问题。

1. 内容呈现形式相对有限

据第 50 次《中国互联网络发展状况统计报告》，截至 2022 年 6 月，我国短视频用户规模占总体网民的 91.5%，达 9.62 亿人。[1]"新甘肃"客户端等就充分认识到了短视频这一新的传播形态的重要性，其"呦呦视频"频道设有"短视频"、"竖视频"以及"AI 智播"等多个选项。[2] 而目前，冀云 App 及其分平台内容呈现形式较为单一，并未对新的内容呈现形式给予足够的重视。

一是新闻呈现形式较为传统。例如，冀云 App 首页下方"直播"板块

---

[1] 《第 50 次〈中国互联网络发展状况统计报告〉》，中国互联网络信息中心网站，2022 年 8 月 31 日，http://www.cnnic.net.cn/n4/2022/0914/c88-10226.html。

[2] 李依奇：《"新甘肃"客户端的融合实践研究》，硕士学位论文，甘肃政法大学，2021。

设有"联播"频道与"视频"频道,两者更新内容存在重叠且形式均为横屏。"联播"频道中的视频内容为电视新闻联播片段。"视频"频道更新的内容为整期电视新闻联播或者部分片段。在冀云分平台,此种情况同样存在,例如在"冀云·张家口"的"怀安"频道中,截至2022年10月26日,其大部分发布内容为怀安新闻电视联播片段。这些频道主要是将电视新闻联播中的内容进行搬运,并未根据移动平台的特点进行有针对性的修改,如针对小屏重新编辑、增加互动以适应移动化传播等。

二是自媒体呈现形式较为单一。冀云App首页下方的"闪闪"板块主要以短视频形式呈现,旨在为用户提供表达自我的渠道。用户在"闪闪"板块页面右上方或者首页左上方都可以通过点击"摄像机"图标进行录制。目前,其设置较为简单,除一部分镜头的调节功能与美颜设置外,道具、音乐、滤镜等可选择性不多,与抖音、快手等商业短视频平台的特效、模板、多种拍摄形式以及上传素材形式相比,其竞争力较弱,具有较大待完善空间。

"冀云"App作为全新的信息发布渠道与用户端口,拥有新媒体时代移动平台的基础优势,但是在具体应用中,其传播形式并未根据新媒体的传播特点与当前视频传播主趋势进行有针对性的调整,或调整不彻底,使其自身潜力并未充分发挥,影响其作为社会治理信息枢纽这一功能的发挥。

2.媒介技术应用不充分

当前,媒介技术对传播效果的影响越来越大。以"新甘肃"客户端为例,其一直致力于创意产品的开发,集微海报、线漫、图解长图、H5等多种形式于一体进行创作,这些作品也往往能够吸引网友的广泛参与。冀云App对最新媒介技术的应用并不充分。首先,日常新闻资讯中AR、VR等新技术应用范围有限。冀云App不断强化创新思维,采用AR、XR、全息视频、3D建模、4K航拍等多种传播手段丰富新闻产品。但就目前而言,其应用范围较窄,只限于"视觉"频道,其他频道的日常新闻资讯仍主要以文字、图片、声音、普通横屏视频的形式呈现。另外,其频道内的手绘长卷虽已成为冀云App品牌的重要组成部分,但应用只局限在一些重大主题的报道与传播，未在日常新闻报道中普及，品牌效应有待进一步挖掘。

其次，冀云 App 在运用人工智能、大数据、云计算等新技术为用户提供个性化定制服务方面存在不足。在当今背景下，个性化成为众多融媒体平台共同追寻的建设目标，比如"荔枝云"就将个性化智能推荐服务运用到旗下新闻 App 开发中①。而冀云 App 在个性化选择方面，仍需继续完善。例如冀云 App 页面下方的"闪闪"板块，一方面为自媒体提供表达自我、展现自我的舞台，另一方面丰富平台内容生态，吸引更多用户。但目前其页面不仅未设有分类、热词推荐等栏目，而且一些用户虽然通过"闪闪"发布了视频，但是当进入其主页时，页面显示空白。此外，在关注一些账号后刷新页面，其"闪闪"展示的视频内容也并未调整。可见，冀云 App 作为新媒体平台，其"双向互动"模式在某种程度上仍没有从根本上抛弃过去单向传播的观念，个性化选择与推送机制仍需完善。

在注意力经济时代，民众的注意力成为稀缺资源。吸引民众注意、增强用户黏性，成为推进社会治理体系与治理能力现代化的基本选择。而媒介技术的使用可以创新产品形式，在更大程度上提高内容的吸引力，吸引更多用户的参与，因此在内容生产与传播中媒介技术的应用不容忽视。

（三）公共服务集成度有待提高

除了作为信息聚集地，冀云 App 还汇聚了省内政务、商务以及其他民生服务，为用户提供了便利、快捷的一体化办事入口，但因其建设时间较短、部分服务资源对接不到位，政务服务模块仍有待完善、商务渠道有待打通。

1. 政务服务模块有待完善

政务服务是融媒体平台守住老用户、吸引新用户的重要法宝，是融入社会治理的重要途径，因此也成为各个平台建设的重点。以"长江云"客户端为例，它创新机制，打通省、市、县三级移动政务服务，提升全省政务信

---

① 周维华：《荔枝网的融媒体探索与实践》，《中国记者》2019 年第 6 期。

息公开化、政务服务移动化的水平。① 而冀云 App 作为河北省媒体参与社会治理的重要移动抓手，其政务服务还存在部分服务功能重叠、地域性差异化服务不够完善、服务平台之间链接不稳定等问题。

在在线政务服务中，冀云 App 存在"微心愿"与"问政"频道功能重叠、部分政务服务渠道实际并未打通等问题。App 页面上方的这两个频道都为用户提供了在线表达需求、寻求帮助的渠道，但是，功能相似可能造成一些用户无法分清两者，将诉求多次上传等问题，这样既影响相关部门的行政效率，又浪费了用户的时间与精力。另外，冀云 App 首页下方"服务"板块中的部分政务服务虽然已经显示链接到本平台，但是实际上两者之间并未彻底打通。例如在 2022 年 10 月 27 日，点击"旅游投诉""文化产业服务"图标后，页面一直显示在加载，并未跳转到相应平台。

民生服务包含民众日常所需的医疗、出行、生活缴费、便民工具等多种服务，为用户提供了移动式一体化服务入口，但是目前尚不能根据用户所处地域提供差异化服务。在此板块左上方可以选择所属地区，切换服务页面。但是当切换省内不同城市时，页面内服务种类与数量未有变化或大大减少，在服务上并未呈现明显的地域特色。

另外，现有的民生服务、政务服务大多是点击后跳转到相应的微信小程序。因不是自主设计的功能性服务，平台之间的跳转会受网速、个人操作问题等其他因素影响，服务能力受限、用户体验不佳，同时用户数据的流失，使得平台在传播力、引导力、影响力上丧失部分主动权。

政务服务的设置，本是为了深入用户生活的各个角落，以此渗透民众的日常生活，逐步增强用户黏性，为推进社会治理能力现代化提供坚实的用户基础，而用户在使用冀云 App 政务服务时遇到的上述问题会在不同程度上干扰其使用行为，影响用户的使用满意度，进而影响社会治理向纵深推进。

---

① 谢茜：《省级融媒体平台建设标准蓝本的探索与实践——以湖北广电长江云移动政务融媒体平台为例》，《传媒》2021 年第 6 期。

2.商务渠道有待打通

在全媒体传播格局下，冀云App平台大力发展增值产业，通过开展各类商务服务为媒体深度融合注入活力，建设用户离不开的身边的购物平台。但产业在发展过程中出现了购物平台维护不到位、平台没有特产、"商城直播"不能持续跟进等问题。

首先，在"服务"下设的"电商服务"中，用户点击"最河北优选"会直接跳转至微信小程序，但截至2023年1月该平台显示"最河北211119已打烊"，"服务"板块内却没有及时对其进行下架或更新维护。其次，河北省域内各地特色农产品未与该平台建立良好联动关系，"商城"频道所呈现的特色农产品数量较少，在这方面并未真正充分满足相关用户的市场购买欲望，发挥河北融媒体平台助力经济社会发展的功能。同时，当用户任意点击一款商品准备下单时，会先跳转到授权登录"最河北·冀云电商"的界面，但是点击"授权登录"后会显示"无此用户"，此时再点击"返回"并不能返回"商城"最开始的界面，这时用户只得被迫退出冀云App，重新登录。这样会消磨用户对该平台使用的耐心，同时会让平台自身的信誉度大打折扣，使其商务功能愈加难以发展壮大。最后，冀云App紧跟热点开辟了"商城直播"板块来推销河北省内地方特色产品。这种设计无疑是非常有积极意义的，但该板块却尚未实现良性运营，比如其最新直播时间仍然停留在2020年。在这方面"@四川观察"的运营方式值得冀云App借鉴。该平台不仅邀请人气主播和知名演员，而且搭建直播商品池，在没有平台引流和多账号联动的情况下，订单量、成交转化、人均停留等直播数据都实现了突破。[①]

"商城"渠道的开辟不外乎想要满足群众的多种购物需求，增强自身的服务功能，进而增强用户对该平台的依赖性，同时积极通过融媒体平台帮助河北省内各市县的农产品、特色产品拓开销路，但是该频道在选品、直播等方面存在短板，导致现在的"商城"频道形同虚设。

---

① 《盘点2021 | 融媒品牌建设的十大新趋势（下）》，"BBI品牌智库"微信公众号，2022年1月28日，https：//mp. weixin. qq. com/s/90HbGEkOtpeeEOSklyLxOw。

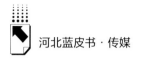

三 对冀云 App 及其分平台深度融入社会治理的发展建议

在移动化时代，冀云 App 向用户提供了更新颖、更具互动性、更实用的服务，这既是移动客户端取得成功、赢得用户的关键，也能够提升平台信息传播的能力，增强社会引导力。平台创新性的内容、先进的技术手段能够提升平台创作水平；以用户为中心，注重用户体验感，是赢得用户忠诚度的重要基石；创新服务手段，能够提升用户使用的幸福感，同时能够拓展自身盈利渠道。针对目前存在的问题，冀云 App 应逐个击破，向用户展示自己的独特价值，建立较为完善的信息传播、用户服务体系，提升社会治理成效。

（一）强化平台内容建设

冀云 App 作为主流媒体，拥有长久积累下来的品牌效应，在此基础上应继续强化内容建设，尤其是分平台应及时转变传统观念，积极树立创新意识，在内容策划中明确自身定位，着力生产本地特色内容。此外，平台也需要重视传播手段的引入，深度挖掘当前短视频形式的特征与其市场发展潜力，充分利用媒介技术，提高平台个性化内容服务水平，进而逐渐加强平台内容建设，提高平台的影响力与引导力，更好地服务于社会治理。

1. 提高分平台原创内容质量

在融媒体平台建设中，分平台原创内容建设对于提高其影响力十分重要。一是分平台要转变传统观念，树立创新意识。新媒体平台的建立对于媒体来说，并不只是传播渠道的增加，更重要的是生产与运营观念的转变。分平台应革新传统观念，重视新媒体平台"互动、碎片"的特点，及时捕捉地方热点，调整或更新内容生产思路，以此不断提高自身内容建设质量。二是明确定位，确定自身内容策略。作为分平台，在总平台上所占板块较小，分平台更应注重自身地域特色内容的制作与发布，争取板块的高效使用，提高自身影响力。

与其他平台或入口相比，分平台的优势在于更加贴近区域内的用户。在内容生产中融入本地内容，可以有效的引起区域内用户的情感共鸣、激发其参与热情，为后期自建平台或持续发展奠定坚实的用户基础，进一步推进平台发展与社会治理相结合。譬如2021年安徽省桐城市的"出彩桐城"App举办了第六届"我要上春晚"群众性节目选拔赛，分别在乡镇、城区开展海选，吸引了500多位选手参与，八场活动直播累计23.9万人观看。[①] 这项活动正是立足本地市场，充分激发当地民众的参与热情，凭借"贴近性"的距离优势获得关注。因此，分平台在内容建设时应紧紧围绕"贴近性"原则，尤其注意做好本地原创内容的策划与推送。

2. 创新平台内容传播手段

传播手段作为提升内容吸引力的重要工具，应成为冀云App及其分平台发展的重要发力点。一是创新内容生产形式，丰富内容样态。只有内容获得关注、吸引用户，才能更好地为平台参与社会治理提供用户基础。例如"津云"客户端在2021年2月14日推出《邻居老张这一年》定格动画新闻作品，以百姓视角、轻松朴实的津味儿相声语言深挖张伯礼院士的故事，两天时间各平台总曝光量达1.3亿次。[②] 好故事加上全新的内容生产形式，可以带来全新的传播效果。对于冀云App来说，可以扩大H5、手绘长卷等传播手段的应用范围。手绘长卷作为鲜明的"冀云IP"，在重要节日或重大主题报道推出时，获得了一致好评，平台应进一步发挥其品牌效应，强化可视化新闻建设，或结合它的形式联合策划构建立体化的传播模式。二是利用媒介技术，提高平台个性化服务水平。"个性化"是数字时代吸引用户的有效方式，用户不用在所需内容的寻找上耗费大量时间与精力。就目前而言，冀云App需提高自身个性化服务水平，充分对用户使用行为的痕迹及习惯进行捕捉与采集，以此建立详细、全面的用户画像，以便可以从深层次更新内容生产与推送机制，深化平台与用户的联结，进行内容个性化、定制化生产

---

① 闻亚：《县级融媒体移动客户端研究——以"出彩桐城"APP为例》，硕士学位论文，安庆师范大学。

② 王聪：《爆款产品与本土化要求的融合——以津云为例》，《海河传媒》2021年第3期。

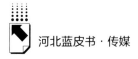

推送，优化用户体验，增强用户黏性，提高用户留存率，提高平台影响力与引导力，进一步推进社会治理。

（二）增强平台互动功能

冀云 App 要想打通平台的双向互动，可以从用户黏性、与分平台的联动两方面入手。这样用户有了"创作者""参与者"的新身份而不再仅以"观看者"的身份被边缘化，同时能够细化总平台与分平台的责任，有效利用社会资源，积极助力社会治理。

1.增强用户黏性，坚持移动优先

在当前媒体融合的进程中，赢得用户的关注与喜爱是不变的重要课题。冀云 App 可借鉴抖音、快手等平台的活动，邀请、吸引行业领域内的"意见领袖"入驻平台，增强平台的专业性与多样性。例如在"闪闪"板块中，平台既可以积极开展像"法律常识""当我穿上火焰蓝""历史那些事"等类似活动，还可以通过入驻积分、现金奖励等形式鼓励用户上传喜闻乐见的内容，同时可以通过设置奖品等形式吸引参赛人员下载注册 App 上传作品，并进行投票。在文字新闻当中，平台可以通过内容、排版、新技术的使用来吸引用户，让用户参与其中，进行点赞和评论，积极互动交流。在"冀农书屋"频道，增加用户喜爱的电子书籍或者有声读物，或是在"问政"频道简化用户提意见的处理流程，为其快速解决实际问题。

增强用户黏性的重要前提就是平台的移动化传播。比如"津云"客户端实现了天津 11 个电视频道和 10 个广播频率的直播，电视节目 7 天内可以回放①，优质内容资源全面向移动互联网转移。冀云 App 也应秉持"移动优先"的原则，在人员、技术、资金等方面做出适合移动化传播的合理配置，使文字新闻、短视频、直播等都积极向移动化传播靠拢。作为移动端用户的聚集地，冀云 App 只有紧紧抓住移动互联网的发展机会，借助移动传播便捷、迅速的优势，不断提升平台的服务功能，满足用户的实际需求，才能够

---

① 韩颖新：《"津云"：以用户为中心构建媒体融合新模式》，《中国广播》2017 年第 10 期。

获得用户的认可，"河北声音"才能够得到有效的传达。

2. 积极联动分平台，细化平台方向

分平台作为冀云 App 平台展现各市县级内容的重要端口，既需要与总平台的策划传播保持一致，也需要凸显自身的亮点。例如在"二十大"主题策划中，二者应当完善各自的分工，分平台在联动过程中应当积极发挥主观能动性，在选题、内容、形式上既呼应总平台，又不断进行地域性的创新，避免内容重复的同时增强与当地用户的情感共鸣。除此之外，总平台还可以与分平台一起策划活动，吸引用户参与。比如，"长江云·数字乡村智慧服务云平台"将数字经济、智慧服务与乡村发展共同汇聚于云平台上，吸引群众参与乡村振兴智慧化建设。① 冀云总平台和分平台之间也可策划类似活动，总平台凭借自身技术、资源、人才等优势搭建活动框架、提供各项资源，各分平台将线上活动转化为深入社区、深入群众的线下活动，例如将新时代文明实践等数据在各市县进行可视化大屏展示，组织相关活动，提升冀云总平台及分平台的影响力。

各市县级分平台还应当有品牌化、特色化传播的思维。在互联网视域下，避免内容同质化，做好内容运营同样是一个重要课题。这就要求各地方分平台将新媒体平台的特性融入本地特点，开发特色内容，寻找自身独特的发展方向，以增强平台传播力、公信力。比如黄梅县以"黄梅戏""黄梅挑花"等为品牌发展的着力点，陕西省以"大唐不夜城"开发文旅品牌。河北省地域文化特色鲜明，可以以"怀来古城""国家级非物质文化遗产之一——蔚县剪纸""龙山文化的典型代表——黑陶"等为着力点，打造自己的特色文化品牌。

（三）深化平台服务功能

作为社会治理的重要组成部分，冀云 App 在以后的服务建设中，需要进一步树立数据思维，聚焦公众需求，积极开发具有地域特色的服务，进一步提高政务服务的质量。同时应完善"商城"渠道闭环，通过技术、人员

---

① 周煜媛：《长江云：开启媒体深度融合新模式》，《中国广播影视》2022 年第 22 期。

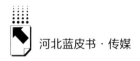

方面的协调分配，积极开展多元合作，增强自身造血能力，努力将自身建设为资源汇聚与管理的平台，扮演社会治理中的重要角色。

1. 完善政务服务模块，提高服务质量

针对冀云 App 政务服务模块现存问题，可以从两方面入手。一是要善用数据思维，加强政务服务模块的数据化、可视化建设。如"津云"客户端中"问政"板块设置了"排行"栏目——根据用户满意度或回复率对各区或委办局进行评比与排序①，通过此种方式各主体都可以清楚、直观地看到平台目前政务服务情况，便于用户行使监督权，提高各部门的行政效率，进一步促进平台服务质量的提高。另外，"长江云"客户端中的可视化思维也十分值得借鉴。其"公益"板块设置了公益热榜，对平台内公益资讯的热度进行分析与可视化呈现。在热榜下方，还设有"献血动态"（展示献血人员的姓名与次数）与"血液公告"（显示血液中心的库存)②，这样既可以通过直观的方式传播正能量，也可以反映出需要解决的问题，激发其他民众的积极性，从而形成可持续的良性循环。

二是要聚焦公众需求，积极提供满足群众需求的功能性服务。例如"长江云"客户端于 2022 年上线"长江云公益"，汇聚全省的公益组织与志愿者队伍，共建公益联盟。其上线后，累计超 60 万人次参与，筹集善款1.13 亿元，全网总曝光量达"6 亿+"③，实现了经济效益与社会效益的统一，开辟了社会治理的新领域。因此，地域性的新媒体平台也应当在这一领域发力，增加更多的政务服务类型。冀云 App 可积极发挥自身的地缘优势，加强与本地政务资源、服务资源的对接，增加各类本地化服务。如增加人社、家政等领域服务；与文化旅游局合作，增加文化旅游相关信息，实时公布各旅游景点介绍、开放时间、路线等信息。这一方面可以大量吸引用户的使用，另一方面可以推进平台用户数据库的建立，进一步推进服务精准化与定制化，成为民众离不开的生活服务平台，在社会治理中积极承担自己的责任。

---

① 资料来源为"津云"客户端。
② 资料来源为"长江云"客户端。
③ 周煜媛：《长江云：开启媒体深度融合新模式》，《中国广播影视》2022 年第 22 期。

2. 完善"商城"渠道闭环，提高造血能力

首先，冀云 App 应当在人员、资源分配方面，加强对"最河北·冀云电商"的后台维护和测试，及时并阶段性的对用户使用情况进行调研获得反馈，对平台性能进行更新，为用户提供线上购物的平台，使其更好地服务于用户。

其次，冀云 App 可凭借自身专业优势，积极做好"直播"板块的运作。比如"长江云"客户端积极探索"搭把手 拉一把——长江云爱心助农公益大直播"，通过"主播互动+县（市、区）长"带货的形式，助农销售成交额过亿元。冀云 App 已经搭建"直播"平台，可打造"一地一主播"的直播带货模式，推进其长期的良性运作。同时平台可为河北省域内的特产、各类企业提供策划、推广、直播、拍摄、制作宣传片等专业服务，扩大业务规模。宣传片在自身平台播出时，可将商品购买链接置于其下方，以便目标用户利用冀云 App 下单购买。

最后，冀云 App 的"商城"频道可打造河北省特色商品平台，邀请河北省域内的商家入驻，与商家合作推出打折、积分返现、积分兑换等优惠活动，通过商业服务赢得忠实粉丝，还可借鉴"长江云·智慧食堂系统"等运营方式，增加"饿了吗""携程""58 同城"等市场广泛认可的商业平台，为用户提供多样化的商务服务。

总之，冀云 App 的"商城"频道在运作过程中要不断拓展盈利模式，提升造血能力，补齐短板，将"最河北·冀云电商"平台打造为一个较为完善的闭环式售卖平台，同时为用户提供更为完备、贴心的服务。

四 结语

当今，以互联网与大数据、人工智能为代表的数字媒介形成了独特的资源配置方式和价值创造模式，逐渐成为社会结构中更加基础性的建构力量，因此融合型媒体平台在推进社会治理能力现代化中的作用不容忽视并亟待进一步被挖掘与激发。

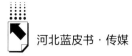

　　冀云 App 全面集 PGC 与 UGC 内容于一体，汇聚了河北省、市、县三级融媒体中心新闻资讯，提供了政务、民生一站式服务，为用户带来了参与式、互动式的全新新闻体验。其"新闻+政务+服务"运营模式是建设新型主流媒体平台的新举措，也是参与社会治理的新尝试。

　　冀云 App 虽然在一定程度上实现了做好媒体产品创新、推进在线政务服务、丰富商务服务的建设工作，但是在传播手段、话语权、公共服务等方面还有待完善。在后续的建设中，冀云 App 应在内容建设方面，注重分平台原创内容生产，创新平台传播手段；在互动方面，积极建设总平台与分平台的传播矩阵，积极调动用户创作的主动性；在服务方面，将数据思维引入平台服务建设中，充分利用地缘优势提供特色服务，完善"商城"渠道闭环，不断提高自身造血能力。在此基础上，未来平台还应注意保持开放、协同的建设观念，充分利用自身地缘优势，着力以内容激活区域内用户资源，形成多元圈层，构建底层关系资源，把握内容与数字技术等核心实践资源，继续向移动化、开放化、智能化、社交化发展，努力将自身转变为社会关系的建构者与社会生活的组织者，智慧城市建设、社会治理运转不可或缺的优质平台。

参考文献

喻国明、耿晓梦：《"深度媒介化"：媒介业的生态格局、价值重心与核心资源》，《新闻与传播研究》2021 年第 12 期。

贾菁：《媒体融合助力社会治理创新研究》，《传媒》2022 年第 21 期。

杨林：《主流媒体从"媒介融合"走向"治理融合"》，《中国报业》2022 年第 20 期。

祝青、章李梅、丁峰：《新时代重塑县媒融合发展格局的安吉实践》，《传媒》2022 年第 11 期。

马明希：《河北冀云融媒体平台的发展路径与建设策略研究》，硕士学位论文，内蒙古大学。

《重磅！河北省级融媒体平台冀云上线啦！》，"河北经济日报"微信公众号，2019

年 10 月 9 日，https：//mp. weixin. qq. com/s/1uhlihU536WfgAkplEQp2Q。

《冀云客户端总下载量突破 3000 万　阅读总量破百亿》，"河北经济日报"微信公众号，2022 年 4 月 30 日，https：//mp. weixin. qq. com/s/Uq7gQCiTerLlj7mOsHtkvw。

《长城新媒体集团总编辑赵兵：当好网络文明建设的主力军》，"新闻战线"微信公众号，2022 年 1 月 21 日，https：//mp. weixin. qq. com/s/iKLalGnxHpOU0PwiaNleAw。

B.10
河北省政务新媒体影响力研究
——基于政务微信公众号的考察*

王秋菊　杨思永**

摘　要： 随着政务微信公众号数量的增加和用户规模的不断扩大，政务微信公众号已成为政务新媒体重要的组成部分之一。近年来，政务微信公众号已逐渐扮演政务公开、舆情回应中的重要角色并得到了广泛关注。河北省政务微信公众号作为政务新媒体的主要组成部分，在政务信息发布、政民沟通中发挥重要的桥梁和纽带作用，成为传播政务信息、提供公共服务的重要窗口。在数字政府的建设中，政务微信公众号发挥着积极作用。本报告在采集与分析河北省政务微信公众号在看量、阅读量、点赞量等相关数据的基础上，揭示了河北省政务微信传播指数排行榜TOP20的区域、职能部门、行政级别分布，剖析了政务微信公众号的内容及互动方式的特点。在此基础上，本报告探讨了政务微信公众号影响力的测量指标体系，从扩散度、活跃度等方面提出了进一步提升河北省政务微信公众号影响力的建议。

关键词： 政务新媒体　政务微信公众号　议程设置

---

* 本报告为河北大学哲学社会科学培育项目"社交媒体舆论传播机制及风险管理研究（项目编号：2021HPY008）"阶段性成果。

** 王秋菊，河北省城市传播研究院研究员，河北大学跨文化传播研究中心研究员，主要研究方向为网络传播与新媒体；杨思永，河北大学新闻传播学院硕士研究生。

　　面对全球数字化发展与数字化转型的重大历史机遇，国家系统谋划、统筹推进数字化建设。互联网在政务应用方面实现了飞速发展，从政务信息化建设到互联网政务服务普及，再到一体化政务平台建设，互联网助力政府行政效率、服务水平及治理效能全面提升。凭借更强的指向性和功能性，以及载体平台应用的广泛性，与其他政务新媒体平台相比，政务微信公众号与用户建立起较强连接。《2021年数字中国发展报告》显示，93.2%的网民通过政务微信公众号获得政务信息服务。网民规模的不断增加及政务微信公众号用户量的攀升，给河北省政务微信公众号的发展提供了新的契机。近年来，河北省政务微信传播指数（WCI）排行榜TOP20的区域、职能部门、行政级别分布如何，河北省政务微信公众号功能影响力现状如何，政务微信公众号影响力提升的策略有哪些等问题亟待研究。本报告通过对河北省政务微信公众号相关数据进行采集、处理与分析，了解和评估河北省政务微信公众号信息的扩散度与活跃度，为政务微信公众号影响力的进一步提升提供策略参考。

一　研究设计与数据处理

（一）数据来源与样本选取

　　本研究选取2022年10月"河北省政务WCI排行榜"中排名前20的公众号（见表1）作为研究样本。

表1　2022年10月河北省政务WCI排行榜TOP20

排名	公众号名称	WCI	排名	公众号名称	WCI
1	河北共青团	1653.69	6	张家口共青团	1377.94
2	张家口发布	1451.9	7	河北少先队	1278.61
3	唐山交警	1440.43	8	河北卫生健康	1273.96
4	唐山发布	1435.64	9	辛集发布	1263.59
5	网信河北	1384.97	10	河北税务	1261.19

续表

排名	公众号名称	WCI	排名	公众号名称	WCI
11	秦皇岛发布	1225.52	16	河北消防	1062.24
12	石家庄发布	1193.01	17	河北省人民政府	1028.35
13	沧州共青团	1182.89	18	保定市交警	1012.13
14	邯郸发布	1142.72	19	河北旅游	947.54
15	邢台发布	1093.49	20	保定检察	927.83

本报告选取的公众号皆为微信公众平台认证为"政府"类型。WCI 是通过整体传播力、篇均传播力、头条传播力、峰值传播力四个维度对账号主体的传播力和传播效果进行分析，该指标体系有比较广泛的应用。

（二）指标体系设计

结合样本数据与政务微信公众号特点，建立三维模型，从政务微信公众号信息的扩散度、活跃度以及时段增量变化三个维度来观察样本账号的传播影响力（见表2）。

表2 河北省政务微信公众号传播影响力评估指标

一级指标	二级指标	增量变化(1~31 日)
扩散度	阅读量	阅读总数增量
	点赞量	点赞数增量
	在看量	在看总数增量
活跃度	发文量	文章总增量
	更新次数	发布次数增量
	次条文章阅读量	次条文章阅读增量

政务微信公众号信息的扩散度用来描述政务微信公众号信息的传播广度，包括阅读量、点赞量、在看量三个二级指标。其中阅读量指 2022 年 10 月河北省政务微信公众号推送文章的阅读总数，阅读总数越高，说明信息传播到达率越高。点赞量指 2022 年 10 月河北省政务微信公众号推送文章的点

赞总数，点赞总数越高，说明信息认可度越高。"在看"功能是指用户点击后，其朋友圈好友会知道这篇文章，使得信息在到达用户完成一级传播后，由用户自主选择并主导进行二级传播，进一步拓展公众号信息传播广度。

政务微信公众号信息的活跃度用来描述政务微信公众号在传播过程中的活跃程度，包括发文量、更新次数、次条文章阅读量三个二级指标。政务微信公众号的发文量和更新次数指 2022 年 10 月河北省政务微信公众号推送的文章总数和发布次数，发文量和更新次数这两个数据越大说明该政务微信公众号越活跃。在公众号的推送中分为头条文章与次条文章。头条是对用户的第一呈现，具有先声夺人的重要性，次条可用作商业或常规类栏目，打造用户熟悉的空间，增加用户黏性，也可视为活跃度的体现。以阅读总量减去头条文章阅读量得到次条文章阅读量，该数据越大证明用户黏性越强。

二　河北省政务 WCI TOP20区域、职能部门、行政级别分布

（一）河北省政务 WCI TOP20 的区域分布

河北省 TOP20 的政务微信公众号主体机构的区域、职能部门、行政级别分布情况如表 3 所示。

表 3　2022 年 10 月河北省政务 WCI TOP20

公众号名称	区域分布	职能部门	行政级别	WCI	排名
河北共青团	石家庄	团委	县处级	1653.69	1
张家口发布	张家口	市政	县处级	1451.9	2
唐山交警	唐山	公安	乡科级	1440.43	3
唐山发布	唐山	市政	县处级	1435.64	4
网信河北	石家庄	市政	厅局级	1384.97	5
张家口共青团	张家口	团委	县处级	1377.94	6
河北少先队	石家庄	团委	县处级	1278.61	7
河北卫生健康	石家庄	医疗	厅局级	1273.96	8

续表

公众号名称	区域分布	职能部门	行政级别	WCI	排名
辛集发布	辛集	市政	乡科级	1263.59	9
河北税务	石家庄	税务	厅局级	1261.19	10
秦皇岛发布	秦皇岛	市政	县处级	1225.52	11
石家庄发布	石家庄	市政	县处级	1193.01	12
沧州共青团	沧州	团委	县处级	1182.89	13
邯郸发布	邯郸	市政	县处级	1142.72	14
邢台发布	邢台	市政	县处级	1093.49	15
河北消防	石家庄	消防	县处级	1062.24	16
河北省人民政府	石家庄	市政	厅局级	1028.35	17
保定市交警	保定	公安	乡科级	1012.13	18
河北旅游	石家庄	旅游	厅局级	947.54	19
保定检察	保定	纪检委	县处级	927.83	20

河北省TOP20的政务微信公众号区域分布如图1所示。其中，微信公众号主体数量较多的4个城市分别为石家庄（9个）、张家口（2个）、唐山（2个）、保定（2个），辛集、秦皇岛、沧州、邯郸、邢台5个城市各1个，承德、廊坊、衡水3个城市未上榜。河北省政务微信公众号影响力地理分布呈"西北多，东南少"的趋势。石家庄作为省会城市，拥有政务微信公众号的数量较多，与其行政地位的中心效应有极大关联。如"河北共青团"的认证主体中国共产主义青年团河北省委员会宣传部、"网信河北"的认证主体河

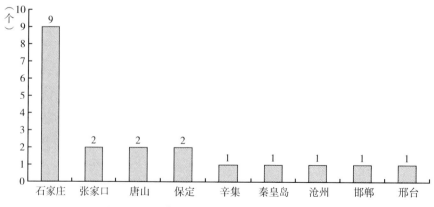

图1　河北省政务 WCI TOP20 的区域分布

北省互联网信息办公室等单位所属地都为石家庄。除省会城市表现较为突出外，其他影响力较高的政务微信公众号在各地市分布较为均匀。

（二）河北省政务 WCI TOP20 的职能部门分布

河北省 TOP20 的政务微信公众号职能部门分布如图 2 所示。首先，微信公众号主体数量较多的 3 种部门分别是市政（9 个）、团委（4 个）、公安（2 个）；其次，医疗、税务、消防、旅游、纪检委 5 种部门各 1 个。作为地市综合类信息发布以及服务提供的窗口，市政类微信公众号表现尤为突出。"张家口发布"、"唐山发布"、"辛集发布"、"秦皇岛发布"、"石家庄发布"、"邢台发布"以及"网信河北"这些由当地宣传部或网信办主管的微信公众号分布在河北区域内，组成河北省政务微信公众号"第一梯队"。团委类拥有 4 个微信公众号，这可能与其面向的受众群体大多为擅长使用网络新媒体并且十分活跃的青少年有关。河北省 TOP20 的政务微信公众号中的 2 个公安类微信公众号，隶属于地市交警部门，发布内容涉及限行政策、交通状况等更新频率较快的信息，为民众提供了便捷的了解渠道。

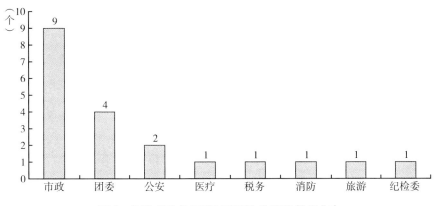

图 2　河北省政务 WCI TOP20 的职能部门分布

（三）河北省政务 WCI TOP20 的行政级别分布

河北省 TOP20 的政务微信公众号行政级别分布如图 3 所示。在河北省政务微信公众号TOP20中，厅局级政务微信公众号5个，占25%；县处级政务微信公众号12个，占60%；乡科级政务微信公众号3个，占15%。县处级政务微信公众号处于厅局级与乡科级之间，数量远多于其他两个层级，因此河北省TOP20政务微信公众号行政级别分布呈纺锤形。县处级政务机构直接联系沟通民众，已成为政务微信公众号矩阵中的主要力量，且用户黏性因地域缩小而增强。在厅局级机构的政务微信公众号中，"网信河北"隶属河北省委网信办，"河北卫生健康"隶属河北省卫健委，"河北税务"所属河北省税务局，"河北省人民政府"所属河北省政府办公厅，"河北旅游"所属省旅发委。这些厅局级机构的政务微信公众号隶属行政级别较高，职能分布多样并发挥了主导作用。在3个乡科级政务机构微信公众号中，其中2个为地市交警大队，另外一个"辛集发布"所属的辛集市为石家庄市代管的县级市。

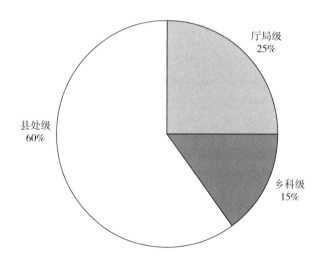

图3 河北省政务WCI TOP20的行政级别分布

综合上述分析可以发现，河北省政务新媒体矩阵中已形成"账号主体多职能、部门级别多层次、地理区域全覆盖"的政务微信公众号矩阵。总体传播力影响格局可以概括为，区域分布上以省会中心带动周边城市，行政级别分布上以厅局级单位为主导、以县处级单位为主力，职能部门分布上以市政综合为基础、各职能部门协同并多样化发展。

（四）河北省政务微信公众号的互动特点

本报告通过观察选取的 20 个河北省政务微信公众号，对河北省政务微信公众号的特性、发布内容、服务互动三个方面进行了分析。

"河北共青团"的平均在看量 281，平均阅读量 54746 次，点赞量 12 万次以上，WCI 为 1653.69，排名第一。账号认证主体为中国共产主义青年团河北省委员会宣传部，该微信公众号打造十余个精品合集涵盖青年生活方方面面，如河北省重要公告方面，建立"奋进新征程　建功新时代·河北实践"推文合集，思想政治教育方面，发布网上精品团课，打造思政化教育新媒体阵地，获得青年广泛关注。"张家口发布"的平均在看量 37，平均阅读量 42271 次，点赞量 9207 次，WCI 为 1451.9，排名第二。账号认证主体为中共张家口市委宣传部，由市政府新闻办公室主办，该微信公众号用于地方权威信息发布，如介绍城市道路工程项目进度、公布生态文明建设成果等具有区域特色与官方权威的内容。"唐山交警"的平均在看量 24，平均阅读量 56121 次，点赞量 6122 次，WCI 为 1440.43，排名第三。账号认证主体为唐山市公安交通警察支队。"唐山发布"的平均在看量 180，平均阅读量 20280 次，点赞量 76985 次，WCI 为 1435.64，排名第四。账号认证主体为唐山市互联网信息办公室。作为唐山市的主要政务微信公众号，前者为专职部门主体运营的公众号，发布内容以交通安全为主，风格更为亲切；后者为市政部门主体运营的公众号，发布内容综合性较强，以党政公告为主，辅以城市宣传，更具权威性。利用微信公众平台，各部门提供与其职能相关的权威信息与服务。

在账号特性方面，不同微信公众号因认证主体的职能不同，呈现不同的风格形象，而账号头像和首次问候方式是给用户留下第一印象的重要元素。微信公众号所属的机构级别越高，职能越专业，其头像使用越趋于正式，往往使用相应机构的徽、旗，以示权威性。如"河北省人民政府"微信公众号使用国徽与"河北省人民政府"的字样作为头像，"河北税务"微信公众号使用税徽（包括"中国税务字样"）作为头像，"保定检察"微信公众号使用检徽作为头像。各地市宣传部或网信办主管的"某某发布"微信公众号，则是使用专门设计的具有各地市特色的标志作为头像，部分增加各地市名称字样，使人容易记忆，也有唤起各地市民众归属感与亲切感的作用。而关注微信公众号后的首次问候则较为朴素简洁，一般以 20 字左右短句进行自动回复，部分厅局级账号如"河北省人民政府""河北消防"等提供自主导航指引。

在发布内容方面，微信公众号所发布的文章集中于政务信息、疫情速报、社会新闻、科普宣传、便民服务等方面，根据职能不同各有侧重。20 个样本的相同点在于，同一个微信公众号中，政务信息方面的文章均使用统一样式的图片作为封面，即纯色背景（多为红色、蓝色），居中醒目标题"权威发布"字样，使用较小字体的脚注展示机构名称。简单、醒目、结构化的呈现方式，可迅速引起民众关注，以达成更高的信息扩散度。以《河北代表团讨论十九届中央纪委工作报告和〈中国共产党章程（修正案）〉》这条新闻报道为例，"河北省人民政府"微信公众号于 2022 年 10 月 19 日 11：58 首发，"河北共青团"微信公众号于同日 16：21 进行转载发布，时差达到 4 小时以上。

在服务互动方面，政务服务基于微信公众号与用户的互动而实现，主要有两种路径：一方面，微信公众号给用户留有需求表达"窗口"，并对用户的表达进行反馈；另一方面，微信公众号基于 H5、小程序的技术平台开发政务服务线上办理功能。在选取的样本中，个别职能类别定位更精准的微信公众号如"唐山交警""保定市交警""河北消防"等实现了业务线上办理的功能，部分县处级宣传部或网信办主管的微信公众号则设置了留言板、群众举报等表达"窗口"。

三　河北省政务微信公众号影响力的评估

河北省政务微信公众号的影响力如何？政务微信公众号的影响力测量指标有哪些？本报告采用扩散度、活跃度及时段增量变化三维模型，从微观层面对政务微信公众号的影响力构成因素进行分析，有利于进一步发现不同微信公众号的影响力及传播效果差距的内因，从而为政务微信公众号未来的发展提供具象策略。

（一）河北省政务微信公众号的扩散度分析

政务微信公众号的阅读量、在看量、点赞量在一定程度上反映了信息的扩散度。对河北省政务微信公众号阅读量、在看量、点赞量及三个指标在时间维度上的增量进行比较，结果如表4所示。

表4　河北省政务 WCI TOP20 的扩散度分析

WCI排名	公众号名称	阅读量排名	阅读总数增量排名	在看量排名	在看总数增量排名	点赞量排名	点赞数增量排名
1	河北共青团	1	19*	2	2	1	2
2	张家口发布	2	2	6	5	6	5
3	唐山交警	3	9	10	17*	9	18*
4	唐山发布	6	18*	3	1	3	1
5	网信河北	4	5	7	10	7	11
6	张家口共青团	5	1	12	7	14	8
7	河北少先队	13	8	5	8	5	6
8	河北卫生健康	7	12	16	14*	16	16*
9	辛集发布	10	17*	11	19*	11	19*
10	河北税务	8	4	13	9	12	9
11	秦皇岛发布	9	3	9	6	8	7
12	石家庄发布	10	20*	14	20*	10	20*
13	沧州共青团	17	14*	4	3	4	3
14	邯郸发布	12	6	19	15*	18	13*
15	邢台发布	14	16*	17	13*	17	17*
16	河北消防	15	10	20	18*	20	14*
17	河北省人民政府	16	7	18	11	15	10
18	保定市交警	18	15*	15	16*	19	15*
19	河北旅游	19	13	8	12*	13	12
20	保定检察	20	11	1	4	2	4

注：* 表示样本该项为负增长。

"张家口发布""网信河北""河北少先队""河北税务""秦皇岛发布"微信公众号在阅读量、在看量、点赞量三个指标上排名相近，扩散效果较为稳定，无明显短板，各指标增量均为正值，保持稳步发展势头。"河北省人民政府"整体排名较靠后，但阅读总数增量排名较靠前，具有发展潜力。

"保定检察"虽然阅读量排名最后，但在看量与点赞量均在前列。"在看"是用户将自己浏览过的内容向朋友圈公开，使得信息进行二级传播，更能体现用户对内容的认可程度与内容的影响深度。由此说明，相较于其他微信公众号，"保定检察"发布内容的质量与时效性均在极大程度上获得用户的认同。

"河北共青团"各项排名均名列前茅，但阅读总数增量呈负增长趋势，排名第19，其信息扩散度的发展趋势发出风险信号。同样为团委部门的"张家口共青团"则在阅读总数增量上排名首位，而其他指标排名稍微靠后，发展趋势可观，但相对地受到在看量的限制，用户进行内容分享、再传播的意愿仍待提高，内容生产、互动服务等方面需进一步加强。

（二）河北省政务微信公众号的活跃度分析

对河北省政务微信公众号的发文量、更新次数、次条文章阅读量及三个指标在时间维度上的增量进行比较，具体结果如表5所示。

表5 河北省政务 WCI TOP20 的活跃度分析

WCI 排名	公众号名称	发文量排名	文章总增量排名	更新次数排名	发布次数增量排名	次条文章阅读量排名	次条文章阅读量增量排名
1	河北共青团	9	9	1	4	17	8
2	张家口发布	13	18*	13	14	1	3
3	唐山交警	15	19*	11	16*	11	19*
4	唐山发布	8	7	4	18*	6	6
5	网信河北	4	20*	3	17*	2	17*
6	张家口共青团	11	1	8	1	4	1
7	河北少先队	18	14	17	12	9	7
8	河北卫生健康	7	7	9	7	12	16*

WCI 排名	公众号名称	发文量 排名	文章总增 量排名	更新次数 排名	发布次数 增量排名	次条文章 阅读量排名	次条文章 阅读量增 量排名
9	辛集发布	14	5	10	3	13	18*
10	河北税务	10	2	16	4	10	4
11	秦皇岛发布	3	3	6	7	3	2
12	石家庄发布	1	17*	7	20*	8	20*
13	沧州共青团	20	14	17	12	18	12
14	邯郸发布	2	6	2	18*	5	5
15	邢台发布	5	4	5	10	7	9
16	河北消防	16	12	12	6	18	15
17	河北省人民政府	6	10	15	2	16	11
18	保定市交警	19	14	19	11	13	10
19	河北旅游	17	13	14	14	18	13
20	保定检察	12	11	20	7	15	14

注：* 表示样本该项为负增长。

在河北省政务微信公众号中，团委部门微信公众号具有较高的传播活跃度，"河北共青团""张家口共青团"两个微信公众号均持有首位排名指标，尤其是"张家口共青团"，其虽然在发文量、更新次数、次条文章阅读量排名上并不十分突出，但是在 3 个指标的时间维度增量上均排首位，可见其10月活跃度较高。"河北少先队"活跃度较为良好，无负增长指标，呈现稳步发展趋势。

河北省政务微信公众号中，如"张家口发布""辛集发布""邯郸发布"与上一周期相比，活跃度有所下降。其中，"网信河北""石家庄发布"在发文量、更新次数、次条文章阅读量上的排名并不落后，部分时间会呈现活跃现象的特征。WCI 排名较为靠后的如"邢台发布""河北消防""保定市交警""河北旅游"等微信公众号，活跃度发展呈稳定状态。"河北省人民政府""保定检察"两个微信公众号在发布次数增量指标的排名较为靠前，即在10月的发布次数呈突增的现象。

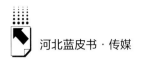

四 河北省政务微信公众号影响力进一步提升的策略

在"万物皆媒"的时代,所有的新兴技术平台都具有"媒体化"的属性,人们对于主流媒体的信息渠道依赖度越来越低。微信用户作为信息"需求侧",传统的内容供给与话语体系已难以满足其日益丰富和多层次、个性化的信息需求。[①] 河北省政务微信公众号可从广度、深度和传播效能三个途径提升河北省政务微信公众号的影响力。

(一)激活用户的转发行为,进一步拓展政务微信公众号的影响广度

1. 丰富用户多重感官体验,引起网民转发河北省政务微信公众号文章的兴趣

政务微信公众号作为河北省政务新媒体重要的组成部分之一,具有发布内容与形式多样化融合的优势。基于现代信息处理技术的影响,受众愈加强调视觉、听觉的多重感官共同体验,对信息呈现方式的革新需求愈加强烈,包括文字、图片、影像、视频等。[②] 政务微信公众号逐渐形成结构化内容推送,所推出的文章类别逐渐固定,局限于"文字+图片"这种简单的信息呈现模式,难以满足公众的信息需求。多种形式的融合更有助于发挥政务微信公众号的优势,精准满足用户信息需求。采用多元的信息呈现形式,丰富多重感官体验,有助于引起公众对河北省政务微信公众号文章的阅读、转发兴趣。

2. 依据用户的认知需求优化内容,触发用户转发政务信息的意愿

自 2011 年我国第一个微信公众号"微成都"开通至今,政务微信公众号的形式、风格已经十分丰富,内容涉及类型日渐多元、范围逐渐扩大,一体化政务服务平台逐步覆盖全国。在对微信公众号的长时间关注后,用户会形成对政务微信公众号的心理图式,每次阅读到的新推文会作为一种外部刺

---

① 喻国明:《当前新闻传播"需求侧"与"供给侧"的现状分析》,《新闻与写作》2017 年第 5 期。
② 滑经纬:《浅谈新闻传播与受众信息需求的对接》,《新闻研究导刊》2019 年第 1 期。

激，同化、顺应先验图式。先验图式类似于用户头脑中形成的认知地图，帮助用户快速锁定信息，从而缩短搜寻时间，提高用户的信息获取效率，在感知易用性与认知反应的影响关系中具有显著的正向调节作用。[①] 在这种背景下，要提升政务微信公众号的影响力，就要把关注点从供给侧转向需求侧，以需求带动供给，满足用户对信息的需求，通过用户的二级传播行为拓展影响广度。在河北省政务微信公众号的运营方面，可以根据用户的认知风格、认知水平优化微信公众号，减少与降低对用户接收信息这一行为的条件和要求，提高用户对推文的感知易用性，从而增强用户对微信公众号发布内容的接受意愿与再传播行为。

（二）优化政务微信公众号的互动体验，进一步拓展政务信息的影响深度

1. 引导用户参与评论，积极给予用户反馈

互动是影响深度的来源与体现，也是政务微信公众号的活力所在。点赞互动操作简单，用户可以随手完成，且具有良好的隐私性，所以在政务微信公众号中比较常见。而评论互动对拓展影响深度有更好的效果，但是其需要用户付出更多努力进行思考、撰写，所以在政务微信公众号中比较少见。微信公众平台与订阅者进行互动可以使微信公众号保持生命力。与用户互动包括为用户提供信息回复服务、及时与用户沟通、创办一些活动和特色栏目等。[②] 在推送中增加引导与激励，鼓励用户进行评论，并且对用户的评论给予积极反馈，这都可以增加互动，从而拓展影响深度。

2. 促进政务信息的流动，增强公众参政问政的意识

十三届全国人大四次会议中，新修改的《全国人大组织法》将"坚持全过程民主"写入法律，进一步推动了"中国式民主"的发展与完善。政务微信公众号作为国家政党的喉舌与政民互动的"窗口"，承担着助力实践

---

① 周霞等：《政府开放数据用户认知影响因素研究——先验图式调节效应》，《情报科学》2022 年第 9 期。

② 黄楚新、王丹：《微信公众号的现状、类型及发展趋势》，《新闻与写作》2015 年第 7 期。

"全过程民主"的责任，而实践的同时可以促进政务微信公众号本身的完善。创新形式，增设通道，打通民主选举、民主决策、民主管理、民主监督的路径，优化民众参政议政方式，可以强化政务微信公众号自身的影响效果。"全民皆媒"的时代背景下，信息的流动性增强了公众参政问政的意识。我国加速数字政府的建设，使得公众的网络问政行为越发积极，打破时间与空间的限制，形成公众与政务新媒体的良性互动，以用户的活跃度带动微信公众号的活跃度，可以为政务微信公众号影响深度的拓展提供更多力量。

（三）优化议程设置，提升政务微信公众号的传播效能

政务新媒体是政府部门在新媒体中的形象呈现，其影响力的稳定更有益于政府部门权威性、公信力的树立。在重大突发公共卫生事件中，河北省政务微信公众号的发文数量与传播效率呈现低政民互动型，[①] 传播效果有待进一步提升。鉴于此，政务微信可以通过设置议程构建公众的认知网络，结合事件本身风险度、网络环境因素与公众对突发事件的控制感，以良好的议程设置效果提升传播效能。[②]

1. 贴近民众生活，提供高质量的传播内容

不同于微博、抖音等政务新媒体形式，政务微信公众号不受文字数量与时间的限制，可以进行更详细、全面的话语表达，因此塑造了官方的权威性与可靠性。而作为河北省政务微信公众号矩阵中的传播中坚力量，县处级政务微信公众号直接贴近民众生活，其内容大多数仍为官方消息发布、政策通告、会议通稿的直接转载。因此，县处级及以下级别的政务微信公众号需要打破以往传统媒体固有的新闻撰写方式，生产贴近生活、贴近县域内居民的

---

① 张橦：《重大突发公共卫生事件中我国政务新媒体信息传播效率研究》，2022年计算传播学年会："智媒赋能与数字治理"会议论文，南京，2022年11月。
② 黎源：《网络议程设置视阈下新冠疫情期间公共政策发布研究——以我国不同风险地区官方微信为例》，《新闻传播》2022年第20期。

内容。[①] 对于发布的信息一定要精细加工，结合地方特点，塑造生动、鲜明且可信任的政府角色。贴近民众生活，提供高质量的传播内容。

2. 优化议程设置，进一步提高政务微信公众号的运营水平

除了关注政务微信公众号发布的内容与形式，也要注重其运营过程中存在的可完善空间。不同于传统的大众媒体或政府宣传部门，新媒体已发展成一种较为独立的、具有自身专业特点的媒体形式。因此，其运营者应具有相应的新媒体思维，不能将微信公众号简单地当成一个政策公告栏。同时，要注意推文质量的审核与话语策略的把控，尤其是在重大突发公共卫生事件的网络舆情治理中，政务新媒体尤其是微信公众平台，要扮演舆情潜伏预警者、舆情扩散引导者、舆情消退反思者的角色。[②] 运营者也要具备足够的责任意识和风险意识，以保证政务微信公众号稳定的影响力。优化议程设置，有助于进一步提高政务微信的运营水平。

"去中心化"的网络传播背景下，每一个主体都可以放大并加速信息的流动，使传播环境变得活跃的同时，相应地增加了风险性，削弱了媒体账号的生命力。立足于符合公众需求意愿的媒体角色，确保政务微信公众号的合理性，有助于稳定其影响效果，从而发挥政务微信公众号在网络空间治理的重要作用。

参考文献

王玥、郑磊：《中国政务微信研究：特性、内容与互动》，《电子政务》2014 年第 1 期。

《第 50 次〈中国互联网络发展状况统计报告〉》，中国互联网信息中心网站，http://www.cnnic.cn/NMediaFile/2022/1020/MAIN16662586615125EJOL1VKDF.pdf。

[①] 张灿、时宇石：《县级融媒体提升舆论引导力研究》，《新闻传播》2021 年第 20 期。

[②] 张合斌、张高沿：《政务新媒体在网络舆情治理中的角色研究》，《科技传播》2022 年第 16 期。

B.11
河北省县级融媒体中心对地域特色文化的传承与创新研究[*]

都海虹　张芸　杨玉婷[**]

摘　要： 县级融媒体中心作为全媒体传播体系中的重要一环，是弘扬地方特色文化、展示县（区）形象的重要窗口。河北省县级融媒体中心因政策支持、天然的地理接近性、良好的受众基础等优势，为当地特色文化的传承与创新带来传播机遇。然而，融媒体环境下碎片化传播方式的限制、县级融媒体中心缺乏地域特色文化的传播意识等，导致县级融媒体中心在传播地域特色文化时出现文化深度被消解、娱乐属性加强而文化属性弱化、地域特色文化资源未得到充分挖掘等问题。对此，县级融媒体中心要从树立文化传播意识，制定系统化、全局性的地域特色文化挖掘方案，积极打造地域特色文化品牌，加强与文化传承人的联系，辅助培养"新传承人"等维度进行路径探索，提升地域特色文化的传播效果。

关键词： 地域特色文化　县级融媒体中心　文化传承

地域特色文化反映一地的文化风貌与风土人情，意涵丰富，是当地响亮的宣传名片。融媒体时代，随着信息生产和传播方式的巨变，地域特色文化

---

　* 本报告为河北省高等学校人文社会科学研究重点项目"'媒体+'理念下县级融媒体中心综合服务平台建构路径研究"（项目编号：SD2021011）的研究成果。
** 都海虹，河北大学新闻传播学院副教授、硕士生导师，主要研究方向为新媒体传播、新闻史论；张芸，河北省社会科学院新闻与传播学研究所所长、副研究员，主要研究方向为媒体融合、县级融媒体；杨玉婷，河北大学新闻传播学院硕士研究生。

若想继续得以传承发展，就必须积极拥抱新媒介技术、搭乘融媒体时代的"快车"，实现创新性传播。而县级融媒体中心作为基层宣传的"最后一公里"，在不同媒体之间互通互融，形成新媒介立体架构，多样化的传播渠道有助于拓展地域特色文化的深度与广度。不仅如此，立足基层、引导群众、服务群众、具有浓厚地域氛围的县级融媒体中心与传播对象之间具有共通的文化意义空间，使其在弘扬与传播地域特色文化方面具有得天独厚的优势。

一　县级融媒体中心给地域特色文化的传承与创新带来发展机遇

（一）地域特色的内涵

地域通常是指一定的地域空间，是自然要素与人文因素作用形成的综合体，不同的地域折射出不同的地域文化，从而形成别具一格的地域景观。中国地大物博，不同地域的历史渊源、生产活动、风俗习惯反映了不同的地域文化，从美景、美食到人文景观、地方特产都有别样精彩。这些独特的文化久而久之成为当地的专属符号。例如古徽州的徽商文化、极富地域特点的闽南语系、北京的京戏文化、淮南的豆腐文化等。

地域特色反映的是特定地理区域人群的生产生活，充分挖掘地域特色是弘扬中华文化的内在要求，也是实现区域发展的重要途径。河北省地貌复杂多样，孕育了丰富的特色文化资源，如河北承德避暑山庄是清代皇帝夏季避暑和处理政务的场所，皇家文化、宗教文化等在此融合，形成多元且独特的地域特色文化——"大避暑山庄文化"，为承德乃至河北省的发展贡献力量。除了自然风貌，风俗习惯也是反映地域特色文化内涵的切入口，作为有着燕赵文明的中原文化发祥地之一的河北，各地区生活习俗各有千秋。保定市、沧州市河间一带的特色名吃"驴肉火烧"、承德的"八大碗"和"平泉羊汤"、邯郸黄粱梦镇农历正月初十的"拾子会"、燕山山区除夕深夜的转椿树等，各地区积淀的民俗文化形成了独具特色的燕赵文化，丰富多彩的地域文化符号为挖掘地域特色提供了支撑。

河北省县级融媒体中心要善于利用本地特色文化资源，不断深挖其内涵价值、梳理其发展脉络，将经典文化与新兴技术融合创新，创造出符合地域特色的新闻产品，助力河北省各地特色文化的弘扬与发展，以此提升地域知名度、带动地域经济增长。

（二）县级融媒体中心传播地域特色文化的优势

1. 政策加持

2018年8月21日，习近平总书记在全国宣传思想工作会议上提出，要"扎实抓好县级融媒体中心建设，更好引导群众、服务群众"①，将县级融媒体中心建设上升到国家战略高度。让县级融媒体中心跟上时代步伐，不仅有助于党和政府的声音及时传到基层，也有助于县级融媒体中心盘活各项资源，实现功能拓展。县级融媒体中心具有更高的权威性，掌握一手的地域人文资源和便捷的发布渠道，能够进一步让县域文化"走出去"，为中华优秀传统文化增砖添瓦。

2019年8月13日，科技部等六部门联合印发了《关于促进文化与科技深度融合的指导意见》，该意见明确指出要利用物联网、云计算、人工智能等新技术对公共文化服务和文化产业进行全方位、全链条的改造。技术层面的深度连接与融合，使县级融媒体中心可以对地域特色文化进行内容生产及传播手段的创新，例如，河北日报与8省省级党报客户端进行联动，推出两会融媒体系列报道《做优秀传统文化传承者》，稿件融合了H5、海报、手绘等多种形式，内容扎实丰富，创新了"历史文化保护与传承"这一主题的报道形式，增强了地域特色文化的传播声势。政策还指出，要推动人工智能技术在文化领域的深度应用和创新发展，利用VR（虚拟现实）/AR（增强现实）技术实现内容传播精细化与沉浸化，这进一步为传播地域特色文化搭建了技术平台，县级

---

① 《习近平出席全国宣传思想工作会议并发表重要讲话》，中国政府网，2018年8月22日，http：//www.gov.cn/xinwen/2018－08/22/content_5315723.htm？tdsourcetag=s_pctim_aiomsg。

融媒体中心可以借助人工智能、航拍、H5、VR、AR 等新技术,围绕本地特色,创造高质量、精品化的内容,从而促进地域特色文化的创新性传播。

2. 传播主体与传播对象文化认同的一致性

在地域特色文化的传播过程中,县级融媒体中心作为传播主体,自诞生以来就一直受本土特色文化的熏陶,对当地文化资源了解更具体、理解更深刻,因此在推广和传播地方文化精品方面有着得天独厚的优势。河北历史悠久,具有丰富的人文资源和深厚的文化底蕴,地理空间的接近性使得当地县级融媒体中心不仅能够充分了解和感受地域特色文化的深刻内涵,在传播地域特色文化时让传播主题向地域特色靠拢,还能知晓如何满足人们对传统与新媒介技术相结合的期待。

传播对象对本地特色文化产品会有更强的认同感与更高的期待值,含有本地特色文化的内容产品更能吸引他们的注意力。当地受众对地域特色文化发自内心的拥护与认同,便于媒体整合资源、激活基层舆论文化,这也成为县级融媒体中心挖掘和推广地域特色文化有力的"王牌"。另外,在施拉姆选择的或然率(选择的或然率=报偿的保证/费力的程度)作用下,具有地域特色文化的内容产品或许更符合当地居民的信息需求心理,选择阅读欲望也更强烈,县级融媒体中心作为传播的"最后一公里",往往能深耕地域特色文化、挖掘出更贴近当地群众的传播形式,让地域特色文化的宣传事半功倍。如滦南县县级融媒体中心为传承当地非物质文化遗产,复排《乾坤福寿镜》《花为媒》等优秀传统评剧,举办评剧票友大赛、文化节等,以当地群众喜闻乐见的方式推进特色文化在县域内的传播,唤起时代记忆,引发群众共鸣,提升特色文化在县域内的影响力。

传受双方拥有共通的意义空间,会更易于触发受者的信息接受倾向。传播过程中,具有本地特色文化的新闻产品容易唤醒尘封的集体记忆,双方能够产生情感共鸣和形成观念认同,从而提升传播效果。本尼迪克特·安德森曾指出,方言是共同体想象非常重要的催化剂。县级融媒体中心与当地居民在语言建构、行为规范等方面都拥有共同记忆,其传播地域特色文化的过程也是固化共同体的过程,在打造地方传统文化精品、推广地方特色文化方面无疑能够达到更好的传播效果。

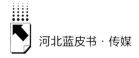

3.融媒体传播拓展地域特色文化的深度与广度

县级融媒体中心统筹整合报刊、广播、电视、网站、"三微一端"等多种媒介资源，形成的矩阵式传播体系，横纵交织，拓宽了地域特色文化的传播渠道，将地域特色文化与不同的传播渠道相结合，根据不同平台的内嵌特点打造符合当下受众偏好的作品，扩大了受众覆盖面。例如，河北省香河县融媒体中心在 2020 年 9 月 16 日首次尝试通过"智慧化平台+网络直播+云会议+云展览+云导游"的全新方式，8 小时不间断直播，展示香河特色文化，助力香河县文化旅游产业发展。辛集市融媒体中心的"辛集发布"微信公众号多次以图文、视频等方式介绍当地非遗文化产品"农民画"，引进3D 喷绘技术，将农民画优秀作品数字化，集创作、交流、培训、电商等于一体，推动农民画走向产业化道路。跨媒体联动的传播方式，既能扩大地域特色文化传播范围、拓展文化传播广度，又能提高信息的可信度。融媒体中心立体化的传播结构，在助推当地的旅游产业、促进乡村振兴的同时，为地域特色文化的宣传提供了有益思路。

融媒体时代，媒体数字化与智能化融合程度将不断加深，云计算、大数据、人工智能等信息技术的广泛应用，为县级融媒体中心的建设与发展开辟了新的空间，也使得原有的媒体生态圈、信息生产与传播形式被重构。日新月异的媒介技术不仅使县级融媒体中心功能更加多元，也让其在挖掘、整合地域文化资源，提高传播速度的同时，拓宽信息的呈现维度，给受众带来视频、直播、VR 等不同形式的信息体验。如河北省辛集市融媒体中心的"辛集发布"微信公众号开辟的爱国主义教育网上展厅板块，综合运用 GIS、VR 等新技术，数字化全景呈现辛集皮毛文化博物馆、公木纪念馆、烈士陵园、王口村史馆等当地特色文化资源，让群众能随时随地云游爱国主义教育基地。

二 县级融媒体中心传播地域特色文化的困境

（一）县级融媒体中心缺乏对地域特色文化的传播意识

在新媒体时代，地域特色文化想要得到传承与创新，进一步焕发生机活力，就必须积极拥抱新媒介技术，利用多样化的传播渠道，走出县域，面向社会。然而，如今很多县级融媒体中心尚缺乏把本地特色文化"带出县域，传向世界"的传播意识，导致一些特色文化资源被掩埋，只局限于地域之内，不能有效地得到传承与发扬。河北省特色文化资源尽管丰富，但缺乏系统的产业政策规划，在文化产业布局、发展规划、成功经验推广等方面缺乏正确的引导，导致部分地区文化产业结构同质化，难以形成特色文化产业链，对地域特色文化的传播造成阻碍。例如，沧州段大运河文化遗产形式多样、数量众多，在沧州段沿线的各县（市）均有分布，但沧州市融媒体中心在传承当地的特色文化资源过程中较为封闭，未树立创新传播意识，各个遗产点及景区之间未构建统一的运河文化遗产宣传体系、缺乏区域联动意识。大运河旁的清风楼与其周围的正泰茶庄、沧州文庙、清真北大寺等之间就没有形成联合式介绍宣传，导致外界并不清楚这些文化遗产之间的关联，难以充分发挥沧州大运河文化的整体优势，不利于当地特色文化的保护与宣传。此外，沧州段虽是大运河河北段的代表，文化特色突出，但沧州段的运河文化只在本区域略有名气，在沧州之外知名度较低，若想弘扬大运河文化，提高知名度，沧州市县级融媒体中心必须要明确宣传方向，精准定位，采用多种方式，围绕地方特色广泛传播，讲好本地故事，传播好特色文化。县级融媒体中心缺乏对当地特色文化的传播意识，进而造成文化保护与传承的困难，如何有效整合当地名胜古迹、民间工艺、名人传说等具有鲜明特色的地域文化资源，加大特色文化宣传力度，各县级融媒体中心还需要进一步研究和探索。

（二）碎片化传播方式的限制

在加快构建融为一体、合而为一的全媒体传播格局的背景下，移动短视频已成为县级融媒体中心建设不可忽视的新媒介与新场域，尤其是近年抖音、快手等短视频平台的井喷式发展，打破了动态传播的壁垒，改变了部分地域特色文化静态传播的现状，视听结合的传播方式更易获得大众青睐。如抖音在 2019 年推出的"非遗合伙人"计划，截至 2020 年 5 月，1372 项国家级非物质文化遗产项目中，抖音涵盖 1318 项，皮影戏、雕漆、竹编等濒临消失的特色文化通过抖音重回大众视野。但是，短视频的长度一般在 15 秒，最长也不超过 5 分钟。为了符合短、平、快的传播特点，原本复杂的特色文化内容经过剪辑被拆解为碎片化、零散的信息，地域特色文化具有深度的知识体系在短视频传播中往往以更浅层化的方式呈现。这种方式虽然有助于缓解冗长的文化内容给受众带来的枯燥乏味，加快了地域特色文化的传播，但在一定程度上削弱了内容的整体性，很难让习惯于浅阅读的年轻受众通过几个精简的片段就感受到一种文化的精妙，这无疑消解了地域特色文化的深度。

此外，在大众娱乐时代，为了吸引受众眼球、提高关注率，短视频创作者在创作地域特色文化相关视频时，需要在一定程度上迎合受众的阅读兴趣与消费心理，使文化产品内容更符合网生化叙事语态。这导致传播地域特色文化的视频娱乐属性被加强，迷因式传播（由于互联网存在低门槛、开放性、交互性等特点，一些传播现象很容易自我复制）、感官刺激、猎奇主题等成为某些创作者留住受众的有效方法，而地域特色文化本身的文化属性则被弱化，给地域特色文化的传承与创新带来阻碍。

（三）挖掘力度有待加大，缺乏具有鲜明特色的文化品牌

当前，县级融媒体中心对本地特色的县域传统文化挖掘、转化和开发力度仍有待加大，没有做到因地制宜地出台相应的发展规划，缺少对地域特色文化资源内在美的深入挖掘和时代特色的深度注入，只限于表面宣传。燕赵文化内容丰富，其中有很多富有大众娱乐性、表现力强的文化资源，比如河北梆子、井陉拉花、吴桥杂技等民间曲艺，衡水内画、蔚县剪纸等民间艺术，耿村故事、邯郸历史典故等民间文艺，适合本地县级融媒体中心深入挖掘传播，但目前来看县级融媒体中心对这些文化资源利用不充分，打造鲜明地域特色价值的文化品牌较少。此外，转型期的县级融媒体中心更愿意深耕基层舆论引导和信息综合服务这两个领域，对于文化资源的挖掘意愿并不强烈，也缺乏足够的人力和财力打造县域文化品牌这项系统性工程，导致县

级融媒体中心在打造文化品牌的过程中出现同质化严重的现象，主要体现在以下方面。其一，宣传内容的同质化。河北省县级融媒体中心通过网站、微信公众号、短视频等方式进行地域特色文化宣传，但信息表述方式相似，网站的板块也多由景区概况、旅游路线或几张景区图片构成，缺乏根据各地区量身定制的宣传内容。其二，县域文化品牌的创新度不高，个别地区甚至出现相互模仿、雷同等现象，定位不准确，未能结合自身优势培植有辨识度和特异性的文化品牌。如何尽快摆脱同质化的束缚，从同类型县级融媒体中心脱颖而出，是今后县级融媒体中心传播地域特色文化时需要重点考虑解决的问题。只有塑造"一县一品"的品牌形象并对外传播，县域特色传统文化的传承与保护才能更有针对性，更吸引受众，在全媒体时代更加凸显价值。

（四）传播内容单一，尚未实现地域特色文化现代性转化

县级融媒体中心若想弘扬地域特色文化，在传播内容方面就要做到动态塑造，确保与时代发展、受众需求同步。但实际情况是，河北省地域特色文化虽然丰富，却鲜有具体文化内容产生广泛影响力，人们提到河北，除了几个极具影响力的文化古迹外，似乎没什么非去不可的景点，对河北省地域特色文化也仅限于听过名字，对其内容缺了解。在某种程度上，这与地域特色文化的传播内容、传播方式尚未实现创造性转化和创新性发展息息相关。例如，河北红色文化传播仍以宣教信息输出模式为主，传播内容依然多为一成不变的主题演讲、红色文化演出等，与受众需求之间存在偏差，无法调动受众的主动性与参与性。部分县级融媒体中心特色文化的传播内容只是照搬文化典籍或古代礼仪等内容，通过融媒体渠道传播出去，缺乏与现实世界的有效连接，传播内容不尽如人意，不利于地域特色文化的传播与呈现。另外，传统文化典籍中蕴含的价值观精华与糟粕并存，部分传播者缺乏理性思辨能力，有的甚至为了迎合受众和市场的娱乐化需求，扭曲化解读，缺乏融合创新和现实观照，有损当地的文化形象。

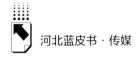

（五）传承人老龄化严重，文化传承陷入断层危机

文化传承人对地域文化的传承与发展有较强的历史责任感，但优秀的民间文化传承人大多年岁已高，有些甚至已离开人世，我国向联合国教科文组织申报的 6 位剪纸大师，在短时间内相继去世 4 位，剩下的两位也已年过八旬，许多优秀民间文化随着老一辈优秀传承人的辞世面临失传或即将失传的隐忧。① 在河北省国家级传统戏剧类非遗代表性传承人中，年龄在 80 岁以上的有 15 人，70~80 岁的有 17 人，60 岁以上的有 43 人，占总传承人数的 82%，文化传承人老龄化现象十分严重，很多地方特色文化以家族式传承方式为主，如魏县四股弦有近 200 年历史②。随着造诣较高的戏剧演唱者相继去世、新一代四股弦艺人迫于生存压力而转行等现实问题的出现，很多表演绝技和传统剧目失传，传承新生力量严重不足。传承人老龄化、文化传承断层等现象，极大阻碍县级融媒体中心开展地域特色文化传播工作。因此，如何密切与地方优秀文化传承者、民间艺术家的联系，运用数字技术与专业设备对传承项目及传承人进行图文、音视频等数字形式的记录、存储，辅助培养后备传承人，是各县级融媒体中心亟须提上日程的重要课题。

三 县级融媒体中心传承与创新地域特色文化的路径

（一）树立特色文化传播意识，横纵结合打破空间壁垒

要想通畅地域特色文化的传承与创新之路，县级融媒体中心首先要摆脱旧有观念束缚，树立特色文化传播意识，上下兼顾、统筹全局，最大限度地盘活手中的资源。应该清楚地认识到新媒体具备传播速度快、辐射面积广、

---

① 安学斌：《民族文化传承人的历史价值与当代生境》，《云南民族大学学报》（哲学社会科学版）2007 年第 6 期。
② 根据 2007 年、2008 年、2009 年、2012 年、2018 年《国家级非物质文化遗产代表性项目代表性传承人》名录整理。

互动性强等优势，大力借助新媒体技术对当地独具特色的文化资源进行深入挖掘、有力宣传和正面报道，提高当地特色文化的知名度。

此外，地域特色文化不能仅满足于在县域内传播，要不断交流和借鉴，通过横向交流和纵向延展的方式将优质基因传播出去，打破文化传播的空间壁垒。"横向"，即与其他地区的县级融媒体中心相互交流特色文化的传播策略、借鉴其他地区的优秀成果等；"纵向"，即借助融媒体矩阵式传播结构，实现本土文化的全局性传播，突破传统的宣传方式，扩大传播范围，由此实现地域特色文化的振兴。例如，香河县融媒体中心在发展的过程中，坚持科学应变、主动求变，依托香河融媒体百万粉丝号，为本地特色农产品推广引流，为丰富拍摄场景，融合拓展了香河农耕教育基地、安平镇北运河文化公园、刘宋镇万亩荷塘湿地公园等，大力宣扬当地的特色文化资源。其拍摄制作的大型系列历史文献纪录片《香河·印记》，被"新华社"客户端、"学习强国"河北学习平台转载。县级融媒体中心将历史文化资源与多种传播形态相融合，能够真正发挥融媒体中心在地域特色文化传播中的主导性、关键性作用，由此促进地域特色文化传承与创新。

（二）制定系统性传播方案，合理应对碎片化传播风险

为了应对新媒体时代的碎片化传播对地域特色文化完整性的威胁，县级融媒体中心借助新兴平台进行地域特色文化融合传播时，要谨慎对待融媒体所带来的"肤浅""碎片化"等传播风险，内容生产要成系列、成专题，制定系统、整体、全方位的传播方案。面对某种特色文化的"出圈"，其后续的解读与补充都要及时跟上，谨防碎片化传播形式导致人们对内容理解的片面性，使新媒体技术与地域特色文化能相互融合、共同发展，加大地域特色文化的传播力度。例如，河北省涿州市融媒体中心创作的短视频《涿州守艺人——大漆髹饰》，以保定市第六批非物质文化遗产涿州大漆髹饰技艺为创作题材，讲述非遗传承人孟鑫的精湛技艺和背后的"守艺"故事，荣获河北省网络视听优秀作品。为了进一步对涿州非遗文化的传承和保护进行深入挖掘、宣传和展示，涿州市融媒体中心的"最涿州"微信公众号、视频

号、抖音号等不断深入挖掘、拓展，打磨"涿州守艺人"系列作品，以图文、视频、直播等多种形式，从多样的角度讲述涿州非遗文化传承人的故事，力求将涿州市特色文化完整且全面地呈现在世人面前，提高当地知名度和美誉度，促进当地特色文化的传承与发展。

此外，传统媒体具有高权威性、覆盖面广、深度诠释效果好的特点，能依托文本、图片等对各地区的优秀文化进行深入解读和系统诠释，而新媒体传播高效快捷，其开放性和实时互动性能满足受众多样化传播需求。河北省地域特色文化的传播要想获得良好效益，必须找准传统媒体与新媒体的有效结合点，发挥传统媒体与新媒体各自的优势。例如，在广播电台、电视台等设置地域特色文化专题栏目，以周播的形式加强地域特色文化的深度化传播，提高受众忠诚度。同时将当地特色文化与短视频、微博、微信等平台相结合，进行碎片化传播，吸引受众注意力。只有将深度化与碎片化传播相结合，才能在此基础上真正实现媒介融合增益，实现对河北省各地域特色文化的有效传播，增强当地民众的文化自觉和文化自信。

（三）深入挖掘本地特色资源，打造特色文化品牌

县级融媒体中心要充分发挥贴近实际、贴近生活、贴近群众的先天优势，充分挖掘本地特色文化资源，以特色化形式进行宣传展示、融合创新，打造独树一帜的特色文化品牌。应认真梳理燕赵文化资源的发展脉络，充分挖掘其传播价值，可结合文旅资源开展特色项目，如河北省保定市清苑区的冉庄村，作为第三批中国历史文化名村，最大的价值和特色体现在地道战遗址和古朴的十字街街道风貌。冉庄村将地道战遗址与保定市旅游业相结合，借助当地县级融媒体中心，多平台、多形式聚力宣传当地旅游文化，打造红色旅游品牌，围绕旅游的餐饮、摄影等产业迅速崛起，在带动周边经济发展的同时加大了对当地特色文化的宣传力度、扩大了对当地特色文化的宣传范围，显著提升了冉庄村的形象魅力以及地方文化知名度。

县级融媒体中心可借助民间文化艺术，打造具有地方特色的文化品牌，如清苑区的"绣球龙灯"、高阳县的"高阳昆曲"，都可根据各自特色，将

旅游业与民间艺术相结合，优化已有资源，打造地方非遗传统文化旅游村。还可举办线上线下相结合的民俗风情艺术展，将本地特色文化融入不同的艺术作品中展出，将特色文化的相关历史或文物进行归纳，利用融媒体传播渠道进行推广宣传，助力弘扬当地特色文化。

（四）内容供给侧发力，寻找地域文化与融媒体传播契合点

优质原创内容永远是经得起理论推敲、时间检验和受众审视的"硬通货"，是媒体生存和发展的根本。县级融媒体中心在传播地域特色文化过程中，应从内容供给侧发力，坚持"内容为王"，合理设置议题，对文化资源进行创新性整合，积极寻找地域特色文化与融媒体传播渠道的契合点，主动策划对重点事件的报道，引导受众关注和重视当地的特色文化，在正确引导舆论下对其加以强调，从而在受众之间形成共识、提高受众的认同度，助力地域特色文化的广泛传播。要坚持以现代理念审视地域特色文化中的超时代价值，通过现代语言对地域特色文化内容进行符合时代的创新性解读，利用新媒体技术发展红利，为受众打造沉浸式内容体验。例如，长城新媒体集团推出的系列微视频作品"崇礼故事"，以"人"为本述说地域之情，抛开"阳春白雪"的叙事策略，侧重从普通人的社会生活对地域特色文化进行可视化呈现，体现河北文化特色。不仅如此，还尝试通过外国友人的视角，向世界展示崇礼独有的地域特色文化，《崇礼故事之冬奥"洋"使者》中的主人公墨轲是德国人，在中国生活了38年的他，以自己的亲身经历、所见所闻讲述崇礼故事、河北风采，有助于吸引更多受众关注并喜爱燕赵文化。此外，可以通过活动、比赛等方式，借助自媒体的力量，深挖民间高手和民间故事，挖掘更有特色和底蕴的传播内容，有效补充和推动燕赵文化的传播。

（五）加强与文化传承人的联系，辅助培养"新传承人"

河北省有地域特色的文化很多，但能完整地保留、传承并融入时代浪潮的少之又少，快节奏磨灭了不少传统手艺者的匠心，很多文化传承人不愿再坐"冷板凳"，文化传承与发展存在断代风险。县级融媒体中心要加强与地

域特色文化传承人的联系，及时了解其所思所想、发展困境，及时向社会推广他们的文化作品和传承故事，激发民间艺人传承与创作的热情，让特色文化不再封闭于地域内，使民间艺人成为当地特色传统文化传播的窗口与名片，吸引更多受众。如清苑区与高阳县融媒体中心都建立了与地域特色文化传承人的沟通渠道，指派专人沟通与记录，密切与文化传承人的关系，加深对地域特色文化的了解。

此外，一些地域特色文化在流传过程中受封建思想束缚，遵循"传男不传女""只限村落传承"等固腐理念，在很大程度上阻碍了地域特色文化的延续与发展，出现地域特色文化后继无人、永久失传的状况，如清苑特有的"哈哈腔"就存在演员老龄化和传承人年龄断层问题，传承发展受阻。因此，亟须创新传承人的培养模式，相关部门应大力支持和落实当地特色文化的传习活动，并提供一定的政策、资金、人力物力保障。在此过程中，县级融媒体中心应调动一切资源，辅助"新传承人"的培养，协助传承人发布招徒信息、提供培训基地，助力解决传承人老龄化、新生力量不成熟的问题。同时，利用多样化传播渠道推广当地特色艺术文化，增强年轻传承人的信心，如宁晋县融媒体中心推出的系列短视频《秒懂宁晋》，创新传统节目创作角度和手法，讲述宁晋县历史与特色文化故事，提升宁晋县特色文化的知名度与美誉度，助推当地旅游经济发展，也帮助年轻一代文化传承人重振信心，积极参与传承创新地域特色文化的工作。

（六）以县级融媒体中心为主导，促进多元主体合力传播

县级融媒体中心应立足主流媒体定位，在传播地域特色文化过程中发挥主导作用，促进多元主体合力传播。一方面，聚合各政府部门、民间团体的资源和力量，做好整体调度，充分发挥各主体作用。与传媒企业、民间团体和个人开展业务合作时积极共享地域特色文化资源数据库及文化传承人信息等核心资源，邀请社会各界合作探讨地域特色文化工作保护方案及传播方案，充分发挥参与者在文化传播中的重要作用，让民间爱好者、专家学者等多元主体合力，扩大地域特色文化传播范围，提升文化影响力。另一方面，

搭建聚合多元主体的媒体平台，真正实现多元传播主体的跨界融合。河北省县级融媒体中心要全面考量县域内其他传播主体的特点，搭建聚合县域各级传播主体的互联网平台，如微信公众号、App、短视频号、合作网站等，实现多元主体的跨界合作，当地特色文化的传播策略、内容及其传承人的数据信息可在平台集中发布，供民间团体和个人爱好者系统了解与学习各县域特色文化的历史背景、具体内涵，也可供传媒公司与文化传承人开展合作，实现更主动、更高效的地域特色文化传播。

融媒体环境下，县级融媒体中心对地域特色文化的传承与创新，是一个需要深入研究的议题。地域特色文化是地方软实力的重要体现，代表当地的风土人情和文化风貌，尤其是在新媒体时代，若能在保留地域特色文化的同时借助新媒体形式对其进行创新融合，不仅为地域特色文化的传播开拓了路径，促进地域特色文化面向全国、面向世界，还助推了当地文化产业的发展，有利于实现经济效益与社会效益的统一。因此，在传播地域特色文化过程中，县级融媒体中心应努力夯实文化自信根基，采用多平台、多形式，跨区域联动，以赋予地域特色文化更多的生命力和新活力，促进地域特色文化的传承与创新发展。

参考文献

阚宇轩、朱良志：《县级融媒体中心弘扬地方传统文化的路径探索》，《新闻世界》2022 年第 5 期。

朱宝祥：《融媒体语境下县级媒体故事化传播的探索与思考》，《新媒体研究》2021年第 4 期。

管娟：《基于地域特色的县级融媒体中心发展研究》，《新闻文化建设》2022 年第10 期。

汤启涛：《浅议县级融媒体如何"融"出县域特色——以五莲县融媒体中心为例》，《西部广播电视》2022 年第 6 期。

舒敏、杨宾：《县级融媒体中心 2.0 时代：发展模式、方向与路径》，《中国出版》2022 年第 10 期。

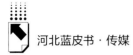

袁三省、彭晓琴：《县级融媒体对地方旅游形象塑造的研究——以重庆市合川区融媒体旅游文化传播为例》，《中国广播》2022年第1期。

李杰等：《河北省大运河文化带的融媒体建设路径研究》，《产业创新研究》2020年第20期。

潘登：《碎片化传播语境下非物质文化遗产的传播》，《视听》2020年第12期。

邢云、赵强：《关于县级融媒体中心建设的探索与实践——以河北省宁晋县融媒体中心为例》，《采写编》2022年第10期。

王英莉：《河北省民俗文化旅游资源概述》，《才智》2012年第3期。

牛凤燕：《媒介融合视域下中华优秀传统文化传播的现代转换》，《理论学刊》2018年第5期。

王多：《讲好中国故事背景下的陕西地域文化传播机制探索与思考》，《文化产业》2022年第14期。

B.12
河北省主流媒体赋能乡村振兴的
路径探索

王全领　贾蓓*

摘　要： 河北省主流媒体围绕党中央和省委、省政府全面推进乡村振兴的重点工作，通过构建立体化传播格局，打造助力乡村振兴的传媒劲旅，将新闻信息传播与服务的触角延伸到"三农"工作第一线，在展示燕赵"三农"新风貌、助力乡村振兴全过程方面可圈可点。传播格局的转型对主流媒体功能的发挥提出了挑战，河北省主流媒体应在以服务黏合受众、构建全媒体传播体系、汲取人民智慧、加强人才队伍建设等方面寻求赋能乡村振兴的突围路径。

关键词： 主流媒体　乡村振兴　全媒体传播体系

河北省是农业大省、农村大省，也是全国农民人口较多的省份之一。作为省级主流媒体，河北日报报业集团、河北广播电视台、长城新媒体集团紧紧围绕党中央和省委、省政府乡村振兴工作重心，将新闻信息传播与服务的触角延伸到"三农"工作第一线。三家省级主流媒体充分发挥传播优势，通过构建"报、网、屏、端、微、号"立体化传播格局，系统化切入河北省农村发展、农民生产生活、农业现代化提升的各个现实领域，形成助力河北大地乡村振兴的传媒劲旅。

---

* 王全领，河北省社会科学院新闻与传播学研究所副研究员，主要研究方向为新闻理论；贾蓓，河北传媒学院新闻传播学院副教授、硕士生导师，主要研究方向为媒体融合、媒介经营等。

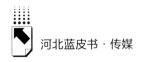

一 河北省主流媒体紧扣乡村振兴主题
构建立体化传播格局

河北省主流媒体坚持围绕中心、服务大局，以高度的政治责任感，深入学习贯彻习近平总书记重要指示批示精神和关于"三农"工作重要论述，对实施乡村振兴战略、推进农业农村现代化的重大意义进行解读、阐释与传播。围绕河北省委、省政府全面推进乡村振兴的重点工作，精心设置板块、频道、栏目、节目等，积极构建媒体传播矩阵，打造全媒体传播生态，进一步提升涉农重点领域信息的传播力、引导力、影响力、公信力。

（一）河北日报报业集团

河北日报报业集团发挥全媒体平台传播功能，着力对乡村振兴主题报道进行布局，通过《河北日报》、《燕赵农村报》（《河北日报农村版·燕赵农村报》）以及河北新闻网、河北农网等综合报、网与专业报、网相结合，权威党报与权威新闻网站相结合的优势，将党报主流权威媒体的辐射力向基层、农民、农村、农业等延伸。河北新闻网与《河北日报》重点新闻板块，对"三农"重要内容给予足够空间，河北新闻网乡村振兴板块设置"头条新闻""产业兴旺""脱贫攻坚""生态宜居""名优品牌""休闲农业""新农人""新营销"等栏目。

在保持主报主网重点新闻板块对"三农"重要内容足够重视的同时，充分发挥专版专网的精、深、细优势。在版面与栏目设置上力求涵盖乡村振兴事业的方方面面。燕赵农村报系河北日报报业集团旗下河北省委、省政府指导全省农业农村工作的新闻舆论传媒机构。其秉承"政策解读权威深入、技术指导及时有效、服务读者用心用情"的办报宗旨，围绕河北省委、省政府农业农村中心工作，服务河北乡村振兴战略，集中力量做深做美传统纸媒《燕赵农村报》（《河北日报农村版·燕赵农村报》），全员转型做精做优新兴智媒（官网微号、专微科群），先行做实做强策划报道，积极服务现代农业产业技术体系。纸媒重点突出新闻综合内容和专业技术内容，注重准确性、及时性、知识性和可读性：新闻综合版面内容涵盖"三农要闻""强农惠农""振兴故事""文明乡风""美丽乡村""民事心声""信访追踪""法治纵横""记住乡愁""百味人生""养生保健""悦览天下""乐享生活"等；专业技术版面开设了"大田作物""果品园地""养殖资讯""蔬菜科技""农资市场""农科前沿"等专栏。河北农网设置了"要闻""民生""乡村振兴""农科""学院""体系""视频·直播""美丽乡村""县域""乡风""法治""健康""文旅""金融服务""供求""电子"等专栏。

（二）河北广播电视台

河北广播电视台拥有庞大的传播矩阵，新闻、经济、交通、文艺、生活、音乐、农民、旅游文化、科教9套广播节目和河北卫视、经济生活频道、都市频道、影视剧频道、少儿·科教频道、公共频道、农民频道、三佳购物频道8套电视节目，客户端、河北网络广播电视台等新媒体。河北广播电视台坚持做强新闻宣传，塑造主流舆论新格局。强化"头条、首页、首屏"建设，调度"台、网、端、报"全媒体资源，推进深度融合，构建融媒传播新体系，所有节目向互联网和移动端转型，加大协同力度、加快融合速度、拓展服务广度。乡村振兴主题作为河北广播电视台宣传重点，在各套广播节目、各个电视频道和新媒体中占据重要地位，根据乡村振兴各阶段的重点任务和各地农村实际情况，策划推出各有关专栏专题。

聚焦全省各地、各部门干部群众在推动乡村振兴中的新进展、新成效，各地涌现的好经验、好做法以及典型人物，全景、全面、全方位展现河北省乡村振兴工作的方方面面。河北广播电视台新闻广播、新闻频道对河北经济、政治、社会、文化进行全面宣传报道的过程中始终对"乡村振兴"和"三农"工作保持高度重视和给予足够的曝光度。河北广播电视台其他各频率频道以其特色视角打造一批有关"乡村振兴"和"三农"题材的爆款节目，如河北卫视的《筑梦》和经济生活频道的《冀有好物》《我的小康生活

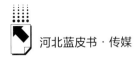

之乡村振兴有"冉"点》《谁不说我家乡好》《振兴之路》等。

作为专业频道的河北广播电视台农民频道推出了《非常帮助》《非常关注》《非常大中医》《男过女人关》《农博士在行动》《绝对有戏》《走进美丽乡村》《冀农精品》等主打特色栏目，为受众提供政策解读、市场信息、实用科技、法律服务、健康生活、文化娱乐等内容。河北广播电视台农民广播秉持"为农、帮农、富农"的经营理念，以"面向三农、服务三农"为己任，推出《"农博士"百科全说》《供求双通道》《直播"三农"》《律师说法》《梨园风》《非笑不可》等主打特色栏目。

（三）长城新媒体集团

长城新媒体集团充分发挥长城网、"学习强国"河北学习平台、冀云·融媒体平台和新媒体矩阵的传播优势，推出一批融媒精品专版、专栏，多视角、多形式展现"三农"工作和乡村振兴工作中取得的新成效。长城新媒体集团服务河北乡村全媒体新闻宣传平台河北乡村振兴频道，提供河北乡村最新动态、农业综合新闻和各区县新闻资讯，助力脱贫攻坚与乡村振兴有效衔接。长城网乡村振兴频道设置了"扶贫动态""扶贫要闻""精准扶贫""扶贫榜样""精彩专题""第一书记风采""区县展示""农业综合开发""视频播报""扶贫电商"等栏目。"学习强国"河北学习平台"乡村振兴"板块先后开设"决战决胜""小康看老乡Vlog""一线纪行"等特色频道、栏目。《河北经济日报》乡村振兴版对"三农"要闻、县域经济、智慧农业、特色产业、美好乡村、农民脱贫致富等着力进行宣传。

冀云·融媒体平台连接省、市、县三级融媒体平台，整合全省100多家县级融媒体中心资源，充分发挥省、市、县一盘棋优势，通过高度集约化、流程一体化、应用智能化，打通省级主流媒体基层宣传的"最后一公里"。充分发挥省级主流媒体和县级融媒体中心的相通优势，集团采写制作的新闻稿件、海报、H5、短视频、科普图解等新媒体作品，通过"冀云"客户端直接传送至市、县分端，为乡村振兴宣传报道添砖加瓦。

二 河北省主流媒体以精品力作全面展示
燕赵"三农"新风貌

河北省主流媒体紧扣乡村振兴工作主题，深入"三农"第一线，围绕乡土大地做文章、围绕人民群众做文章，聚焦乡村振兴工作中的新进展、新成效，各地涌现的好经验、好做法以及先进典型人物风采，进行全方位挖掘与宣传报道；推动乡村科学技术传播，为农村产业升级助力；服务农民群众对美好生活的追求；擦亮河北大地美丽乡村和优质特色产品名片；等等。一大批可圈可点的精品力作在多终端涌现。

（一）全面展现新时代乡村振兴事业中燕赵儿女的豪情壮志

乡村振兴需要"领头羊"，农村产业发展需要新理念、新思路，农民致富需要榜样的力量。这些大大小小的先进典型人物如繁星般存在于河北省每一个县、每一个乡镇甚至每一个村庄，活跃于每一片燕赵乡土大地。河北新闻网"新农人"栏目以全新的视角关注带着经验、资金、技术返乡创业的"新农人"群体。他们懂技术、有情怀、善经营、会管理，他们带来新知识、新理念，他们掌握新技术、打造新模式，是发展新型农业产业和建设美丽乡村的新鲜血液和生力军。

由河北卫视倾心打造的 5 集专题片《筑梦》，是国家广播电视总局2022 年重点节目，播出之后引发热烈反响。《筑梦》选取五组人物典型，聚焦平凡英雄；用年轻人的视角切入、贯穿，以实地拍摄与纪录片式的呈现手法，通过小故事折射大时代。该专题片以中国梦为逻辑主线，分为"绿水青山梦""强农兴国梦""文化自信梦""探索未来梦""中国教育梦"五个主题，每集从一位青年"逐梦人"的视角切入，寻访他们眼中"闪亮的名字"，透过交融碰撞的故事与心路，折射价值认同。《筑梦》深入挖掘新时代不同领域追梦、筑梦、圆梦的人物故事，突出了不同代际的"平凡英雄"在"筑梦"征程中的拼搏奋斗，展现了新时代的中国青年追

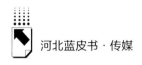

寻前辈光辉的足迹，以及两代人在"筑梦"征程中的初心与使命、理想与现实。

（二）推动以农业科学技术为先导的乡村产业振兴

新时代，农村产业发展需要科学技术作为支撑，农民群众对于专业知识、技能培训的需求十分迫切。河北广播电视台农民频道与省农业农村厅、省林业和草原局、省农科院、河北农大等紧密合作，精心打造农业科普服务类栏目《农博士在行动》。

《农博士在行动》栏目在各级政府、农业部门的大力支持下，以庞大而权威的农业专家团队为后盾，以专家与农民现场面对面地交流、专家手把手地授课为主要形式，农民频道记者现场主持，突出了服务性和贴近性。《农博士在行动》细致入微地向农民传授粮食、蔬菜、果品等种植技术以及种子、化肥、农药的选择与使用方法，养猪、养鸡、养牛、养羊和其他动物养殖技术也是应有尽有。同时，将农业科学技术、生产窍门与市场前景等有机结合，有针对性地增加了一些农业产业信息、品牌打造、生活常识等衍生内容，系统详尽地将最具有实用价值的农业科技第一时间送到广大农民群众手中，促进广大农民群众实现增产增收。

（三）描绘河北大地宜居、宜业、和美乡村新画卷

河北省气候四季分明，地理条件不同，具有宜居、宜业的硬件基础。河北省是全国地理单元最齐全的省份，平原、山地、丘陵、盆地、高原、草原、海滨、林地、沙漠等应有尽有。燕赵大地上每一个市、县、乡镇都拥有独具特色的人文风貌、历史文化遗存及农业特色产品。河北省主流媒体聚焦燕赵乡村沃野，围绕省委、省政府美丽乡村建设目标推出了众多精品内容。

河北广播电视台农民频道《走进美丽乡村》栏目，由"走进美丽乡村""帮扶第一线""生财有道"等板块组成。栏目紧紧抓住"美丽乡村"和"扶贫攻坚"两大宣传主题，宣传全省各地、各部门在建设美丽河北与精准

扶贫工作中的新探索、新经验、新亮点；引导农民群众发挥主体作用，积极主动参与乡村振兴和农村人居环境整治，把村庄建设得更加美丽、整洁；引导农民群众树立良好的生活观念、养成健康的生活习惯，营造"人居环境共治共管，美丽乡村共建共享"的良好氛围；引导农民群众创建"美丽庭院""精品庭院""致富庭院"，共同打造农业强、农民富、农村美的新时代乡村风貌，让广大农民在希望的田野上不断播种梦想，收获幸福。根据城市居民对乡村游的广泛关注和积极参与，栏目策划推出"我为家乡代言""最美民宿评选""美丽乡村游"等一系列子栏目和季播活动。

（四）加大对河北乡村特产品牌的塑造与推介力度

乡村振兴，物质条件是基础，产业兴旺是关键。河北省数量繁多的优质特色农产品需要投入全国、全世界大市场去变现。河北省主流媒体通过开设一系列精品栏目、节目，为塑造河北农产品品牌助力。

河北广播电视台与河北省农业农村厅联合开设电视专栏节目《冀农精品》，将全省范围内那些"藏在深闺人未识"的优质特色农产品呈现在消费者面前。《冀农精品》展示的农产品由河北省农业农村厅推荐，河北广播电视台主持人深入生产场地，探访那些农产品当中的"佼佼者"、最优良的品种，节目在电视播出的同时，编辑短视频进行全媒体传播，包括今日头条、抖音等大型新媒体平台，并将优秀节目积极推送至中央广播电视台及央媒新媒体客户端。《冀农精品》还在河北省农业农村厅网站、微信公众号等平台开设专栏，全方位、立体化宣传推介河北农业精品品牌。在线上销售平台推出《冀农精品》专区，为河北农产品免费开展直播带货活动，在加大宣传推广的同时带动农产品的销售。

河北广播电视台经济生活频道《冀有好物》栏目，以好物推荐的形式传播县域品牌。节目采用电视端与移动端同步播出的形式，联合《河北新闻联播》《今日资讯》栏目，"冀时"客户端、抖音、淘宝、头条、微赞、微博等新媒体平台，形成电视、网络、电商直播群多种方式联动传播。为助力乡村振兴，推出《冀有好物》、《冀有好物》乡村振兴版，融入当地元素，塑造县域品牌，突出"地方味道"。《冀有好物》乡村振兴版通过应用电商模式不断扩大节目的影响力和覆盖面，特别注重建立消费者与地方特色产业间全新的对接方式，即在淘宝等电商平台构建 PGC 矩阵，保证推介的"河北县域好物"可以实现多渠道、全时段销售。

三　河北省主流媒体联合多方资源
融入乡村振兴全过程

（一）联合政府部门、金融机构及社会力量为乡村振兴赋能

河北省主流媒体从集团层面到各子媒体、专栏专版、节目组等，加强与涉农机构合作，凝聚助推乡村振兴的合力。围绕做好河北"三农"工作，河北日报报业集团与河北省农业农村厅整合"三农"领域优势宣传资源，共同打造权威性更高、影响力更强、辐射面更广的河北"三农"工作融媒体宣传平台，为实施乡村振兴战略提供有力舆论支持。一方面，深入挖掘传统媒体在解读政策、示范引领、推广技术等方面更权威、更系统、更深刻的优势；另一方面，利用新媒体传播手段更快捷、方便、广泛的特点，合力打造"三农"工作融媒体宣传矩阵，扩大河北"三农"宣传工作的影响力和覆盖面。

河北广播电视台农民频道与河北省农业农村厅联合打造《冀农精品》以及《乡村振兴进行时》电视专栏节目，展现河北农业品牌建设，聚焦巩固脱贫成果与乡村振兴的有效衔接，并与河北省商务厅合作，连续多年进行农村电商助农宣传。

长城新媒体集团联手中国农业银行河北省分行在构建智慧乡村、服务乡村治理、助农惠农等领域开展合作探索，充分发挥各自的专业禀赋与资源优势，在媒体服务、政务服务、金融服务等方面深入合作，共同提升服务能力。一是通过平台资源共享，提升客户服务智慧化、数字化水平；二是加强在"新闻+政务服务商务"方面的合作，提升政务服务效能。

（二）深度参与在地化主题活动为乡村振兴添彩

河北新闻网举行"助力乡村振兴梦 河北特色产业行"系列活动，通过与由河北省中冀乡村振兴基金会、业内专家以及赞助方组成的助力乡村振兴调研团，深入河北省多个县域特色产业一线，聚力产业兴旺、赋能乡村振兴、推进区域品牌建设。充分发挥全媒体矩阵传播优势，立体化、多角度、全方位地宣传县域特色产业和优质品牌，提升企业和品牌的知名度与美誉度，为乡村振兴办实事，为行业发展搭建更好的平台，为助力乡村振兴、提升县域特色产业高质量发展做好宣传工作。

河北广播电视台农民频道以匠心铸精品，突出公益属性，通过举办多场特色定制活动，扩展群众基础、增加媒体流量，用极具影响力的品牌活动助力县域经济发展，促进乡村振兴。如 2022 年 4 月，开展"云赏汉牡丹 茶话新柏乡"大型网络直播活动，全国观众相聚云端，共同欣赏柏乡牡丹的国色天香、品味汉牡丹的历史文化，共谱柏乡牡丹产业发展的新篇章。

（三）通过农产品线上营销为乡村振兴增效

河北省主流媒体利用自身传播渠道与流量优势，为全省优质特色农产品做宣传、找市场、引客户，增强河北农产品的市场竞争力。

从 2017 年开始，河北广播电视台农民频道《非常关注》栏目推出了专门帮助农民销售农产品的板块。栏目为做大做强这一内容，每天推出一场助农直播"大海小丁跑销路"，出镜记者奔走在田间地头，在直播中品尝推荐、联系客商、协调物流。同时，栏目组积极组建包括 40 多家大型连锁超市、100 多个社区便利店以及社区团购大 V 和 20 万名志愿者的"心联盟"商超社区对接平台，探索出助农销售新模式。

冀云·融媒体平台举办"河北省农产品线上销售直播"系列带货活动，累计超 5000 万人次观看直播，销售额达到 1.15 亿元。"学习强国"河北学习平台积极探索"媒体+服务"助农新模式，先后推出与组织"家乡好货 我

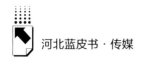

来代言"征集展示专题和公益直播活动"县长带货 爱心助农",推动解决农产品销路问题,带动全省各地农民增收 3000 多万元。

四 主流媒体助力乡村振兴的关键着力点分析

(一)加强基层服务,为乡村振兴提供基础信息支撑

融媒体信息平台在为基层党政机关、乡村、企事业单位、广大群众等提供丰富的新闻信息服务的同时,串联基层政治、经济、文化、生活的方方面面,有望成为服务乡村振兴的基础信息平台。

一是推动基层服务便利化、快捷化。媒体可以成为政务信息的公开平台和促进政群互动的连接窗口,在当好党的政策传播者的同时,当好人民群众的服务者,助力乡村治理便民服务体系建设,帮助培育服务性、公益性、互助性的乡村社会组织,夯实乡村治理的社会基础。二是促进基层服务多样化、保障化。将融媒体和智慧城市建设、智慧乡村建设等与群众日常生活要素贯通,为群众提供全方位、高效率的民生服务,实现教育、医疗、就业服务的数字化,通过与群众的互动引导群众发声,让群众无障碍地表达意见、反映诉求,切实化解基层矛盾,消除社会隐患,让民众通过融媒体参与公共事务。

(二)拓展经济服务,为乡村振兴畅通经济信息传播渠道

乡村振兴,产业发展是关键。科学技术是第一生产力,乡村产业发展需要先进科学技术的推动。主流媒体立足本地传播,强化媒体平台助农科技传播,为乡村产业发展提供科技服务。主流媒体立足本地产业发展实际,对群众需要的农业科学技术以及在生产经营过程中亟须解决的难点问题进行普及与传播,引导群众采用现代化理念和科技手段推动产业发展。

一方面,助力农业科技信息传播应用普及,推进乡村产品的品牌建设;另一方面,提升农村产业经营管理水平和推动产业转型升级,引导乡村产业

构建由分散转向集中、由低端走向高端的产业格局。同时，主流媒体通过电商、文创、节会等多种形式，提升本地产品、资源的知名度，拓展本地产业产品变现渠道，为农业提质增效、农民增收致富增加动力。

（三）深化文化服务，为乡村振兴凝魂聚力

媒体作为文化传播的重要载体，是传承与传播乡村文化的重要平台，肩负着乡村公共文化事业建设的重要使命。

一是满足农村群众文化需求。随着乡村振兴战略的推进，农村群众的精神文化需求日益丰富与多元，主流媒体深耕地域文化资源，将各具特色的地方文艺、历史文化遗产、民间故事等打造成特色乡村文化，以富有浓郁地方气息的融媒体产品满足当地农民的精神文化需求。二是为乡村振兴凝魂聚力。乡村振兴战略的重要内容之一是乡村文化振兴，主流媒体是推动乡村文化振兴的重要力量。主流媒体植根乡村大地，加强对地方优秀文化的传播与转化，增强地域文化凝聚力、影响力，助力培育自尊自信、理性平和、积极向上的农村社会精神和心态，助力培育乡村文化新业态，引领主流价值。

五 河北省主流媒体助力乡村振兴的主要困境与优化路径

在现代网络信息技术的发展过程中，多次发生突破性、颠覆性的技术创新，而每一次颠覆性的创新都会造就一个或几个"巨无霸"龙头，在互联网舆论场产生超乎想象的影响力。这些强势龙头媒体有源源不断的人才与资本加持，其技术创新能力和市场创造与开拓能力对新媒体市场竞争者造成了巨大的压力。在商业媒体平台强力渗透、国家级新媒体向下延伸、先进省市新媒体强者恒强的市场格局中，河北省主流媒体面临相当严峻的挑战。基于此，河北省主流媒体在助力乡村振兴中取得一些成绩的同时，面临较为突出的发展困境。

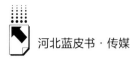

（一）河北省主流媒体助力乡村振兴面临的主要困境

1. 市场占有率不足

媒体市场占有率不足必然导致媒体在整个舆论场中的声音变得微弱。主要发轫于传统媒体的省级主流媒体在用户占有率方面虽然近年来有了显著的提高，但从绝对数量来看，与社交类媒体以及强势的省级主流媒体相比还是处于明显弱势地位。社交媒体的强关系互动加快了这些平台资讯的扩散与传播，使得社交媒体成为重要资讯通道。河北省主流媒体面临越来越多的目标受众流向头部社交媒体平台和国家级、先进省市新媒体平台的严酷现实。

2. 对目标受众的黏合力不强

黏合力不强使得舆论引领、信息传播难以快速及时。近年来，新媒体用户数量和使用习惯、占用时间向移动端转移的趋势日益明显，手机越来越成为人们社交、娱乐、获取信息的"全天候"媒介。河北省主流媒体需要重点关注和强力挺进网络视频、短视频、网络音频、网络音乐和网络文学类应用等较具黏合力的新媒体热门领域以及其他各个细分领域。

3. 媒体影响力不够大

媒体影响力不够大，便难以实现信息的入脑入心。以便利性、碎片化、高互动为特征的各类新媒体，通过综合运用各种前沿创新技术，填充了目标用户近乎全部的闲暇时间，实现了与用户生活、工作、学习与娱乐的时空伴随。在这种情况下，河北省主流媒体如何进一步提升用户认同度、增加影响力，是一个迫切需要解决的问题。

（二）河北省主流媒体助力乡村振兴的路径优化

河北省主流媒体须立足于媒体竞争的市场实践与乡村振兴的现实需求，针对自身短板，扬长避短，进行路径优化。

一是深耕服务端，坚持以服务黏合受众。

河北省主流媒体需要进一步站稳人民立场，切实拉近媒体与广大农村群众的心理距离。在生产、生活、文化娱乐、教育、医疗以及交通出行等民生领域，广大农村群众对政府提供更丰富、更便捷的公共服务的诉求越来越强烈。这就要求省级主流媒体立足"三农"第一线，增强对农业、农村、农民的服务意识。发挥省级主流媒体优势，坚持以人民为中心，对农民群众关心的问题不回避，关注农民群众物质生活、精神生活领域中的各种需求并做好服务引导，使主流媒体的信息更加入眼入耳入脑入心，产生较大影响力。

将新闻信息、政务、生产、生活服务平台精准化建设作为省级主流媒体发展的有限路径选择，尤其是政务服务平台在发展潜力方面拥有极大的优势。这是与各地农民群众生产生活息息相关、无可替代的资源，是互联网时代的一座巨大金矿。通过优质高效便捷的政务服务黏合民众，是河北省主流媒体较有可能突破最大数量级活跃用户的机会窗口。媒体有了对巨量人群的黏合，会促进政府管理与服务实现精准高效，对舆论和社会热点的引导与解决才会更及时、超前。同时，通过各种接口将各部门孤立分散的政务服务资源以及主流媒体资源整合起来以畅通政务服务渠道，运用大数据开展管理与服务的精准分析，为公众提供便捷、多元、精细、专业的政务服务，有效破解不同服务渠道之间分散割裂的难题。

二是加强全媒体矩阵建设，构建全媒体传播体系。

河北省主流媒体需要进一步发挥河北新闻网、长城网、冀云·融媒体平台、"河北日报"客户端、"冀时"客户端和各类微信公众号的融媒体信息平台优势，强化、细化、融合各类功能。依托各级党政领导部门的政策和各级媒体资源，依托成熟的平台和技术支撑，运用多种媒体表现形式和传播手段，充分开掘自身在报纸、广播、电视、网站、客户端以及各大互联网平台，包括微博、微信、直播、微视频等的传播优势，在构筑省、市、县传播渠道立体网络过程中，全方位加强从主流媒体中心到基层各个节点的传播优势。通过全媒体传播体系满足广大农村干部群众的信息需求，打造基层党员干部和农民群众的数字家园。

三是树立开放性思维，汲取人民群众智慧。

网络时代媒体信息传播的最显著特点是开放性，媒体"唱独角戏"的

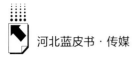

时代一去不复返。快速整合巨大的社会力量，是潜力无限的创新之源。在媒体内部，领导层要给予媒体技术人员更加宽松的政策，鼓励大胆创新，建立容错、纠错机制；在媒体外部，应着力探索通过媒体平台的开放创新，吸引大量的媒体传播参与者，打造主流媒体的良性生态圈。通过最大限度地撬动蕴藏于全社会的创新力量，推动媒体融合向纵深发展，不断增强内生动力，形成良性循环。

四是强化"人才是第一资源"观念，加大人才建设力度。

党的二十大报告指出，人才是第一资源。河北省主流媒体应把人才队伍建设作为当务之急，提升当前队伍素质，吸收更多优秀人才，建立科学规范的人才激励机制，激发媒体从业人员的创造性。进一步加大对从业者的培训力度，使他们早日成为全媒型、专家型人才。加强与省内外高校、科研院所、智库机构以及先进媒体的合作，建立规范化、多样化、常态化的人才培训学习机制。借助京津冀一体化的政策与区位优势，充分发掘和利用好京津冀和其他地区的高层次人才智力资源。

B.13
河北省新闻发布全媒体传播机制
与路径研究

校 飞　钱伟玲　孙航航　姜美玉*

摘　要： 全媒体环境为新闻发布工作开创了新的契机，同时带来了一些挑战。近年来，河北省积极探索新形势下新闻发布工作的有益途径，完善新闻发布的内容创新机制，健全新闻发布的资源整合机制，探索新闻发布的反馈评价机制，并创新性地提出了《新闻发布会传播效果评估技术表》，实现新闻发布工作的制度化、体系化、标准化。上述探索有力推动了河北新闻发布工作质效提升，促进了经济社会健康长远发展。

关键词： 全媒体　新闻发布　议程设置

近年来，河北省新闻发布工作取得了长足的进步，发布内容涉及重要会议、重要部署和活动、重大政策实施，以及社会关注的热点、难点问题等，在政务信息公开、回应社会热点等方面充分发挥了传声筒和沟通桥梁作用，对促进全省经济持续健康发展和社会大局稳定发挥了积极作用。

党的二十大报告指出，加强全媒体传播体系建设，塑造主流舆论新格局。与互联网技术进步和媒体融合伴生的"四全媒体"，提高了传播效率、

---

* 校飞，河北科技大学教师，馆员，主要研究方向为互联网舆论、新闻大数据分析、图书情报学；钱伟玲，河北省委宣传部新闻发布处一级主任科员，主要研究方向为新闻发言人与新闻发布实务、新媒体传播等；孙航航，河北檀谷信息技术有限公司舆情分析师，主要研究方向为新闻大数据分析；姜美玉，河北科技大学教师，馆员，主要研究方向为图书情报学。

优化了传播效果和效能。在全媒体语境下，信息传播速度快、范围广，传播过程不可控性增加，使政府信息发布和传播的有效管理难度加大、风险程度提高；研究以互联网信息传播技术为基础支撑的全媒体传播规律，加强与公众、媒体的有效沟通，实现新闻信息发布参与方的积极互动与传播体系的良性运转，建立完善的新闻信息传播体系，从而构建政府、公众、媒体三者有序互动的新闻发布机制，不断提高政府新闻发布工作的质量和水平。

一 以适应全媒体传播为导向，完善新闻发布的内容创新机制

在政府新闻发布中，发布内容是决定新闻信息传播力、影响力、公信力的主要因素，不断完善新闻发布的内容创新机制，及时发布准确、权威信息，对正确引导舆论极为重要。

（一）坚持正确舆论导向，传播河北之美

2017 年以来，河北省先后印发了《关于进一步加强河北省政务公开新闻发布工作的通知》《河北省新闻发布工作考核办法》《关于健全河北省政务公开新闻发布协调机制的意见》《关于做好政府重大政策性文件宣传解读工作的若干规定》等一系列相关规范文件，坚持当好党务政务新闻发布把关人，将"牢牢占据舆论引导、思想引领、文化传承、服务人民的传播制高点"作为核心指导思想，以社会主义核心价值观为引领，围绕省委、省政府中心工作不断创新和丰富发布题材与内容。

1. 聚焦发展主题，引导舆论

河北省各级政府每年组织召开新闻发布会、记者见面会、政策吹风会等超过千场，确保重大政务信息新闻发布不缺位、重大社会事项正面舆论氛围浓厚，加强舆论引导，广泛凝聚共识，为加快建设经济强省、美丽河北提供强大精神力量和舆论支撑。如围绕"十四五"发展规划，省生态环境厅、省水利厅、省司法厅、省应急管理厅、省民政厅等单位召开新闻发布会，介

绍了河北省各个领域未来一段时间的发展目标和任务。每年各级政府围绕经济社会发展和民生工作，发布国民经济形势、外贸进出口、工业经济运行、人社领域重点民生工作以及民生工程推进情况等相关信息，涵盖了改革发展、劳动就业、经济运行、科技创新等多个重点领域，展现了河北省各项重点、难点工作推进有序，取得优异成果的工作成效和特色亮点。这些发布的信息成功释放了强烈信号，营造了有利于经济社会发展的舆论氛围。

2. 政策解读到位，回应舆论关切

河北省通过新闻发布会回应舆情热点、社会焦点问题，主动进行议题设置引导舆论。2019～2022年，全省各级新闻发布会保持政策解读、舆情回应场次的占比不低于60%，在社会经济发展、脱贫攻坚、环境整治提升、文化旅游、民生实事等领域，进行了政策解读，回应了舆论关切，保障了群众的知情权、参与权。省政府有关部门围绕《张家口首都水源涵养功能区和生态环境支撑区建设规划（2019—2035年）》《关于加快推进养老服务体系建设的实施意见》《河北省重污染天气应急预案》《河北省全民健身条例》《河北省国民经济和社会发展第十四个五年规划和二〇三五年远景目标纲要》等超过60项相关政策进行了主题发布和政策解读，其中围绕"十四五"规划集中开展的政策解读引起了舆论的高度关注，相关政策要点得到了深度传播，赢得了舆论和人民群众的支持。

此外，在脱贫攻坚、疫情防控、教育升学、生态环境、社会保障等公众关心的热点、焦点问题上，有关部门认真收集和分析舆情信息，了解群众诉求，并通过新闻发布会回应舆论关切、传递政府声音、引导热点舆情。如2021年石家庄实现空气质量综合指数"退后十"的目标，这一历史性的成绩受到媒体和公众的高度关注，在"河北省全力推进大气污染综合治理工作"新闻发布会中，石家庄市生态环境部门负责同志介绍了石家庄市在治理大气污染工作中采取的经验措施，回应了社会关切。同时，研判到臭氧已成为多地夏季主要污染物，臭氧污染逐渐跃升为公众关注焦点，专家在会上对臭氧污染进行解读分析，并提出切实可行的防治措施，帮助公众了解臭氧污染知识，科学防治臭氧污染。又如在"河北省'三夏'生产"新闻发布会上，发布单位统筹疫情防控和"三夏"工作，采取保障农机畅通、防范疫情传播、做好服务保障等一系列措施，确保疫情防控安全、夏粮颗粒归仓、秋粮种足种好、高质量完成全年粮食生产任务。

3.传递政府好声音，展示河北新形象

为提高新闻发布会的宣传效果，河北省积极与媒体开展沟通，协调媒体参与有关新闻发布会的报道。一方面，发布机构努力增强应对突发事件尤其是重大突发事件的主动发布意识和能力，加强和规范突发公共事件新闻发布工作，及时、准确发布突发公共事件的有关信息，澄清事实，解疑释惑，主动引导舆论，最大限度避免、削弱和消除突发公共事件造成的各种负面影响，使新闻发布工作更加适应时代要求、更加契合受众需求，不断提高新闻发布的传播力、引导力、影响力、公信力；另一方面，媒体机构努力创新和丰富新闻发布表达方式、传播形式，使正面声音传达更积极、政策解读更深入、舆论引导更有效，让全面深化改革的河北声音更响亮、河北故事更动人、河北力量更凝聚。

2020年是脱贫攻坚决战决胜之年，省政府新闻办组织了"决战决胜脱贫攻坚"主题系列新闻发布会（见表1），深入宣传省委、省政府关于脱贫攻坚的决策部署，重点发布全省上下坚决打好打赢脱贫攻坚战的亮点成就，更好地凝聚广大干部群众迎难而上、决战决胜的强大动力。

表1 2020年河北省政府新闻办"决战决胜脱贫攻坚"主题系列新闻发布会

日期	发布主题
4月21日	河北省解决区域性整体贫困
6月28日	河北省脱贫攻坚兜底保障推进情况
10月16日	河北省聚焦"两不愁三保障"如期高质量打赢脱贫攻坚战
10月22日	河北省优化卫生健康服务 打赢健康扶贫攻坚战
10月27日	河北省打赢教育脱贫攻坚战 实现"义务教育有保障"目标
11月12日	河北省高质量发展扶贫产业
11月26日	河北省人社系统稳岗就业扶贫工作
12月10日	河北省"脱贫攻坚交通先行"一线典型人物
12月14日	河北省脱贫攻坚兜底保障情况

2022年8月9日,中共河北省委举行"中国这十年·河北"主题新闻发布会,中共河北省委书记倪岳峰,中共河北省委副书记、省长王正谱出席,介绍了党的十八大以来,河北各项事业取得的历史性成就、发生的历史性变化,总结强调十年砥砺前行,在新时代书写的河北答卷。发布会相关信息近万条,直接阅读量(浏览量)达到3.56亿次,媒体、自媒体一致称赞河北这十年取得的成绩。

(二)落实舆情研判机制,确保内容筛选低风险、无风险

河北省新闻发布工作近年来逐步建立和完善了舆情研判机制。2020年,中共河北省委宣传部、河北省人民政府办公厅联合印发《关于进一步规范全省新闻发布工作的通知》,强调要增强风险防范意识,建立健全新闻发布会前舆情信息收集、会商、研判、评估机制,通过对突发、热点舆情信息的收集整理,做好发布会前的分析研判、沟通交流,严格掌控发布会审批程序、发布时限和操作规范,做好内容把关,坚决避免发布不当引发舆论炒作。

一是加强日常舆情监测,委托第三方机构对河北省社会经济发展以及民生领域舆情信息进行实时监测,发现敏感和群众反映强烈的相关信息,及时与有关部门沟通。二是完善新闻发布会前舆情研判机制,借助大数据加强舆情信息收集和研判,对确定发布主题(议程设置)、发布形式(有效性)、发布人(权威性)、发布文稿(敏感信息)和选择发布时机、发布平台、发布地点(针对发布重点人群)等新闻发布诸要素逐一进行分析研判,根据宣传口径和发布主题确定发布策略,把政府想说的、媒体关注的和公众关心的要素结合起来,让该热的热起来、该冷的冷下去、该说的说到位。三是加强新闻发布会后舆情跟踪和舆论引导,发挥主流媒体舆论引导的"定盘星"作用,重点关注宣传发布口径,并对发布主要观点和重点内容进行深度解读与阐释;新媒体对人民群众关心的、涉及百姓切身利益的具体问题依据发布口径进行回应,使发布要素扎根落地,确保发布效果。

新冠肺炎疫情发生以来,舆论关注程度极高,产生舆情的概率较大。近三年,全省各级政府共召开有关新冠肺炎疫情防控内容的新闻发布会近千

场，在各场次新闻发布会召开前，省政府新闻办邀请国家和省有关舆情专家进行舆情信息梳理，提升发布内容的针对性；进行发布会现场指导，做好充分的专业解读释疑工作；进行发布会后舆情分析，了解发布内容的网络反馈，跟进社情民意，提升发布内容的有效性。全方位舆情信息的掌控，方便新闻发布口径的拟定和答问内容的准备，增强了新闻发布的针对性和时效性，力争避免因为新闻发布产生负面舆情。

（三）统筹信息公开和舆论诉求，提供有生产价值的新闻

坚持政府信息公开和回应舆论诉求相统一，河北省严格落实《中华人民共和国政府信息公开条例》，做好新闻发布工作。坚持"围绕中心、服务大局"的工作原则，围绕重大方针政策解读、经济社会发展情况介绍、民生关注热点回应，全省各级新闻发布机构积极会商研判、精准选题，有力有序发布信息，确保政府信息公开实现最大化。一是省级新闻发布会全部要求执行"4·2·1+N"机制，政府新闻发布会不但实现了定期公布重要政策制度、主要工作部署和重大改革措施，及时、准确地向社会公开本行政区域发生的突发公共事件、预警信息及其他需要公众及时知晓的政府信息，而且大大提高了新闻发布的权威性。二是着眼公众信息诉求，聚焦人民期盼。发布内容立足政务公开要求，着眼人民群众信息诉求，从党和国家的大政方针、决策部署，到与普通百姓切身利益密切相关的医保社保、体育消费等，实现了群众在哪里，发布信息就能到达哪里，群众想知道什么，发布内容就一定有什么。三是着眼发布效果，统筹内容要素，坚持把有生产价值的新闻传递出去，让各级各类媒体能够实现有信源、有细节、有口径，并通过专业化的编辑生产，打造优质新闻产品。

二 以优化发布效果为目的，健全新闻发布的资源整合机制

2020年，中共中央办公厅、国务院办公厅印发的《关于加快推进媒体

深度融合发展的意见》提出，"逐步构建网上网下一体、内宣外宣联动的主流舆论格局，建立以内容建设为根本、先进技术为支撑、创新管理为保障的全媒体传播体系"。基于未来媒体融合和全媒体发展方向，政府新闻发布工作要针对不同的受众需求，选择最恰当的传播形式和渠道，为媒体机构和社会公众提供针对性强的信息服务，实现对舆论环境的全面、有效覆盖与正面、积极的传播效果等目标。

（一）发布信息资源整合，实现传播力效果倍增

河北省新闻发布工作在全媒体跑道上开足马力，实现了较好的舆论引导效果。发布机构对发布内容涉及的新闻信息和全部资料进行整合，在全媒体渠道发布文字、图片、音视频、直播以及H5、Vlog等信息，完整、准确地表达发布口径。同时，注重各类信息载体的优势发挥，发布新闻信息可在任意时间、空间条件下通过任意媒介平台送达需求全媒体终端，提升全部场景下的宣传效果。

组织召开新闻发布会要求新闻发布单位及时通过长城网新闻发布厅平台上传全部文字信息，省级新闻发布会全程网络直播，为媒体报道提供全部相关文字、音视频资料，方便编辑播发，提高新闻发布的传播力。其他形式的新闻发布会要求发布方为媒体机构和发布平台提供文字、图片、音视频等资料，发挥细节信息对人的情感正向激励作用。

疫情发生以来，河北省与疫情相关的新闻发布借助河北日报、河北网络广播电视台、长城新媒体等省级媒体机构的聚合传播优势，每天持续发布涉疫相关信息，依托省、市、县融媒体中心信息收集渠道和能力，把相关新闻资源整合到省级平台，统一聚合、加工成适合全媒体传播的信息载体并集中发布。同时，加强与今日头条、抖音、微博等头部媒介平台的沟通，联通基层广播、电视、新闻客户端、乡村"智慧大喇叭"等渠道，同步共享相关信息，形成上下贯通、平台间网状传播之势，打通了疫情防控新闻发布和舆论引导的末端"毛细血管"。

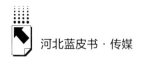

（二）媒介资源整合，新闻传播实现横向到边、纵向到底的全覆盖

尽管媒体融合使多数媒体的传播和服务功能更加全面，但不可否认的是各级各类媒体机构的受众和传播优势仍旧存在较大区别，同时自媒体尤其是网络大V的作用日益凸显。河北省发挥媒体、自媒体传播资源的作用，通过集聚传播、类聚传播、定向传播实现新闻信息知晓度、影响度的提升，使媒介系统内各种资源发挥最大效益。

1. 构建政府与媒体协作的良性互动关系，做好议程设置文章

河北省各级新闻发布机构积极构建政府和媒体的和谐关系，一方面努力满足媒体信息需求，另一方面适时邀请媒体参与发布策划，实现政府议程和媒体议程设置的一致。发挥主流媒体舆论引导作用，《河北日报》《河北经济日报》以及各市党报、晚报等印刷类媒介，采用带有思辨性的深度报道，实现对公众的舆论引导与议程设置；河北网络广播电视台、长城新媒体集团、河北新闻网，各市广播电视、网络媒体等通过高密度、快速的资讯发布和更加活泼、有趣的传播载体，丰富报道形式，实现细节信息的全量发布。借力中央媒体和行业媒体，推送覆盖全国的正面报道，提高新闻发布声量。邀请境外媒体参加重大新闻发布活动，让河北好声音传遍全球。此外，近年来越来越多种类、跨区域合作的媒体开始活跃，舆论环境越来越复杂，这表现在话题的多元性上，政府期待的主流热门话题的产生需要发布机构做足功课，与相关平台、媒体做好沟通和协调。

新媒体传播的受众群体多元化、互动性强，因此新媒体传播是政府在新闻发布过程中加强与公众交流的重要形式，受到河北省重视。如在新闻发布会召开前，预热、直播等信息通过微博、微信公众号以及新闻客户端等全媒体平台推送，实现了多渠道、多元化传递信息；在发布会后，通过将大众应知、欲知的关键信息进行筛选整合，形成以图解、视频、动画、H5等为载体的信息在新媒体平台传播，不但可以吸引流量，而且可以转变传统新闻庄重的语态，凸显政府在新闻发布中满足受众多元信息的需求。

此外，政府在新媒体平台常规类信息传播方面更加侧重于短视频低语境传播，拓宽传播渠道，扩大传播效果。如预防电信诈骗小动画，环境保护公益视频，利用动画视频向大众科普防疫知识、火灾逃生知识等，以及专家连线解读近期重大政策。同一种类不同形式的视频能够实现规模性输出，不断扩大这类信息的传播面，实现政府信息传递与公众求知需求的双向满足。

2. 健全信息通报机制，发挥官方资源库新闻信息保供作用

在社会经济发展过程中，政府依靠其职能和手段，掌握了海量的新闻资源，要发挥信息科技手段和互联网的优势，实现政府信息资源的汇总和共享，有序、高效地服务各级各类媒体。克服政府内部的条块分离情况，创建全面的信息报送、采集和分析体系，防止上下信息沟通不畅、横向部门间出现信息壁垒的状况。在各级各类新闻发布中，形成在统一口径下的权威信息汇总收集、梳理加工、统一分发，同时各地各部门注重新闻发布过程中的细节动态变化、权威数字调整等，使新闻信息和线索持续供应，确保媒体和公众了解实时进展；政府部门在大数据运用、平台终端建设、媒体资源数据库打造等方面展开广泛合作，实现信息、资源、服务共享，共同提升本地政务新媒体的内容生产能力。

3. 引导新闻信息向基层传播，提升新闻发布的知晓度、影响度

在全媒体视域下，政府新闻信息在空间中将得到最大限度地传播。河北立足"群众在哪里，阵地就在哪里"的服务理念，通过"新闻发布会+记者通气会+融媒联动发布+官方自媒体发布+广播+短信息"等渠道，实现发布内容一统到底，内容转发扩散根在基层；重视抖音、快手等短视频平台的用户规模，发挥其在基层信息传播中的作用。发挥地区、行业、部门官方自媒体矩阵优势，完善省、市、县三级网络信息发布体系，加快新闻发布内容在省、市、县、乡、村逐级扩散传播，让最想接收信息、了解政策的群众第一时间接收信息，指导其行动。发挥媒体机构作用，省级媒体、市级媒体、县级融媒体依托其传播渠道，本地化重构新闻产品，提高公众知晓度、影响度。2022 年河北省级新闻发布会信息传播媒介平台分布如图 1 所示。

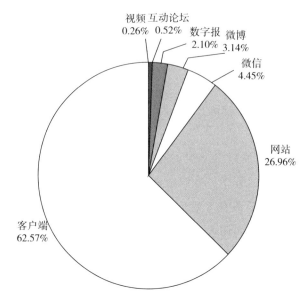

图1 2022年河北省级新闻发布会信息传播媒介平台分布

资料来源：根据新浪舆情通监测系统自主获得。

（三）发挥先进技术的支撑作用，提升媒介传播效能

随着互联网传播呈现移动化、社交化、视频化发展态势，政府新闻发布工作迫切需要加强技术创新。河北强化媒体融合的技术运用，及时将5G、大数据、云计算、物联网、区块链、人工智能等新技术融入发布信息生产、传播、服务全过程。自2021年起，省级新闻发布会全部场次和石家庄、邢台、廊坊等地部分场次新闻发布会实现了全程直播，省级新闻发布会直播在线人数稳定在200万人以上。新闻发布会的各类媒体报道中，图解、H5、微视频等形式占比较高，更适合网络传播；各级政府微博、微信公众号、新闻客户端发布账号活跃度提高，部分作品获得大量网民的转发和点赞。

整合传统媒体、政务媒体、新媒体，尤其是补足境外媒体传播短板，尝试在海外社交平台等渠道传播，实现权威信息的"报、台、网、微、端"

全媒体联动传播，形成"一次发布、即时发稿、多种生成、立体传播、持续发酵"的现代传播格局。此外，继续在传播载体上下功夫，采用视频直播、图文直播、媒体报道、图解、H5、Vlog 等适合网络传播、大众传播的载体，优化发布内容，使新闻发布实现时间上及时快捷、内容上丰富多彩、形式上生动活泼、效果上影响广泛。

（四）拓展发布主体，走出河北新闻发布厅

探索拓展发布主体范围，高效落实政府重大信息发布和政策解读，让更多地方、更多专家和基层代表走上发布台，强化互动，使服务大局"有意义"、主题发布"有意思"，让人民群众更愿意从新闻发布平台接收权威信息。2021 年，医疗专家、疾控专家在省、市两级新闻发布会上回答大家的关心和疑问，并通过个人录制小视频、制作防疫知识 H5 等方式，依托全媒体扩散传播；各地邀请人大代表、政协委员，以及先进模范人物走上新闻发布舞台，分享他们的感人故事，百姓身边的故事通过自媒体终端的广泛传播，让劳模精神更生动、更感人。2022 年 4 月，"2022 年河北大工匠年度人物"记者见面会邀请了 7 名大工匠出席发布现场，讲述燕赵大地上"河北大工匠"的不凡成就和工匠精神。此外，2020 年 9 月，"河北省海上船舶污染事故应急管理工作"新闻发布会在沧州举行，同时举行"2020 年河北海域首次船载危化品污染事故应急演习"，邀请媒体记者观摩，打破了以往以文字信息为主的新闻发布模式，展示动态的演习现场和环境，为媒体记者提供了丰富的现场感受和体验，也为相关信息通过多种媒介传播提供了更为丰富的载体。

近几年，河北省除参加国务院新闻办在北京举行的新闻发布会之外，还通过各种途径将新闻发布会搬上网络、走出河北。2020 年 4 月，京津冀三地以视频形式联合召开《机动车和非道路移动机械排放污染防治条例》实施的新闻发布会。2020 年、2021 年，河北省连续两年举办线上"中国·廊坊国际经济贸易洽谈会"新闻发布会，避免了因疫情影响新闻发布时效。

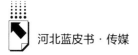

（五）着眼全媒体发展，提高新闻发言人综合素质

立足全媒体发展和新技术应用，借力国内外媒体发展和新闻传播前沿力量，建立常态化学习培训机制，提升各级新闻发言人媒介素养和新闻发布素养，促进其了解新技术、新事物，掌握新理念、新能力，掌握前沿理论指导实践的方法技巧，同时加强发布会演练，是确保新闻发布会取得成功的必要步骤。建立健全发布会流程约束机制，有效科学地组织召开发布会和网上发声，按照新闻发布会的规范和标准认真准备，了解核实情况，拟定口径编写文案，研究落实发布平台和发布人，在得到授权后发布信息。注重运用互联网，通过媒体新闻网站、政府门户网站、政务微博、微信公众号、新闻客户端发布信息，回应舆论诉求。

2020~2022年的河北省新闻发布和舆论引导培训班采取云端直播的形式（见图2），实施"互联网+培训"模式，依托冀云·融媒体平台，变"面对面"为"屏对屏"，采用5G技术，实现主会场与省、市、县级分会场云端在线、现场互动，让学员在学习融媒体时代下做好新闻发布工作等内容的基础上，感受全媒体传播的魅力。近三年，全省每年举办各级各类新闻发布培训班超过50场次，培训学员人数超过5000人次。

图2　2021年河北省新闻发布和舆论引导培训班（云上）

加强发布会演练，新闻发布会从内容、发言人团队组织，媒体、传播策略设计，以及发布会后的舆论引导，均按照全媒体传播要求细化演练方案，以实战标准锻炼发言人队伍。2021 年，河北省组织 11 个设区市和定州、辛集、雄安新区开展新冠肺炎疫情防控工作新闻发布会专项演练，各地按照要求组织有关单位模拟演练，提高了河北省应急发布的水平。

三 以提升发布水平为根本，探索新闻发布的反馈评价机制

改革开放以来，我国新闻发布制度逐渐建立和完善，目前省、市、县三级新闻发布工作已步入正轨，但普遍存在重发布、轻策划、少反馈评价的现象，组织新闻发布会的数量确实不断增多，但质量并没有得到显著提升。学习借鉴中央宣传部（国务院新闻办）对中央有关部门、各省（区、市）和新疆生产建设兵团新闻发布工作评估的做法，从 2017 年起，河北省政府新闻办邀请第三方评估机构对全省新闻发布工作进行全面评估，并将考核结果纳入绩效管理。发布效果评估主要从新闻发布会组织情况、传播效果（见表 2）、网民影响度等三个维度进行评估，评估内容包含新闻发布制度建设与完善、新闻发言人队伍建设与能力提升、新闻发布实践与活动等 12 大类近 40 个考核指标，其中新媒体发布和全媒体信息传播为评估的重要内容。对省级新闻发布工作进行单场次发布效果评估，对发布会前策划、发布现场的组织、发布会后的舆论引导效果做出客观评价；对各市新闻发布工作进行月度评估。同时开展全省新闻发布工作年度评估，每年将评估结果反馈至各地各部门。在严格考核评估的基础上，河北省加大责任追究力度，对重要信息不发布、重大政策不解读、热点问题不回应、造成严重社会影响的，由纪律监察部门依法依纪追究相关单位和人员责任。

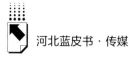

表2 新闻发布会传播效果评估

评估阶段	评估类别	评估内容
会前准备阶段	舆情收集	回应舆情情况 发布信息接近性 是否引发负面舆情
	发布辞撰写	发布口径、核心宣传词是否产生歧义 信息真实性、准确性 文体结构，重点信息突出与否
	主题设置情况	核心信息渗透力 是否包含金句等 正面宣传倾向
	嘉宾邀请	职务的权威性 发布技巧、媒介素养等技术性
	媒体沟通	记者到会数量与原发报道数量 报道口径
	会场布置	背景板设计和放置 音响、摄像等设备运行 主席台、记者座席安排 会场工作人员安排
	背景资料准备	图片、视频、实物性资料 深度采访报道线索和通联方式
会议进行阶段	主持人、发布人入场	动作、服饰等
	发布环节	发布嘉宾普通话水平、语速和口齿清晰情况 对发布辞和发布内容熟悉情况 发布技巧应用情况
	答问环节	记者提问次数和踊跃程度 嘉宾回答内容和质量 嘉宾发布技巧使用
	信息传递情况	舆情热点与发布重点关联度 主要宣传口径报道数量
	其他情况	会场秩序、各项议程进行等情况
信息传播阶段	传播数据	信息传播量 原发报道数量 媒体报道权重
	传播趋势	传播平台覆盖度 信息传播范围

评估阶段	评估类别	评估内容
信息传播阶段	舆情情绪	媒体报道态度 网民反应和观点 负面信息占比
	会后沟通效果	媒体跟踪报道数量 自媒体信息扩散量
	信息二次传播能力	关键词重点搜索引擎搜索结果

在客观评价省直部门和各市新闻发布工作成绩成效基础上，省政府新闻办加强评估信息反馈工作，每月日常评估注重技术层面反馈，指导有关部门和各地的发布选题、发布时机、信息传播技巧以提高组织水平；年度评估结果反馈侧重工作层面，将制度建设、队伍建设与能力提升、发布实践和新媒体应用等方面的发展和进步反馈给有关部门和地方，推动河北省新闻发布工作更加适应舆论环境和全媒体发展进程。

以评促建，以评促改，评建并举，重在提高。2018 年河北省、市两级新闻发布会召开场次为 573 场，2022 年全部新闻发布会召开场次达到 1054 场。2018 年省级新闻发布会平均信息传播量为 269.26 条，2022 年省级新闻发布会平均信息传播量为 753.37 条，信息传播量增加了 1.79 倍，年均增长率近 30%；市级新闻发布会信息传播量有较大幅度的提升。自媒体平台信息传播量大幅提高，网民好评率提高至 86%以上。

参考文献

唐琼：《全媒体语境下危机信息发布机制研究》，硕士学位论文，暨南大学，2012。

尚志伟：《危机情境不同阶段中政府信息发布方式探析》，《现代经济信息》2016 年第 11 期。

郑佳洵、陈博、卢火青：《冀云·河北战"疫"：打通疫情防控宣传和服务的"最后一公里"》，河北新闻网，2020 年 2 月 26 日，http：//peer. hebnews. cn/2020-02/26/content_ 7719917. htm？utm_ source＝ufqinews。

B.14

数字经济驱动下河北省主流媒体
运营模式探索*

沈　静　刘　烨**

摘　要： 2022 年河北省各级主流媒体展开了不同程度、不同层面的运营
模式发展探索。河北省主流媒体立足新发展阶段，构建新发展格
局，以河北省"数字化社会赋能者"为战略愿景，以"网络智
能化、业务融合化、产业生态化"为战略方向，通过提升技术、
内容、服务三大核心能力，实施多元发展和创新发展，打造
"数字化、移动化"的运营模式，全面运用新技术手段融入数字
经济，深度参与媒体融合，为河北省传媒产业的新增长提供持续
的动力，推动河北省主流媒体实现健康可持续发展。

关键词： 数字经济　主流媒体　数字媒介

一　数字经济驱动下河北省主流媒体
运营模式发展现状

互联网、云计算、大数据、人工智能（AI）等新技术不断涌现，以自

---

* 本报告为 2022 年河北省软科学项目"促进河北省传统文化与科技深度融合发展对策研究"
（项目编号：22557647D）、2022 年河北经贸大学科学研究与发展计划项目重点项目"5G 时代
广电媒体盈利模式重构与创新路径研究"（项目编号：2022ZD08）阶段性成果。

** 沈静，博士，河北经贸大学文化与传播学院副教授、硕士生导师，主要研究方向为新闻理
论、新闻史；刘烨，河北经贸大学文化与传播学院硕士研究生。

身所具有的便捷、开放、智能、即时等巨大优势，正在快速渗透和融入经济社会发展的各个领域。新技术的发展甚至直接催生了全新的数字经济形态，为人类社会开启了继农业经济、工业经济之后的一个崭新的数字经济时代。《中国数字经济发展报告（2022 年）》指出，2021 年我国数字经济发展取得新突破，占 GDP 的比重达到 39.8%。2022 年 11 月 9 日，习近平主席向2022 年世界互联网大会乌镇峰会致贺信时强调，中国愿同世界各国一道，携手走出一条数字资源共享共建、数字经济活力迸发、数字治理准确高效、数字文化繁荣发展、数字安全保障有力、数字合作互利共赢的全球数字发展道路，加快构建网络空间命运共同体，为世界和平发展和人类文明进步贡献智慧和力量。① 数字经济以自身特殊的机制和特征，不断改变人们的生产生活方式。在数字经济驱动下，主流媒体积极融合互联网、虚拟现实（VR）、短视频、云计算等新技术实现转型与发展，并且以新经济为机遇打造新业态、以新技术为支撑促进融合创新、以数字经济新特征为基础重构运营思维，以求最终打造具有传播力和影响力的新型主流媒体。

（一）以新经济为机遇打造新业态

2022 年 1 月，《"十四五"数字经济发展规划》对数字经济进行了权威界定。数字经济作为一种新经济形态，是以数据为关键要素，以现代互联网为主要载体，以信息通信技术融合应用、全要素数字化转型为重要推动力，促进公平与效率更加统一的经济形态。各类新兴消费形式在互联网以及数字化服务领域不断延伸的影响下持续创新。数字经济作为传媒行业增长的重要驱动力量，重塑了媒体格局与传播生态，打破了传统的媒体发展模式，不同于以往大众媒体一对多的传播模式及单纯依赖广告的单一盈利模式。在收入上，数字经济驱动加快产业延伸以及加强跨界合作，依靠社交媒体和自媒体在数字技术服务、数据变现、电商直播等网络业态方面实现收入的持续增长。

---

① 《习近平向 2022 年世界互联网大会乌镇峰会致贺信》，新华网，2022 年 11 月 9 日，http：//big5. news. cn/gate/big5/www. news. cn/world/2022-11/09/c_ 1129113557. htm。

就目前的发展形势来看，河北省主流媒体已经逐步摸索出一条适应数字化媒体运营发展的道路。数据变现方面，河北日报报业集团2021年全年广告收入约为2025万元，除了传统的报纸广告营收外，河北新闻网依靠大数据舆情监测平台以及舆情分析团队形成的一套规范化、流程化的信息采集和分析处理系统，通过数据传播态势图、情报分布图等，从海量大数据信息中实时获得决策支持情报，为党政机关和企事业单位提供舆情服务，2021年的舆情服务收入1000万元以上。①

数字技术服务方面，2021年，河北日报报业集团在河北省工信厅的指导下，对深化新一代信息技术与制造业融合发展工作进行部署，围绕河北制造业网上集中宣传推广、产品全网营销、线上线下活动、加快数字化转型四大内容，开展"冀优千品"河北制造网上行活动，成交量4万笔以上，点击量600余万次，"冀优千品"6·18、"双十一"等网络促销活动参与人数达到330万人次，实现全省电子商务的快速普及，对河北省制造业的品牌影响力起到了重要支撑作用。长城新媒体集团不断延伸新业态与关联业态，逐步实现产业发展体系完善化和业态多样化，旗下的冀云·融媒体平台通过直播宣传本土农特产品，充分发挥其电商数字化交易功能，同时依托自身平台技术优势承接市、县级融媒体平台项目。2022年"两会"期间，冀云·融媒体平台搭建云上"中央厨房"实现资源共享，为各级媒体提供智能化技术服务，实现省、市、县三级媒体"一张网"；基于云平台的搭建，实现直播、电商、票务、社交等多种服务产业链的集合，新媒体智慧化业务在营收上为总收入的一半以上，形成了新的经济增长点。河北广电网络集团依托网络、客户、渠道、业务和产业链等方面的资源和优势，利用大数据、云计算等技术，面向全省提供各类产品服务和行业信息化解决方案，涉及政务、金融、交通、教育、医疗、工业、能源、互联网、农业、商贸等多个政企单位和业务领域。如河北广电网络集团开发的"智慧党建"业务，搭建以服务

---

① 张芸、韩春秒：《2021年河北传媒业发展报告》，载康振海主编《河北蓝皮书：河北传媒发展报告（2022）》，社会科学文献出版社，2022。

党员、服务群众为主要任务的综合性智慧化党建平台，实现党群互动和民意畅达，如广平县乡村智慧党建村联网平台项目已经涉及全县 7 个乡镇和 169 个村级党支部，实现党建工作的智慧运行。

媒体电商方面，2022 年 1 月，抖音发布了"2021 年度最具区域影响力机构榜单"，河北广电 MCN 机构从全国百余家媒体 MCN 机构中脱颖而出，排名第六。作为全国成立最早的省级媒体 MCN 机构之一，河北广电 MCN 旗下各类新媒体账号近 300 个，签约账号主体为河北广播电视台（集团）播音员、主持人以及部分省内外媒体机构和媒体人，涉足短视频账号孵化、电商直播、达人 IP 孵化等领域。河北广电 MCN 机构全面打造全媒体主播账号矩阵、短视频电商账号矩阵、中视频流量变现账号矩阵等三个产品体系，整合"京津冀广电 MCN 协作体""河北广电 MCN 高校联盟"两个资源平台，由规模化发展向产业化发展迈进，打通市场，不断挖掘其中的商业价值，实现稳定的经济收益。

综合性信息传媒服务业已经成为传媒发展的一个新趋势。一方面，数字媒体的要素、产品、受众、市场甚至整个产业链在数字化的影响下逐渐趋于一体化；另一方面，互联网技术产业、移动通信产业以及传媒产业的界限逐渐变得模糊，日益走向深度融合，其他产业集群也积极与传媒产业跨界交流、联动，衍生各种新业态与新产品。

（二）以新技术为支撑促进融合创新

习近平主席在世界公众科学素质促进大会中指出，"科学技术是第一生产力，创新是引领发展的第一动力。加强科技产业界和社会各界的协同创新，是让科技发展为人类社会进步发挥更大作用的重要途径"[①]。数字经济为传统媒体提供了一个转型融合发展的新机遇。主流媒体行业紧跟数字经济变革步伐与新技术不断融合创新，在智慧和智能转型特征上持续下功夫，在

---

① 《习近平向世界公众科学素质促进大会致贺信》，央视网，2018 年 9 月 17 日，http://news.cctv.com/2018/09/17/ARTIVx0MI5VJr8MMgXoC0hfO180917.shtml。

云计算、大数据、物联网、VR、5G 等技术路径上花大气力，坚持运用新技术和新手段发掘媒体与技术深度融合发展的新动能。

长城新媒体集团就是利用新技术促进融合创新的范例。全国"两会"期间，《您的"两会 AI 助手"已上线》融媒体创意互动作品应用了 AI 和虚拟主播技术，通过 NLU 自然语言理解技术，虚拟主播"冀小青"可以呈现与真实主播相差无几的新闻效果，极大地提高了新闻生产的效率，降低了新闻制作的成本。不仅如此，AI 合成主播还可以适应多种应用场景，在 3D 虚拟背景中增强可视化以及与受众之间的交流互动，以移动化、可视化、即时化为用户带来全新体验。

"上云用数赋智"行动推行普惠性云服务支持政策和更深层次的大数据融合应用，使得主流媒体行业发挥了强大的社会服务功能。近两年，传统的信息传播方式有所改变，主流媒体行业与科技的融合和智慧化应用日益深入。2022 年北京冬奥会开幕前，河北广电网络集团在张家口赛区建设了 10 个 700M 5G 基站，在赛事期间用于 VR/AR 赛事转播、高清电视覆盖、移动端电视节目覆盖、赛区场域内的应急调度指挥，并在赛场关键点部署物联网传感器，在 5G 技术与 AI 和大数据等技术的配合下，媒体融合的结构更加契合传播环境，实现了智慧冬奥、科技冬奥，充分展示了数字时代主流媒体 5G 建设的应用成果。在未来，河北广电网络集团将全面布局智慧广电县、乡、村（社区）建设，加快推动河北省广电网络与各级融媒体中心融合拓展，打造集文化传播、区域管理、民用政用功能于一体的综合信息服务平台。

数字经济驱动下的主流媒体要实现高质量发展，必须抢占技术制高点，聚焦 5G、云计算、VR、融媒体等新技术，满足各级媒体业务需求和各类人群服务需要，实现与技术更高水平的合而为一，在信息传播、社会治理和民生服务中发挥更加重要的支撑作用。

（三）以数字经济新特征为基础重构运营思维

在数字经济时代，传统主流媒体要摸索出一套适合自身发展的运营方式，就必须利用数字经济特征重构运营思维。作为数字经济的重要部分，数字化主流媒体行业运营的本质特征就是在技术上的数字化以及在传播上的互动性。① 当前，主流媒体正在经历一个快速转变的过程。由于技术普及和智能算法介入，这个转变过程的产消者的边界变得模糊、创造分发门槛不断下降。今日头条、字节跳动等新媒体平台运用智能算法生产大量信息内容，越来越多的消费者纷纷拿起手机成为自媒体，参与信息的生产和创造，在很多重大新闻事件中发挥了独特的作用。此外，受众还利用点赞、评论和弹幕等互动方式发表想法、制造话题，实现互动，并加入新闻内容创作中，内容的生产者和消费者之间的界限逐渐模糊。

河北省主流媒体在数字经济驱动下，重新理解媒体在数字时代的三大基本要素——连接、互动、服务，构建新型的媒体运营模式，将新媒体作为转型的主阵地，将用户作为运营核心，形成特色鲜明、形态多样、可持续发展的主流媒体新型运营模式。在节目生产运营方面，河北省主流媒体不断深入了解和掌握网民的思维习惯和行为逻辑，探索满足用户在信息获取上的不同需求。

一是以互动与连接打造新型运营模式。河北日报报业集团在河北两会期间推出游戏《政府工作报告关键词对对碰》，通过翻牌记住图案样式，翻到同样的图案就会弹出相应的两会报告信息，以有趣的形式和轻松的语言抓住用户的兴趣点和注意力，在点击中更加直观、生动、高效地获取《政府工作报告》中的相关知识，保证用户留存率，实现两会报道的"破圈"传播。此外，用户的数量、参与程度、注意时长与媒体的传播力和影响力息息相关，长城新媒体凭依冀云·融媒体平台，联合百余家县级融媒体中心开展《"冀"语新生活·老乡出镜》征集活动，征集百姓心中对新一年幸福生活的期待，并用视频记录难忘的事，不仅聚拢用户注意力，将话筒和镜头给到受众，还打造与用户连接的渠道，最大化用户价值，实现拓展用户接触面的广度和用户参与的深度双管齐下的传播效果。

二是以创新表达革新生产经营模式。2022年全国"两会"期间，长城新

---

① 向坤、王公博：《数字经济时代新媒体的政治经济学分析》，《东北财经大学学报》2020年第4期。

媒体集团为适应大众接收信息的方式，在话语的范式和表达上突出年轻化和百姓化的特点，打造出观众喜闻乐见的系列报道。《长城微访丨两会"云中对"》系列融媒报道依托"90后""网红记者矩阵"，围绕"两会"期间的"热词"与全国人大代表和相关专家谈心声话发展，一起探讨如何完善相关政策制度，不仅满足了内容生产和用户消费需求，还承担了省级主流媒体应尽的社会责任和义务，为党和国家的政策落实和制度完善贡献媒体力量。

二　数字经济驱动下河北省主流媒体运营模式面临的问题

（一）数字媒介基层下沉效果亟待加强

在2018年8月21日召开的全国宣传思想工作会议上，习近平总书记提出，"要扎实抓好县级融媒体中心建设，更好引导群众服务群众"①。作为传播和引导舆论的"最后一公里"，河北省各县（区）融媒体中心在宣传党的政策方针、坚守舆论阵地、引导群众方面发挥着重要作用，亟待发展新媒体平台业务。冀云·融媒体平台自2019年10月9日正式上线以来，已为河北省147家县级融媒体中心提供技术平台支撑，省、市、县三级媒体联动，生产出一批质量精良、反响热烈、传播广泛的新闻产品，产生聚合共振效应。县级媒体虽然引入各类数字技术与应用，实现数字化转型，但不可否认的是，河北省数字媒介基层下沉效果尚未达到预期。

2015年以来，我国将"互联网+政务服务"作为助推实现国家治理体系和治理能力现代化的全新政务服务供给模式。北京、上海、江苏、浙江等省（市）积极探索，让民众感受到了公众服务的现代化、精细化和便捷化。基层政府也开始从多方面开展数字媒介基层下沉工作，如河北省宁晋县不仅打造了电视、广播、报纸、宁晋发布、宁晋融媒、冀云宁晋等"八位一体"的传

---

① 《习近平出席全国宣传思想工作会议并发表重要讲话》，中国政府网，2018年8月21日，http：//www.gov.cn/xinwen/2018-08/22/content_ 5315723.htm。

播矩阵，探索"5+X"中心融合联动服务机制，还根据基层群众意愿，搭建"百姓议事厅""书记、县长直通车"等板块征集诉求，解决群众难题。但像宁晋县融媒体中心这样的案例实为少数。放眼整个河北省县级媒体，数字媒介嵌入基层的效果还有待加强，比如，大部分县（区）搭建的融媒体中心App下载量还未达到全县（区）常住人口的1/10，基层民众对该App的了解度、使用度以及认可度远未达到理想状态。分析其原因，主要有以下两点。

其一，基层群众数字素养尚待提高。基层主流媒体期望运用与数字媒介相关的新技术达到更高阶的传播效果，但是基层群众对于智能手机等设备的使用熟练度不高，他们对数字化平台的接受能力也较弱，尤其是一些老年群体可能很难通过数字媒介获取与自身相关的信息，无法享受数字时代所带来的便捷与高效，而且很容易面临新的"数字鸿沟"问题。其二，App一般比较复杂且功能不一。数字媒介逐步嵌入人们的生产生活，给人们带来高效和便捷的同时，会出现App冗杂情况，并且数据信息尚未实现同步互通，用户只有下载各种App才能获得各种不同的功能，不仅不能提高工作效率还浪费大量时间和精力。因此，数字媒介并未在生产生活中得到充分利用。

（二）数字产业与媒体行业融合程度仍待提升

习近平总书记于2019年1月25日在人民日报社就全媒体时代和媒体融合发展举行第十二次集体学习中指出，"我国媒体融合发展整体优势还没有充分发挥出来。要坚持一体化发展方向，加快从相加阶段迈向相融阶段，通过流程优化、平台再造，实现各种媒介资源、生产要素有效整合，实现信息内容、技术应用、平台终端、管理手段共融互通，催化融合质变，放大一体效能"[①]。在媒体深度融合背景下，河北省主流媒体通过自身机制改革和创新实现多方面资源要素的整合，主动适应新技术逻辑，积极拓展信息传播空间及其维度，探索出多元跨界融合模式，以期实现媒体的全生

[①]《加快推动媒体融合发展 构建全媒体传播格局》，央广网，2019年3月15日，https：//baijiahao.baidu.com/s？id=1628071459181933241&wfr=spider&for=pc。

态布局。但是在深度融合和发展的同时，河北省主流媒体应注意数字产业与媒体行业"融合力"不足的问题。媒体融合要求传统媒体充分运用先进技术，而媒体行业完全掌握数字产业新技术的应用能力、实现"媒体+技术"有机融合的能力仍待提升。

从传统媒体到融媒体再到如今的智慧媒体，信息技术随着传统媒体数字化转型不断发展升级。但对于主流媒体行业来说，如何将大数据、AI、VR、5G等技术合理地应用到媒体，使其更好地进行媒体实践，发挥其最大能效，恰恰是媒体人要重点关注的问题。随着数字化媒体时代的来临，主流媒体行业对AI合成主播在新闻播报等方面应用的频率逐渐提高，如长城新媒体集团推出的AI虚拟主播"冀小青"受到行业内外的一致好评，但从技术内部去思考，AI虚拟主播在某些语调、儿化音以及轻重音等播报方面有一些生硬。主持风格和播报模式略显同质化，缺少多样化且个性化的新闻报道。AI虚拟主播在时间、空间上的限制较少，可以从事简单的新闻播报工作，但在深度报道和专题报道方面，其与真人主播尚存在相当大的差距。

究其原因，一方面，从传统主流媒体到智慧媒体，技术应用还是偏重于"媒体人思维"，缺乏"工程师思维"，技术系统未能有机地与应用场景融合;[①] 另一方面，主流媒体普遍存在对外部技术依赖过度、缺乏互联网思维与自主性的问题，大部分媒体人对新技术的应用也只是停留在使用层面，技术设计、升级、运营、维护等方面一般外包给相关的互联网技术公司，自主可控能力不强，很难突破技术层面与媒体有机融合的樊篱。在技术大变革的推动下，技术在媒体生态的变革中起到决定性的作用，媒体从业人员要想创新发展，首先要具有贯穿全程的技术思维，摸清技术内在规律，把握技术深层原理，从而在风云变幻的数字经济时代，为主流媒体行业创造更多的机会，争取更大的发展空间。

（三）人才队伍尚待完善

数字经济时代，主流媒体之间的博弈与竞争不单是引进资金与新技术，

---

① 任陇婵:《以数字经济赋能"新广电"产业高质量发展研究》,《声屏世界》2022年第10期。

人才更是媒体竞争的一个核心动力。哪个媒体要想在媒体融合的创新驱动发展中拔得头筹，就要想方设法地吸引和招徕更多的专业人才，建立一支迎合数字化主流媒体发展的新型人才队伍。河北主流媒体在近几年积极采取社会招聘、学校招聘、线下线上培训等方式，并完善人才培养储备机制，有的放矢地提高人才素质，以期适应数字化媒体新业态。2022年2月，河北广播电视台（集团）和河北省广播电视协会合作主办"全媒新势力，2022全媒体新人选拔大赛"，选拔具有全媒体潜力的网络主播以及有创意、有网感的全媒体人才，组成河北省广播电视台全媒体人才资源储备库。但是，像这样的得力举措并不多见，总体上看，不可否认的是河北省主流媒体的人才队伍仍有待完善。面对数字化媒体的发展需求，组建一个技术团队至少需要架构师、UI设计、前后端开发设计等交叉人才，而媒体高层次人才、新媒体技术人才仍然不足，难以满足融媒体时代发展以及智慧媒体建设的需要。

究其原因，一方面，河北省媒体行业未建立一套真正意义上的全媒体人才队伍建设机制，体制内部人员饱和冗余且非专业人员比重过高，专业人员引进渠道较窄，部分媒体甚至出现了"多人指挥，一人干活"的现象，无法满足数字经济时代下主流媒体复杂的技术发展需求，传统媒体向全媒体转型受到了极大限制；另一方面，多数主流媒体机构在人才培养模式上普遍停留在集中培训，培训的内容也大多是选题、编辑、摄影摄像、策划技巧等方面，数字经济时代媒体所要求的平台思维、大数据思维、跨界思维、运营思维较少涉及，难以形成创新且有效的人才培养模式。

三　数字经济驱动下河北省主流媒体运营模式的发展对策

（一）升维基层服务理念

在数字经济驱动下，河北省数字媒体的融合发展步伐持续加快，在几年内可以实现县级融媒体中心全面覆盖，同时应注意到，县级融媒体中心在传播手段上将"融"和"新"作为发展重心，采用了一些新技术，但忽略了媒体普适性原则，在县域尤其是农村层面，居民接触和使用数字媒介的能力未达到预期，"数字鸿沟"依然较大。因此，河北省主流媒体要进一步增强服务基层理念，从受传者的角度出发，多适应并积极引导受众的数字媒介接触与使用行为。

针对移动端 App 冗杂且功能不一的问题，多个县级融媒体中心已经出台"最多跑一次"政策，即老百姓要办事，不用像以前一样到多个窗口，在一个窗口就可以解决自身问题。宁晋县以县级融媒体中心为基础，打造了"融媒体中心+新时代文明实践中心+百姓议事厅+书记、县长直通车"统筹联动服务机制，精简机构，让多个平台在一个"容器"中发挥作用，实现办事便捷化、高效化，朝着更高质量提升服务水平的方向迈进，值得其他媒体学习借鉴。

针对基层受众素养问题，可以开展相应的数字媒介素养提升行动。鉴于基层受众数字媒介的使用习惯通常受身边人的影响较大，需要在基层设置一些数字媒介普及员，通过言传身教来实现媒介技术的推广与普及。县级融媒体中心可以定期组织媒介素养培训活动，让专业人员到社区和农村向居民、村民传授数字媒介使用技巧，切实解决群众尤其是中老年群体对数字媒介只能看不会用的问题，还可以从基层群众中选择一批学历较高、表达能力好、对新兴事物接受能力强的居民作为数字媒介普及员，通过表彰或悬赏等方式推动其对周围人群进行数字媒介使用的宣传和培养，以人际传播方式让数字媒介走进基层百姓。与此同时，利用户外大屏、大喇叭、广播电视等媒介反复推广数字媒介使用技能，快速实现数字媒介的基层下沉。

（二）以数字思维促进融合新态势

河北省主流媒体要深化数字思维，全面将新技术、新手段融入数字经济，深度参与媒体融合。媒体要想做好媒介融合，就必须用全新的数字思维理念去引导，虽然媒体与 VR、AI、大数据等技术不断融合，但这只是在边界层面上进行的拓展，部分媒体只是浮于表面结合，对技术与内容进行简单的拼接，还需要在媒介融合的深度层面不断创新。

在5G+8K、VR、AI等一系列技术的加持下，传统媒体逐渐突破以往的业务模式。例如人民日报推出的《这座图书馆里，藏着一本神奇的百科全书》互动H5作品，读者通过转动手机可以看到图书馆的天花板、地板和书架等，清晰立体地感受场景全貌，作品设置关于民事的若干问题，当读者做出选择后，提示正确答案并讲解相关知识。该作品不仅在选题上与大众生活息息相关，而且使得用户可以通过VR技术以第一视角体验新闻，在娱乐中获得知识，感受民法典的魅力。2021年、2022年，河南卫视连续凭借"奇妙游"系列节目进入大众视野并收获了超数十亿次的全网视频播放量，网友们纷纷表示河南卫视"杀疯了"，这一系列节目得到了行业内外的高度评价。河南卫视何以能"出圈"，答案不只是利用高科技与内容进行简单拼接，更是通过科技赋能实现传统文化新表达，在VR、AR、3D建模、电脑着色等技术的加持下，博物馆里的人物"复活"了，将文化魅力最大限度地展现在观众眼前，营造身临其境之感。值得注意的是，媒介融合并不意味着要过分依赖那些多样的技术手段，数字技术的运用和发展不仅要看新鲜度，还要看深度，谨防滥用技术导致信息传播的内涵遭到破坏。

除传播"内容+技术"以外，传统媒体的经营管理工作也要紧跟数字经济形势，实现经营管理的突破。不同于以往传统媒体的二次售卖商业变现模式，经营活动要从过度依赖广告向直接与用户对接并收取费用的方向发展。中央电视台总台在2021年7月推出象舞广告营销平台，充分整合总台的广告资源，灵活调配市场需求，为广大用户提供功能化、技术化营销产品及服务，如资源查询、产品订制、数据分析、效果反馈等，把握好数字化服务渠道，助力媒体达到传播与销售一体化的效果，这值得河北省各级主流媒体学习借鉴。

（三）推进跨界复合型人才队伍建设

在数字经济驱动下，媒体融合发展进入新的阶段，打造一支有创意、有

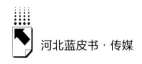

网感、有技术、懂策划、善运营、玩转互联网的跨界复合型人才队伍，成为实现河北省主流媒体多元发展和创新发展的关键。

一方面，要积极优化人才引进及管理机制。在媒体内部管理中，积极学习现代管理经验和模式，保障媒体行业人员的权益，实现多劳多得、不劳不得，打破"铁饭碗"，打造"金饭碗"，调动人员积极性。在人才引进方面，针对急需紧缺人才，简化引进程序，开辟"绿色通道"，打破人事档案、关系、年龄、专业等限制。例如全国多地制定实施的《急需紧缺人才引进管理办法》，给予经认定的急需紧缺人才数十万元以上的补助，使其还可以享受优良的医疗保障、子女入学等一系列优惠政策。

另一方面，要重视人才培养，应将目光转向复合型人才的培养。融媒体环境中，"融"的不仅是媒体，还是人才，这意味着媒体从业人员只有掌握跨学科知识和技能，才可以胜任融媒体工作。河北省主流媒体可以积极与各高校新闻传播院系合作，打造产学研合作模式，定期进入校园与专业师生形成沟通机制，更新滞后的学科知识体系，在开展专业培训活动、实施"校媒"合作的人才培养模式、实现产学结合、建立人才"蓄水池"的同时，弥补相关人才短板，推动媒体融合良性循环。2021年12月，长城新媒体集团与河北经贸大学本着"资源共享 互利互赢 共同发展"的原则，围绕品牌推广、人才交流培养等方面签订战略合作协议，搭建高校毕业生实习实训就业基地，探索校企协同培养专业人才新路径，寻求长远发展，体现出高度的战略眼光。在未来，河北省主流媒体可将合作广度与深度进一步拓展，实现"校媒"的深度合作，不断推进跨界复合型人才队伍的建设工作。

四 结语

在数字经济时代，具有强大传播力、引导力、影响力和公信力的主流媒体的运营模式，需要随着数字经济与媒体的融合不断更新和深化，以新经济为机遇打造新业态、以新技术为支撑促进融合创新、以数字经济新特征为基础重构运营思维。与此同时，要充分认识到当前媒体行业在数字经济驱动下所面临的新挑战，正视自身存在的不足，以升维服务理念、数字思维促进融合新态势，推进跨界复合型人才队伍建设，紧抓数字经济发展机遇，实现河北省主流媒体高质量、创新性发展，为实现经济强省、美丽河北做出更大的媒体贡献。

B.15
河北省公益广告的融媒体传播
与形象建构策略研究

郭毓娴　夏倩玉*

摘　要： 公益广告是展示城市文化的名片，是传播城市精神气质、塑造城市良好形象的重要途径。河北省媒体 2022 年不断加大对各类公益广告的投入力度，用心创作出了一批符合河北发展现状、展现河北文化底蕴、引导市民价值观念的公益广告作品，通过融媒体传播提升河北省城市形象的影响力。本报告在分析河北省公益广告融媒体传播现状的基础上，进一步分析了其形象建构的四个维度和现实意义，探讨了其当前的发展困境，并对未来河北省公益广告的创作及传播提出相关建议，希望在河北省公益广告传播效果提升层面略尽薄力。

关键词： 公益广告　融媒体　公益传播

随着互联网时代的到来，新媒体技术与媒介融合的飞速发展翻开了整个传播视域内容与形式的双重发展改革篇章，借助信息技术普及与即时交互的数字化传播，形成了传统媒体与新媒体并存、全媒体共促共生的局面。在新时代的融媒体环境下，全国公益广告事业迎来了崭新的发展机遇，互联网和数字化技术充分结合艺术语言与科技要素，极大地丰富了传播形式，使受众

* 郭毓娴，河北省社会科学院新闻与传播学研究所研究实习员，主要研究方向为文化传播、新媒体传播；夏倩玉，邯郸新闻传媒中心记者，主要研究方向为新闻业务、新媒体传播。

人群扩大、传播效应大幅提升。近年来，随着我国的公益广告事业进一步壮大，公益广告的题材内涵越来越丰富，内容数量显著增加、质量显著提高，传播形式越来越多元，宣传途径也进一步拓宽，形成了广泛的社会影响和良好的社会效应，得到了广大人民群众的喜爱。

我国公益广告呈现快速发展态势。《2021 全球公益广告发展报告（蓝皮书）》显示，2021 年，我国播出广播公益广告时长 56.38 万小时，占播出广播广告时长的 39.31%；播出电视公益广告时长 108.08 万小时，占播出电视广告时长的 47.82%。据测算，2021 年中国全年广播电视媒体投入的公益广告资源超过 600 亿元。《2022 上半年全国卫视频道公益广告播出数据与收视情况》显示，2022 年上半年累计播出公益广告 763661 条次，和上年相比，播出量上涨了 20%。①

为了发挥公益广告传播社会主流价值、传播文明理念、引领时代风尚的积极功能，促进全省公益事业蓬勃发展，河北省各级媒体经过精心策划，成功推出了一大批题材内容丰富、制作精美的公益广告，并获得了良好的社会效益。

一 河北省省级媒体公益广告传播现状及特征

就河北省而言，省级主流媒体作为全省宣传工作的主力军、主阵地，坚持以习近平新时代中国特色社会主义思想为指导，认真贯彻党的十九大和十九届历次全会精神，紧紧围绕迎庆党的二十大主题主线，展现经济强省、美丽河北建设丰硕成果，制作出了一批精品公益广告，取得了良好的宣传效果。

（一）聚焦主题主线，重点突出

《2022 上半年全国卫视频道公益广告播出数据与收视情况》显示，2022 年上半年，全国卫视频道公益广告播出内容主要覆盖了低碳环保、疫情防控、

---

① 《数字｜关于公益广告，你了解多少?》，"公益时报"微信公众号，2022 年 8 月 16 日，https://mp.weixin.qq.com/s/5JwUia7zPso9l_ 3m1hlV4A。

反对浪费、乡村振兴、世界读书日、2022 北京冬奥会、防火防汛、时代榜样以及防范诈骗等主题。① 2022 年，河北省省级媒体紧紧围绕重大主题、重大典型进行公益广告创作、刊登与发布，不断强化主题宣传，突出主题重点。

2022 年，河北日报发布的公益广告原则上使用的是中宣部、中央文明办和省委宣传部、省文明办统一向社会发布的公益广告以及由省委宣传部、省文明办会同省直相关部门制作，供各类媒体无偿使用的公益广告。2022 年刊发的公益广告包括新冠肺炎疫情防控知识、致敬新时代雷锋、倡导文明健康生活方式、时代楷模、使用公勺公筷、光盘行动、文明餐桌、珍惜能源、节能减排、安全生产、接种新冠肺炎疫苗、节俭养德、节约用水、节约用电、尊老爱幼传承家风、世界环境日、人与自然和谐共生等主题。此外，河北日报报业集团认真组织策划，围绕喜迎冬奥盛会、北京冬奥会竞赛项目及场馆介绍、疫情防控知识、森林草原防火、落实省委十届二次全会精神等主题制作刊发原创公益广告（见图 1）。

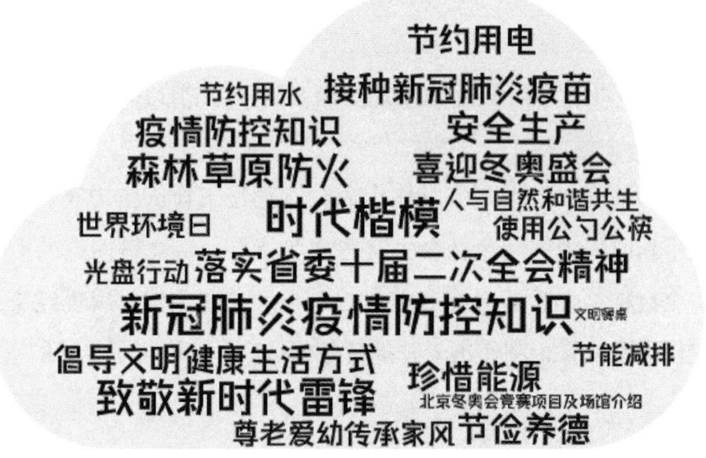

图 1　河北日报 2022 年公益广告主题词云

资料来源：河北日报为河北省社会科学院提供的宣传总结。

---

① 《数字丨关于公益广告，你了解多少？》，"公益时报"微信公众号，2022 年 8 月 16 日，https://mp.weixin.qq.com/s/5JwUia7zPso9l_3m1hlV4A。

　　截至 2022 年 11 月，长城新媒体集团刊发公益广告的内容是关于元旦、2022 年河北两会、河北省第二届网络春晚、北京冬奥会、春节、禁燃禁放宣传、全国两会、三统筹三扩大四创建、核心价值观、关爱未成年、文明健康、营商环境公告、征兵宣传、315 消费者权益日、世界水日、税收宣传月、世界卫生日、世界读书日、航天日、端午节、五一劳动节、防溺水安全提醒、研发费用加计扣除、消防宣传标语、石家庄企业家日、质量月、加快建设经济强省美丽河北、党的二十大等的宣传标语，达到同步传播社会正能量、引导公众践行社会主义核心价值观，营造美丽河北的良好氛围（见图 2）。

图 2　长城新媒体集团 2022 年公益广告主题词云

资料来源：长城新媒体集团为河北省社会科学院提供的宣传总结。

　　同时，河北经济日报围绕弘扬时代主旋律、促进人与地球和谐共生、遵守交规保证行车安全等内容，制作刊发了 4 期公益广告。

　　2022 年，河北广播电视台紧紧围绕迎庆党的二十大、经济社会发展、乡村振兴、生态环保、时代楷模、疫情防控、传统文化、文明守信等重大主题、重大典型开展公益广告排播（见图 3）。

图3　河北广播电视台2022年公益广告主题词云

资料来源：河北广播电视台为河北省社会科学院提供的宣传总结。

（二）播出常态化，传播效果佳

近年来，河北省主流媒体通过多视角、全方位、高密度、常态化的公益广告宣传报道，在潜移默化中传播文明之风，取得了良好的传播效果。

2022年，河北广播电视台按照国家广播电视总局、河北省广播电视局要求，加大对总局全国优秀广播电视公益广告作品库、省局公益广告优秀作品库作品的下载、播发力度，并将任务分解到各播出平台，常态化播出。河北广播电视台所属广播、电视、新媒体平台下载播出关于时代楷模、传统文化、文明守信、防控新冠肺炎疫情等近百部优秀作品，共播出3.3万条/次。截至2022年10月，河北广播电视台共播出各类公益广告13万余条/次，时长达11.5万分钟，其中原创公益广告（宣传片）200余条，取得了良好的传播效果、产生了较大的社会影响。

其中，河北广播电视台在"冀时"客户端中展播的"时代楷模"系列公益广告，阅读量均破万次，产生了良好的社会反响（见表1）。

表 1   "冀时"客户端"时代楷模"系列公益广告展播情况

单位：万次

展播日期	作品名称	阅读量
2022 年 3 月 4 日	【"时代楷模"公益广告展播之】美好中国年 建功新时代	1.1
2022 年 3 月 4 日	【"时代楷模"公益广告展播之】东深供水工程建设者群体	1.3
2022 年 3 月 4 日	【"时代楷模"公益广告展播之】拉齐尼·巴依卡	1.5
2022 年 3 月 4 日	【"时代楷模"公益广告展播之】刘永坦	1.5
2022 年 3 月 4 日	【"时代楷模"公益广告展播之】毛相林	1.1
2022 年 3 月 4 日	【"时代楷模"公益广告展播之】彭士禄	1.5
2022 年 3 月 4 日	【"时代楷模"公益广告展播之】吴蓉瑾	1.5
2022 年 3 月 4 日	【"时代楷模"公益广告展播之】张连印	1.3

注：阅读量的统计时间截至 2022 年 12 月 20 日。

截至 2022 年 10 月 24 日，《河北日报》2022 年刊发公益广告 89 期，合计 72.25 个版。2022 年，长城新媒体集团户外大屏共刊登公益广告图片 300余张，刊登公益广告视频 30 余个，常态化进行公益广告主题宣传，把公益广告宣传融入市民生活，确保公益广告"时时见"。

（三）融媒体传播，形式多样化、系列化

媒介融合时代，公益广告的传播渠道创新升级、日益丰富。2022 年以来，河北省主流媒体发挥内容生产和平台传播优势，创作并推出一系列公益宣传作品，包括众多短视频、宣传片、MV、H5、音频、广播、海报等全媒体公益广告作品，报、网、端、微、号、户外大屏全媒体矩阵共同发力，不断丰富公益广告的传播形式与路径。

2022 年，河北广播电视台高度重视广播电视传统媒体平台与新媒体平台大小屏互动、融合传播。在台网站设置公益广告专栏，将重大主题内容的公益广告，在广播、电视、"冀时"客户端、新媒体矩阵、微信朋友圈、IPTV等同步推出。同时创新编播方式，使公益广告制作播出多元化、系列化，公益广告选题与频率、频道定位相匹配，将全台统筹安排与频率、频道个性化编播相结合，形成整体宣传声势。如河北经济广播"北方快车 资讯速递"

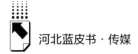
栏目，以电台音频形式推出系列公益广告，如《理性直播购物》《朋友圈里的孝心》《其实他们也是个孩子》《真英雄请勿酒后驾车》《不负青春，不负"村"》等，语言亲切生动，选题贴近群众生活，使群众喜闻乐见。

河北新闻网充分利用微博号、抖音号的短视频传播优势，连续展播了《上网冲浪，要文明!》十集系列动画公益广告，以引导广大网民文明用网、文明上网、文明兴网，以时代新风净化和塑造网络空间，共建互联网美好精神家园，得到了网民的广泛点赞、评论与转发。

长城新媒体集团充分发挥户外大屏阵地优势，按照省委和集团党委相关要求，在户外大屏定时播放公益宣传内容，使广大民众随时可在地标性建筑上看到河北的实时资讯，进一步提升主流媒体的舆论引导能力，有效地对文化事业进行宣传和引导。同时，长城新媒体集团在"冀云"客户端、长城网、微信公众号、抖音号上积极刊播系列公益广告，构建线上线下融通的公益广告传播体系。

二 河北省媒体公益广告的社会功能分析

公益广告对一个省份、一座城市来讲，是精神面貌、文化内涵的展现窗口，社会风气和人民群众的思想道德水准可以在当地的公益广告中得到展现。同时公益广告有助于凝结公众力量，唤起公众对社会问题的认知与关注，从而进一步推动公众思想道德的健康发展。河北省媒体各类公益广告的传播，同样会直接作用于河北省城市文化形象及其民众精神面貌的塑造，构建了外省群众全面了解河北省情况的新通道，进而增强本地居民的归属感和认同感。河北省公益广告的社会功能主要集中在四个方面。

（一）实现社会引导

公益广告能够引导公众的思想与行为，在提升公众的思想水平、规范公众的行为举止方面，具有一定的正向作用。通过图文、视频、音频等艺术形式展示道德规范，为提高公众素养、规范公众行为举止等提供内生动力，并时刻提醒公众在实际生活中践行这些行为规范，实现社会和公民自身的协同发展。因担负着公益使命，公益广告中有关文化、艺术、伦理等内容都具有一定的社会引导作用，具体表现在提醒公众遵守社会规范、维护社会公德、增强安全意识、自觉远离危险等，如河北经济日报制作刊发的《遵守交规保证行车安全》主题宣传公益广告、"冀时"客户端展播的《垃圾分类，生活更美》主题宣传公益广告等，有效提升了公众的社会责任感、增强了公众的道德觉悟与安全意识、规范了公众的社会行为、实现了公益广告的社会引导功能。

公益广告的另外一个重要价值在于强大的传播力和社会动员力。城市公益广告可以就某一主题事件进行全方位、各方面的创意构思，进一步发挥联动作用，将动员效果"拉满"。如河北省张家口市是2022年北京冬奥会主办城市之一，冬奥会期间，河北省各级电视台纷纷制作播出冬奥会主题公益广告，激发全省乃至全国群众的滑雪热情，使崇礼冰雪小镇的知名度不断提高。

（二）塑造公民认知

公益广告将信仰、理念、道德、价值等抽象化的意义内涵以图片、色彩、文字、影音等符号形式具象化，建构了公众对公共空间和公共性资源的认知体系，激发了公众对公共性话题和城市空间生产的讨论，激发了集体主义精神，进而唤醒了人们对城市公共空间秩序建构等的思考。这主要体现在社会规范、价值观念、义务责任等方面，是公民对城市秩序和公序良俗的正当性的认识，是对河北省公民素质的媒介展现。如河北日报推出中国这十年、加快建设经济强省美丽河北、党的二十大等相关宣传标语，《致敬新时代雷锋》《尊老爱幼 传承家风》《时代楷模》等主题公益广告，就是通过弘扬中华民族优秀传统美德，弘扬吃苦耐劳、无私奉献、艰苦奋斗、团结友善的时代精神，发挥价值导向，传播主流价值观，弘扬新风正气，激发奋进力量。公益广告通过所承载的思想意识，将不同个体的情感凝聚起来，形成巨大的融合动力，凝心聚力，推动中华民族的伟大复兴。

（三）凝结城市文化

河北省公益广告涵盖了对河北省文化、历史传统等内容的宣传。河北省文化积淀深厚，拥有丰厚的传统文化及红色文化资源。公益广告对河北省"文化强省"特色品牌的塑造与传播具有推动作用，对凝聚本地群众的文化归属感和自豪感具有重要的纽带功能。河北省媒体公益广告立足于这一文化属性，在创作过程中将中华优秀传统文化价值、河北省深厚的文化内涵与精神底蕴贯穿于每个环节，通过文字、图片、影像、音频等传播形式与受众建立情感连接，实现文化传播功能。如"冀时"客户端展播的《守一份手艺做一个匠人》《汉字书千年　文脉永流传》《文明交流　灿烂辉煌》《共同的 DNA》等公益广告，就是通过传播中华民族优秀传统文化，展现中华民族深厚的文化底蕴，进而影响人们的思想与情感。此外，2022 年河北广播电视台紧紧围绕迎庆党的二十大、经济社会发展、乡村振兴、生态环保、时代楷模等主题，排播《美丽河北》《雄安红色往事》《荣光·榜样》《最美支边人》等主题宣传片，把河北省的精神文化内涵展现得淋漓尽致，是对河北省长期的历史文化积淀、群众精神风貌的生动诠释，不断擦亮河北省"文化强省"的名片。一个城市的精神文化内核的形成不是一蹴而就的，是一个长期动态发展的过程，公益广告将河北省的历史实践与群众之间的互动通过媒介化的表达手段呈现，将城市文化凝结成为媒介作品进行传播与宣传，构建良好的城市形象。

（四）激发情感需求

高质量的公益广告往往会诉诸情感元素来引起共鸣，这份情感包括爱国情、亲情、友情、爱情等，情感诉求运用到位可以达到"牵一发而动全身"的传播效果。河北广播电视台排播《学习雷锋》《老年人接种新冠疫苗》等主题宣传公益广告，这类公益广告更加注重刻画细节和运用情感元素。《老年人接种新冠疫苗》的公益广告中，开篇通过卡通拟人化的"病毒对话"，巧妙地讲解了对于老年人病毒可能的传播途径，拉近了与受众的距离，随后针对受众关注的相关问题，由河北省健康学会副会长兼秘书长张建新、国医大师健康河北行动形象大使李佃贵、河北省人民医院老年病科主任医师郭艺芳组成的专家"智囊团"进行解答，具有很高的权威性和很强的号召力，帮助群众克服焦虑情绪。以小见大的广告风格更具真实性、感染力、震撼力，通过专家的讲解，实现对群众的思想引领和行为感召的目标。

其中，爱国情是公益广告亘古不变的主题，优秀的公益广告能够直抵人心，触及人们心底最柔软的部分，激发人们内心的丰富情感，达到凝聚情感、万众一心的效果，尤其是在灾难、困苦和考验、挑战面前，公益广告可以在短时间内实现凝心聚力的效果。例如近年来，全国人民面临前所未有的考验，大量的公益广告鼓励人民守望相助、共克时艰、勇于担当、乐于奉献。河北音乐广播推出的《共同抗疫丨一定有一天，所有的"想见"都会变成"相见"》，从母亲、孩子、爱人多个角度展现了人间真情，鼓舞人民坚持不懈、共克时艰，充分体现了公益广告强大的情感凝聚力。

三　公益广告传播面临的主要困境分析

公益广告是媒体承担社会责任的重要表现形式，随着时代的发展，公益成为重要的社会课题。当前，河北省公益广告发展已进入快车道，但在其探索与发展的背后，仍存在资金保障和管理机制滞后、传播主体较单一、受众缺乏积极性、选题创意不足、同质化严重等方面的问题，这对河北省公益广告的形象构建提出了新的挑战。

（一）公益广告资金保障和管理机制滞后

公益广告是广告的重要分支，但特殊的公益属性，决定了公益广告的主要功能并不是盈利。我国公益广告在广告总量中的占比较低，河北省媒体的广告传播同样存在此类问题。公益广告不能靠自身传播盈利，只能高度依赖政府及主流媒体提供资金来保障其运营，缺乏长期的资金支持及来源。很多企业对公益广告的认知不足，也无法预估公益广告对公共服务的长期影响，因此对长期投资公益广告的意愿不大。从广告制作层面来讲，资金保障不到位带来的最大问题就是公益广告制作质量、传播水平难以达到预期。相关部门应合理筹划对公益广告的资金投入，保证公益广告的制作水平及播出质量，同时河北省媒体可积极联络本土优质企业，调动其对省内公益广告投入的积极性。

此外，公益广告管理机制尚未成熟。我国的广告行业是由政府管理和主导的，但是并没有明确的责任划分，公益广告也就没有专门的管理办法和法律支持。此外，公益广告并没有专门的政府管理部门，仅仅以主流媒体为主要制播责任主体，难以保证公益广告的制作质量，且在管理上存在一定的死角，不利于公共服务广告的整合和宣传，公益广告的市场地位就很难确立。

（二）公益广告传播主体较为单一，公众参与度低

目前，河北省公益广告主要由政府、主流媒体及公益组织主导，在传统媒体上传播，而对于网络新媒体传播的涉足较少，同时传播主体存在一定局限性，主要是政府主导模式。首先，公益广告的新媒体实践不足。互联网及移动端的快速发展，使人们的信息接收已经进一步从大屏移动到小屏，但目前河北省公益广告在互联网领域的投放较少，投放及传播仍主要聚焦于传统媒体平台，需要进一步制作符合网络传播规律的作品。其次，河北省公益广告的传播主体较为单一。互联网的发展赋予了公众参与传播的能力，公益广告也是如此，公益广告的传播主体从理论上来讲应该是增加的，但不论是企业、学校、民间组织等还是个人，都难以厘清公共服务宣传的责任归属，并且缺乏足够的专业知识，难以制作形成传播规模的作品。为保证公益广告的多样性，应进一步鼓励各类主体参与公益广告的传播，同时各级媒体及网信等相关部门加大对公益广告的监测，做好"把关人"的角色。再次，河北省公益广告的互动性有待提高。大众是公益广告传播中不可或缺的一股力量，公益广告的传播离不开受众的支持与转发，受众间的人际传播力量不可小觑，二次转发和互动可以帮助公益广告达到较好的传播效果。目前来看，受众虽然对公益广告的关注度逐渐提升，但

自发转载公益广告的行为比较少见，公益广告与受众难以形成良好的互动。

（三）传播内容制作存在同质化问题，亟待创新

目前，河北省各级媒体的公益广告选题立意创意不足，公益广告制播的创新性实践有限。首先，存在同质化问题。河北省公益广告的主题基本围绕宣传政策、防范疾病、环境保护、防范受骗、关爱弱势群体、交通安全等方面，广告内容较单一，易使公众在审美上感到疲劳，甚至看个开头就能猜到后面的内容。其次，宏观选题容易脱离群众。一些国家政策、价值观、传统文化等主题的公益广告离群众的实际生活较远，但是相关主题有必要的传播价值，在传播的过程中容易过度关注"宣传"功能，给受众留下"喊口号"的印象，应将宏观主体通过微观视角切入，与公众展开沟通，使受众产生共鸣，实现公益广告传播价值。再次，新技术利用率较低。媒体融合为公益广告的传播带来了新的机遇，但是目前河北省公益广告制播中对新技术的利用率较低，绝大多数公益广告仍停留在视频、音频、图片的整合上，没有充分利用融媒体时代的新技术优势，可以通过互联网技术不断探索公益广告的新形式，如卡通动画类、特效制作类。

四　河北省媒体公益广告的优化建议

公益广告是构成公共广告的一个部分，其发布的目的不是获取利益而是为社会创造更多的公共利益。[①] 河北省媒体公益广告的制作与传播，应该深耕内容，以鲜明的思想导向性、主题公益性、表达艺术性、内容通俗性等文化基因，在价值塑造、榜样示范、风尚引领、行为规范、文化传承等方面发挥重要作用。同时，各类媒体要根据不同的传播规律和相应的社会属性，承担起社会责任，为媒体形象及城市形象的塑造贡献自身力量。

---

① 宋玉书：《公益广告教程》，北京大学出版社，2017。

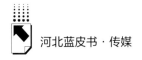

（一）深挖公益广告内容创新，客观真实并贴近群众

公益广告的传播需要传受双方存在于一个共同的意义空间中，公益广告必须在内涵、表现形式、语言和制作技术上引进创新、贴近受众，力求扩大与受众的共享意义空间，从而增强公益广告的传播效果。一要挖掘城市文化内涵，增强公益广告的故事性。河北省公益广告通过媒介化的传播，承载了独属于自己的城市人文景观。一个城市的文化基因正是其综合竞争力的灵魂，河北省媒体平台的公益广告传播应不断挖掘省内文化内涵，利用冬奥会、塞罕坝、西柏坡、秦皇岛等文化、精神、旅游资源，塑造自身文化内核，通过直白简洁的广告语言、故事化的表达手法，展现河北省精神文明的缩影，打造"文化强省"招牌，将城市形象转化为城市记忆。二要贴近群众进行广告创作，带动群众参与公益建设。公益广告要达到好的传播效果，引发大众的情感共鸣，就要与公众生活息息相关，形成情感互动，最终影响其行为。公益广告的传播价值主要发生在群众的互动和主动传播中，所以公益广告制作出来了，没有受众观看也就无法实现其传播价值。因此，河北省各级媒体公益广告的创作素材要与群众生活息息相关，摆脱生硬的说教式表达，运用生动有趣的方式进行传播，深入大众的生活了解大众的内心需求，从而创作出群众接受、欣赏的作品，使其潜移默化地接受公益广告所传达的价值理念，进而指导自己的行为。三要保证公益广告的权威性，素材引用要客观真实。公益广告传播面对的是大多数受众，其文化、生活习惯等方面会有许多不同，从而产生传播效果的误差。公益广告的创新永远离不开真实和客观，比如在疫情防控、消防宣传、乡村振兴等公益广告的制作和传播中，要综合运用易被受众接受的、相信的原始影像资料，通过故事化的叙述手段、专业的镜头表达等方式进行传播，发挥自身的宣传引导作用，所以其真实性及权威性对于河北省形象的塑造和传播非常重要。

（二）发挥传统媒体的主流作用，增强公益传播意识

互联网催生的新媒体平台蓬勃发展，但是在众多类型的媒体中，传统媒体仍然是公益广告的最优发布媒体之一，其特有的权威性和受众的广泛性是

其他新媒体无法超越的。

首先，传统媒体要进一步强化公益意识。河北日报、河北广播电视台等传统主流媒体是河北省公益广告的主要执行者与发布者，必须主动增强公益意识，善于抓住社会热点话题，制作出直击社会痛点、紧跟群众焦点的公益广告。可结合媒体议程设置的功能，对热点话题进行追踪，配合传播所倡导的行为及观念，比如"网络暴力""3·15打假"等具有社会冲突的热点话题，更需要主流媒体进行调和，通过公益广告进行潜移默化的传播，可以提高受众对相关事件及向善观念的关注度和感知力，从而在社会范围内形成强大的公益引导力量，达到良好的传播效果。

其次，传统媒体要提高公益广告的占比。《广播电视广告播出管理办法》第十六条规定："播出机构每套节目每日公益广告播出时长不得少于商业广告时长的3%。其中，广播电台在11：00至13：00之间、电视台在19：00至21：00之间，公益广告播出数量不得少于4条（次）。"但对播出上限未做出规定，相关部门应在此基础上积极推动制定公益广告播出政策，合理地量化、控制传统媒体刊播公益广告的数量和频次。各大传统媒体也应积极主动地承担相应的社会责任，保证在公益广告上的刊播指标，科学合理地优化刊播的频次和数量。这样不仅可以促进公益广告的有效传播，还可以塑造自身媒体的社会形象，实现双赢。

（三）抓住新媒体优势，做好公益广告的创新传播

互联网的飞速发展，催生了一批又一批的新媒体平台，新媒体成为传播载体的中坚力量。2022年8月31日，中国互联网络信息中心（CNNIC）发布的第50次《中国互联网络发展状况统计报告》显示，截至2022年6月，我国网民规模为10.51亿，互联网普及率达74.4%。新媒体和移动端的快速发展，使人们接触传统媒体的时间逐渐缩短，对传统媒体的公益广告传播效果造成了一定影响。新媒体为广告业提供了广阔的发展空间，而公益广告作为一种特殊的广告形式，需要借助新媒体的力量扩大自身的传播范围、增加传播的新契机。因此，河北省公益广告的投放，要抓住新媒体平台的优势，

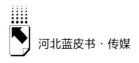

做好深度传播。

一方面，要利用新技术创新传播形式，提高作品质量。数字媒体技术的不断发展，为公益广告的创作提供了新的可能，5G、VR、H5 等技术使得公益广告的传播拥有了更多形式，提升了公益广告的视觉效果，激发了受众对公益广告的兴趣。河北省各级媒体要不断探索并尝试适配的新媒体平台，比如抖音、快手、哔哩哔哩等短视频平台，并持续提高公益广告的曝光频率。长城新媒体作为河北省主流新媒体平台，要将新技术赋能公益广告传播，持续制作出符合新媒体传播规律、深入各个传播情境的公益广告，可制作交互式、游戏式、沉浸式公益广告，摆脱时间、空间及传播介质的束缚，进一步增强新媒体公益广告的"网感"，拉近与受众尤其是网络用户的距离。另一方面，要充分利用新媒体互动性强的特点，与受众产生高度心理契合。公益广告最重要的就是将其想要传达的精神、思想与价值导向传达到位，并影响受众的行为。这就需要广告在满足受众的心理需求，并与受众产生良性互动的同时，鼓励受众参与公益广告的传播，转变身份，成为发布主体。公益广告传播的过程不能拘泥于省内媒体，要大胆利用各类社交媒体平台，开展各类公益广告征集的社会活动，比如开展"大美河北"各地文旅风貌公益广告征集、"社会公德篇"等群众精神面貌公益广告征集等活动，在社交媒体平台，受众转发公益广告形成二次传播，拓展了公益广告传播的广度，增强了公民公益意识，扩大了公益广告的传播效果。

B.16
2022年河北省网络舆情发展特征
与趋势分析

窦玉英　曹瑞宁　段　闪*

摘　要： 2022年河北省网络舆情事件数量与2021年持平，保持在8000余件，其中疫情防控类舆情事件贯穿全年，违法犯罪类舆情事件占据热搜长达数月，特别是唐山烧烤店打人事件被列入了当年全国三大舆情事件之一。另外，教育领域舆情热点事件频现。从舆情事件应对情况来看，对大多数舆情事件能够迅速反应、及时发声、采取有效调控措施，重点运用客观性原则破解网传假消息，采取正确归因和形象管理，削弱舆情事件的不良影响，还初步探索社会协同治理机制，高效化解社会舆情事件。全年舆情事件呈现舆情发酵来源越来越多、舆论环境更加复杂、青少年群体利用网络发声的强势崛起三大特征。2023年是生产生活秩序恢复的重要一年，人们的心理状态和预期日益向好，社会及舆论层面均面临重要转折，在此过程中各类风险隐患或将进一步凸显。根据河北省重点工作部署，需要注意防范教育、住建、文旅、市场监管、学习贯彻党的二十大精神、经济复苏等相关领域的舆情风险。

关键词： 网络舆情　舆论引导　社会治理

* 窦玉英，河北传媒学院新闻传播学院院长助理、副教授，主任编辑，主要研究方向为网络舆情研判、新闻实务；曹瑞宁，河北新闻网舆情中心主任，高级舆情分析师，主要研究方向为舆情监测与研判；段闪，河北新闻网舆情大数据中心主任，中级舆情分析师，主要研究方向为舆情监测与研判。

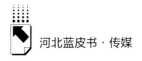

一　2022年河北舆情概况

2022年，河北省共发生网络舆情事件8616件，与2021年的8000余件持平。这一年，河北省"两会"胜利召开、北京冬奥会雪上项目在张家口顺利举办、局地突发新冠肺炎疫情牵动人心、唐山烧烤店打人事件多次冲上热搜，网上舆论场整体上议题丰富、多元。舆情涉事各方及河北省网信系统积极应对，加强宣传引导，对2022年"两会"胜利召开、北京冬奥会、庆祝建团100周年和中国共产党第二十次全国代表大会等舆论场重点议题进行统筹指导，充分协调各类网媒资源，完成了重大典型推广和重大主题报道，有力传播了河北好声音，营造了良好的网络舆论环境。为进一步充实应急值守力量，全省网信系统在全国网信系统中率先启动加强级互联网应急响应，加大突发敏感热点舆情监测、研判、处置力度，稳妥调整管控了"网传张家口要求相貌不佳者冬奥会期间不要外出"不实信息，"邢台一18岁少女遭姐夫投毒百草枯""邢台寻亲少年刘学州自杀身亡""河北部分高校发生疫情"等热点舆情事件，维护了全省舆论场的和谐稳定。

（一）舆情事件总量与上一年持平

根据河北新闻网舆情中心统计，2022年河北省全年网络舆情事件为8616件，与2021年的8000余件持平；6月舆情事件数量最多，其次是11月和7月，2月最少，其他每月700件左右（见图1）。该数据分布与2021年形成很大反差，2021年6月舆情事件数量最少，1月舆情事件数量最多。出现这一差异的主要原因是2022年6月10日发生的唐山烧烤店打人事件。该事件发生后，与唐山相关的众多舆情事件借势搭车，当地一些久拖未决的纠纷和事件被网友实名举报。因此，6月舆情事件数量较其他月份增加了近三成。11月舆情事件数量少于6月，位居第二，主要是高校因疫情对学生进行封控管理的过程中引发了一系列问题，学生在各网络平台吐槽，使舆情事件数量增加。从地域分布情况看，省会石家庄是全年舆情事件发生最多的地区，其次是邯郸、唐山、保定、河北、廊坊；舆情事件数量最少的地区是辛集，其次是定州、承德（见图2）。这一地域分布情况与2021年基本相同，但略有差异，表现在舆情事件发生较多的前5个地区中，2021年的邢台在2022年被唐山取代。廊坊较多数量的舆情事件是疫情防控类，另外还有市场监管、非法占地等。从舆情涉及领域看，疫情防控遥遥领先于其他

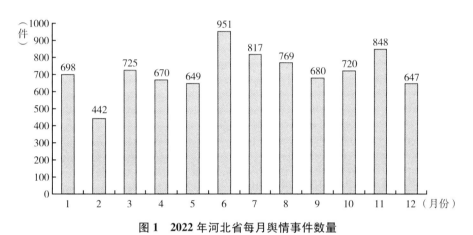

图1　2022年河北省每月舆情事件数量

资料来源：河北新闻网舆情中心，图2至图4相同，此后不赘。

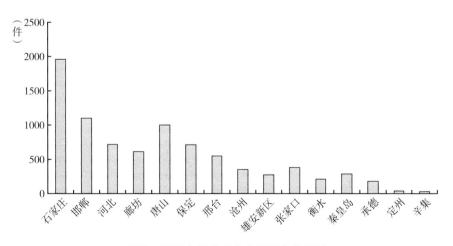

图2　2022年河北省各市舆情事件数量

注："河北"表示涉及全省的舆情事件。

领域，生态环保、社会治安分别位居第二、第三（见图3），这一排名与2021年相同。与2021年明显不同的是，政务服务类舆情事件由第11位跃升至第6位，由200多件增至461件，翻了1倍多。从发布平台看，微博一如既往是发布最多的平台，其次是抖音等各类App，微信群由2021年的第二大发布平台降至2022年的倒数第二（见图4）。

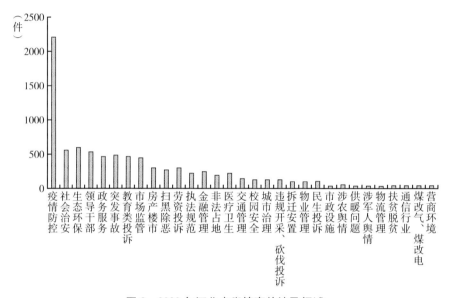

图3　2022年河北省舆情事件涉及领域

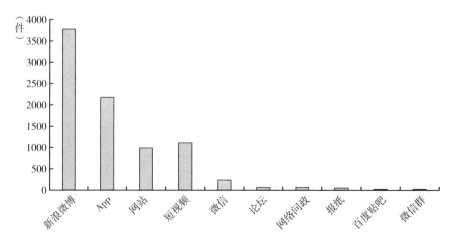

图4　2022年河北省舆情事件首发平台分布情况

（二）疫情防控类舆情事件贯穿全年

2022年新冠肺炎疫情呈现点多、面广、频发的特点，疫情态势牵动人心，网上涉疫话题持续不绝且复杂多元，疫情防控面临较大挑战，舆论场出现一些投诉吐槽类信息。这类舆情事件主要涉及"集中隔离人群转运秩序混乱""隔离点管理不规范""质疑低风险区疫情防控加码"等涉疫情防控问题类信息。此外，"沧州河间一村民称羊被牵走做核酸""廊坊长征医院女护士发布求助信""廊坊市安次区将扑杀阳性病患宠物"等衍生舆情事件产生较高热度，引发一定争议。全省网信系统在全国网信系统中率先启动加强级互联网应急响应，扎实做好舆情服务保障，及时稳妥处置，有效防范化解各类风险，维护了全省舆论场平稳态势。

（三）违法犯罪类舆情事件热度高居榜首

以"唐山烧烤店打人事件"为引爆点的违法犯罪类舆情事件发酵时间较长，话题热度一直较高，并出现一系列连锁反应，引发了全国关注，成为2022年全国三大重要舆情事件之一。此舆情事件曝光后，激起公众情绪，相关深度讨论在舆论场不断蔓延，网民对安全的治安环境表示期待。一方面，舆论场出现关联性别议题，扫黑除恶、司法体制、国家制度、地域形象、标签化等话题的炒作和攻击；另一方面，舆论情绪快速从谴责施暴者向质疑执法者方向延伸，各种涉利益纠葛、权钱交易、黑恶势力保护伞等猜测交织出现，扰乱舆论秩序，造成不良影响。此类事件发生后，相关部门迅速行动，抓获涉案人员，通报案件进展，及时有效管控不良信息，舆情态势逐步平稳。

违法犯罪类舆情事件容易引发网民对"治安环境""宏观经济""社会情绪"等问题泛化的讨论，将一般问题复杂化，导致公众负面情绪聚集蔓延。有关部门及时核查处置，化解风险隐患，有力有效地引导了舆论。

（四）教育领域舆情热点事件频现

2022年河北省教育领域出现多件热点事件，涵盖疫情防控、食品安全、招生考试等方面内容。一是受高校长期封控影响，部分大学生在学校微博超级话题下反映生活、学习等方面诉求，甚至出现煽动性、行动性、攻击性信息。在教育、公安、网信等部门和高校持续共同努力下，线上线下舆论场总体趋于平稳。二是师资建设话题信息较多，特别是在邵阳学院引进博士事件发生后，国内多所高校被曝存在类似事件，河北省的"邢台学院选聘13名韩国高校女博士"也引发关注。三是在高考、中考、毕业、招生、就业、暑假等节点，教育领域话题频登热搜榜，由校园议题外溢为社会议题。如"2022河北单招考试有考试作弊情况""邯郸京师中学民转公，百余名家长聚集要求退还每年约2万元费用""辛集教育局门口家长聚集，疑似因私立初中不让再招生"等，同时，关于中小学招生、虚假宣传等投诉在网上时有出现，如"'毛坦厂中学'落户石家庄""多所衡水学校跨区域'掐尖'""邢台临西某中学双重分数线差额收费""邢台巨鹿新华学校新校区涉嫌无证办学多年"等，需要教育部门加强相关政策解读，回应社会关切，对违法违规行为及时予以打击。另外，网传"保定一老师忘带40余张高考准考证，交警火速取回"引发全网较高关注，涉事多方及时回应，澄清事实真相，赢得舆论认可。

二　2022年重点舆情事件应对能力述评

（一）运用动机—功能理论的客观性原则，破解安国一村民"私自农耕入狱"假消息

2022年涉疫舆情事件较多且涉及领域多、人群广，网民对此较为敏感，一旦有网络爆料，容易引发网民各种猜想，舆情热度迅速"升温"。在这类舆情事件的处置中，常有一些不当做法，导致应对效果欠佳。3月15日，沧州一村民通过快手平台发布视频，称其在放羊时，七八名疑似河间市卧佛堂派出所的人牵走一只羊，称去"做核酸"，但事后并没有把羊归还，也没给钱。17日，网上流传一份没有署名的情况说明，称牵羊的人不是派出所人员，是疫情防控巡逻队员，且15日已付给老人羊款2600元。卧佛堂镇政

府表示，网上关于"抢羊"事件的说法不实。19日，@微博河间发布通报称，任丘市陈某某在本村与河间卧佛堂镇交界处放羊时，卧佛堂镇常村巡逻队以"给羊做核酸"为由将一只羊带走，涉案人员驾驶仿冒警车，冒充派出所巡逻人员，已被依法采取刑事强制措施。多家媒体转载相关报道、发布评论文章，舆情持续时间较长。

该事件结合了疫情防控、工作作风、基层治理等热敏元素，又加上了"给羊做核酸"这一话题，曝光后立即引发广泛讨论。当地相关部门在调查处置的同时，网信部门协调采取调控管控措施，引导舆论走向，但暴露出当地反应滞后、发声混乱、态度模糊、问责不明、删除通报等一系列问题，未能及时掌握舆论主动权，诱发舆论猜疑，导致应对效果欠佳。

在此舆情事件处置中，从通报不署名到发布主体的选择，都难以满足网民对事实真相的追问需求。根据麦奎尔的动机—功能理论，动机的划分有两个维度，一个是内在中心—外在中心维度，另一个是认知取向—情感取向维度。内在性动机是指向个人的，外在性动机是指向外部的，主要是社会。认知取向—情感取向维度区分了动机是指导性的还是动力性的，认知性动机为个体提供向导（理智），而情感性动机为个体提供能量驱动（激情、兴趣）。一件舆情事件引发关注，往往既包含人们对该事件的理性思考，也存在情感上的波动，舆情处置一般要情理结合，动之以情，晓之以理，通过对事实的公布和剖析解决认知问题，通过富有人文关怀的语言化解情绪波动，但是二者又有主次之分，如果没有事实的梳理，在情感上的关怀将是软弱无力的，甚至引发二次舆情。因此，处置舆情要分析清楚网民的主要诉求、判断动机类型，以采取相应措施满足网民心理动机。在该事件中，网民的网络留言评论是判断网民诉求的直接依据，关于"给羊做核酸事件"，网民的主要诉求是这一看似荒谬的现象是否属实，如果确有其事，本已对疫情防控产生焦虑的网民担心如此怪诞的行为是否会愈演愈烈。因此对这一舆情事件的处置，关键在于满足认知性社会动机，即核查真相、化解焦虑，具体处置措施是通过满足网民的客观化需要，澄清事实。要做到客观化，有如下措施：一是通报用词多用中性词，少用情感强烈的形容词、副词；二是借助与该事件无关、具有权威性的第三方发声；三是在通报谋篇布局上显示客观性；四是使用适当的背景、解释性资料。在"给羊做核酸事件"中，通报不署名，也就是隐藏信源，很容易让网民认为这是涉事部门的自我解释，后期的发声主体分别是当地镇政府、@微博河间，也都不是该事件的第三方，无法满足客观化需要，因此无论通报内容写什么，都难以让网民认同和相信所说属实。

同样的涉疫舆情，有些事件处置通过满足客观化需要，达到了四两拨千斤的效果，快速化解了舆情风险。2022年4月初，西瓜视频、微博等平台流传一则"保定安国一村民疫情期间私自农耕锒铛入狱"的短视频，引发舆论关注质疑。对此，安国市公安局及时发布通告，称视频中农民因拒不执行当地政府在紧急状态情况下发布的居家规定，出门喂牛，民警依法将其传唤到派出所，该村民事发当天已被村干部接回，并未对其进行处罚，警方已协调村委会帮助其喂牛。同时，及时邀请了中国青年报、央广网等权威媒体的记者进行采访报道，厘清事件原委，澄清不实言论，态度积极诚恳，提出改进措施，赢得公众理解，掌握舆论主动权。

此舆情事件处置中，权威媒体作为第三方对事件进行采访报道，加之新闻报道的真实性和专业性，在很大程度上满足了网民的客观化需要，提升了网民对报道内容的信任度。同时，新闻报道突出了解决群众难题的内容，展现了政府工作的温度和力度，令网民感到了相关涉事部门的诚意。另外，该事件在处置中还争取了上级网信部门的支持，通过网信部门调控管控舆情，防止进一步炒作。因此，尽管该事件是发生在国内省内聚集性疫情多发的背景下，又结合了春耕、养殖、疫情防控等热敏元素，类案叠加炒作风险较高，但科学有效的回应依然有效助推了舆情回落。

（二）通过正确归因和形象管理，削弱唐山烧烤店打人事件的不良影响

2022年6月10日下午，微博、抖音、微信等平台流传一则"唐山路北区一家烧烤店，一名女子因拒绝陌生男子搭讪和骚扰，遭多名男子殴打"的视频，引发舆论强烈关注。相关话题连续数月占据多个平台热搜热榜，关

联衍生"文明城市""扫黑除恶""极端女权""实名举报"等各类话题，谣言信息也不时出现扰乱舆论，舆情深度发酵，持续时间较长。随后，唐山公安陆续发布警情通报，公布案件进展。6月21日，省公安厅发布案件侦办通报，详细回应社会关切；省纪委监委发布通报，对涉及的公职人员涉嫌严重违纪违法问题，依纪依法开展审查调查，舆情热度逐步回落。

上述事件对公众公共安全感产生强烈冲击，在舆论场引发明显的"破窗效应"，舆情压力较大。涉事地区和相关部门迅速介入，提级应对，化解舆情风险。一是公安部、省公安厅统一部署，迅速抓获涉案人员，动态通报案件情况，提升处置权威性，释放强有力法治信号。二是网信部门及时调控舆情热度，管控不良信息，核查处置各类谣言，避免不实言论扰乱舆论场。三是开展"雷霆风暴"专项行动，同步做好其他衍生个案处置，表明坚决态度。但"受伤女子情况""涉事地区公安执法是否存在问题"等关键信息释放滞后，引发网民不断追问和猜疑，影响了处置效果。

此舆情事件对唐山地区形象产生的负面影响较大，后期要注意形象管理，做好形象修复。首先要分析清楚造成形象破坏的根本原因是什么，其次采取恰当举措进行形象管理。从社会心理角度来看，当一个事件发生时，人们除了会对他人和事物进行评价和判断之外，还会进行一些推断和原因解释，即归因。但人们不是对所有事件进行归因，而是当以下三种情境出现时，人们更容易归因：一是当出乎意料的、不寻常的事发生时；二是负性的事件；三是对个体很重要，但又不太了解、肯定的事。反观唐山烧烤店打人事件，这三种情境都具备，因此网民会不自觉地进行归因。根据美国社会心理学家凯利的三维归因理论，对他人行为的归因有三种：行动者、行动者知觉的对象及行动产生的环境。要找出行为的原因，主要使用三种信息：一是一致性信息，即行动者的行为是否与其他人在这种情况下的行为相一致，若是，一致性就高；二是一贯性信息，即行动者的行为在其他时间、地点是否也发生，若是，一贯性就高；三是特异性信息，即行动者对其他对象是否也以同样的方式做出反应，若是，特异性就低（见表1）。按照这一理论分析该舆情事件，在网民看来，唐山烧烤店打人事件中的施暴者行为与其他人在这种情况下的行为很不一致，其一致性低；从媒体报道来看，施暴者的这种施暴行为在其他时间、其他地点也曾发生过，其一贯性高；打人者在不同事件中不止一次有过暴力行为，其特异性低。在这种情况下，人们往往把原因归于行动者，即施暴人。因此，网上要求对施暴者进行追责、严惩的声量较大，加之自我意识的作用，即当信息与自己有关时，人们会更为关注并进行快速的加工，唐山烧烤店打人事件引发的人们对社会治安和女性作为相对弱势群体的担忧，使舆情持续较长时间。

表1　利用三种信息进行归因判断的方式

一致性信息	一贯性信息	特异性信息	归因于
高	高	高	知觉对象
低	高	低	行动者
低	低	高	情境

唐山烧烤店打人事件发生后，线上线下对唐山产生了较强的"地域歧视"，这主要是晕轮效应的结果。晕轮效应是指评价者对他人多种特质的评价，往往因其中某一项较高或较低而普遍偏高或偏低。从地区形象管理的角度出发，在未来较长一段时间，唐山地区要从直接管理和间接管理两个方面进行形象修复，直接管理就是通过否认、道歉等方式处置负面舆情事件，间接管理就是通过增加正面信息推送重塑形象，如多宣传当地的好人好事、开展公益性活动等，修正人们可能已存在的刻板印象。

（三）初探社会协同治理机制，高效化解承德公交乘客与司机纠纷事件

2022年7月22日晚，山东广播电视台"一切为了群众"媒体账号发布一则"承德一女子坐公交拒戴口罩与司机产生纠纷"的视频，引发舆论关注。7月23日，中共承德市双桥区委宣传部通过"双桥发布"微信公众号发布了情况说明，对事件起因经过、当事人处置举措等问题做出回应。随后，舆情热度快速回落。

该事件中，网传视频当事人言语夸张，易引发网民关于"特权"的猜想和炒作，发酵风险较高。承德方面多部门联动、多维度发力，确保舆情状况平稳。第一时间成立工作小组，有序做好落查处置工作。线上及时发声，说明当事人身份，表明官方态度，回应网民质疑，消解公众负面情绪，压缩不实言论传播空间，遏制了舆情持续升级。后续线上引导和线下安抚工作及时到位，提升了舆情应对效果。

本舆情处置中，涉及的媒体，即山东广播电视台，彰显法制力量的警方，即承德市公安局，以及代表行政力量的政府，即中共承德市双桥区委宣传部，由此构建了基本的社会协同治理机制。所谓社会协同治理，是西方多中心治理理论的中国化。兴起于20世纪90年代的多中心治理理论强调自主组织与自主治理在公共事务治理中的重要性，主张政府、企业、社会、公众各主体共同参与，承担责任。各主体之间相互独立且相互联系，不同的治理主体在一定范围内共同承担公共事务管理责任。[①] 对于公共事务的治理，传统理论非常重视市场的调节作用和政府的干预作用，但是，市场失灵和政论"一管就死、一放就乱"的行政力量，有时会导致结果与初衷的背道而驰。多中心治理的基本原则是"辅助原则"，其含义是个人凭借自身力量能处理的问题交由个人处理，社会和国家在个人遇到自身不可克服的困难时应当提供救济和支持。基于多中心治理理论中国化的社会协同治理主要表现在，政府力量要强于社会力量，因此在承德公交乘客与司机纠纷事件中，乘客与司机协调不成，则由媒体发布事实，发动社会力量干预，随后警方和代表政府权力的当地宣传部门介入，公布处置措施。在整个舆情事件进程中，工作组的成立是构建社会协同治理体系的重要一环，显示了当地对网络舆情风险的重视和警惕，应对措施遵循了突发舆情处置的基本要领，第一时间成立工作组，明确分工，核查事实，对外公布，回应网民关切，促进舆情热度迅速回落。该舆情事件的处置过程体现了社会协同治理的内在运行机制，及其在具

---

① 《国家互联网信息办公室发布〈数字中国发展报告（2021年）〉》，国家互联网信息办公室网站，2022年8月2日，http://www.cac.gov.cn/2022-08/02/c_1661066515613920.htm?spm=C73544894212.P59511941341.0.0。

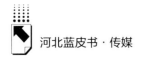

体社会治理中的高效、有效运行。

无独有偶，发生于2021年的《青春有你3》"为偶像打投倒奶事件"的舆情处置，也是一个典型的社会协同治理案例。2021年5月，在网络综艺节目《青春有你3》的播出中，粉丝们为了给喜欢的选手打榜投票，购买了大量与节目联名的牛奶，因购买的牛奶过多，牛奶被拆盖后马上处理不了，就把整箱牛奶倒进了沟渠里。2021年5月4日，倒奶视频被传到网上，引发舆论。最后该节目停播，平台致歉，品牌饮料企业致歉，中国演出行业协会演艺人员发声。整个舆情处置与引导，由北京广电局作为行政力量、企业和社会（中国演出行业协会）多元主体协同合作。

社会协同治理中各主体之间有分工、有责任，但在多数情况下，各主体的行为并不是通过共同性团体有意完成的，而是由体系内各要素的相互调整自发实现的，由此容易造成主体的被动行事和责任分散。社会协同治理理念还有待社会各方形成共识，如何让该理论在具体实践中不断发挥正向作用，还有待进一步探索和形成行动范式。

三 2022年河北网络舆情三大典型特征

2022年，舆论场较以往呈现舆情发酵来源增多、舆论环境更加复杂、青少年群体利用网络发声的强势崛起等显著特征。

（一）舆情发酵来源越来越多

此前，舆情发酵平台主要是微博、微信公众号、自媒体，其他平台如抖音则少有舆情事件推送，它们过去以直播为主，主打美食、娱乐、消费类内容，但是2022年"唐山烧烤店打人事件"在此平台推送后，引发全民关注，成为热点舆情事件。自此，抖音平台迅速成为新的舆情发酵地，特别是以举身份证实名举报为主的视频在抖音、西瓜视频等平台呈现爆发性增长的势头。因舆情监测软件对视频类内容抓取有一定难度，这类内容比较容易在短时间内大量传播。

（二）舆论环境更加复杂

一是由于境外势力的介入、资本的推波助澜，国内舆论环境整体上呈现越来越复杂的特征。一些在境内并未形成热点的事件，在境外却被大量讨论，这类信息再被倒灌进境内，形成网络舆情声浪。借助智能技术，境外大量信息的制作并非人工完成，而由机器人自动编辑合成，因此追责难度加大，虚假信息、谣言抹黑等愈加难以防控。二是媒体在生存压力下，更关注经济效益，而弱化了社会效益。此前，大多数自媒体倾向于制作比较容易挣钱的内容，比如美食、直播带货等，但受疫情影响，自媒体挣钱难，出现生存危机，为增加流量，存活下去，一些自媒体开始利用热点事件吸引人们眼球，有时甚至不惜利用造谣、凭空杜撰假消息等不良行为博取关注。2022年，仅唐山就有数十个账号通过蹭热点方式进行引流，当达到一定粉丝数量后再把账号卖掉赚钱。自媒体对职业道德底线的突破，加大了舆情事件引导和防控难度。三是官方媒体的公信力较过去有所减弱，在唐山烧烤店打人事件中，唐山官方媒体基本全部介入，更有河南电视台一个民生栏目的记者到唐山采访。作为官方媒体，在向新媒体转型过程中，是否要放弃本应坚守的新闻理想、职业道德和媒体的社会责任，坚持社会意识形态的正向引领，是需要重点关注和思考的重大问题。流量至上的考核标准和思维模式也需要重新评估，经济效益和社会效益的平衡协调更考验媒体人的智慧，决定着媒体定位和未来的前途命运。

（三）青少年群体利用网络发声的强势崛起

2021年女性群体利用网络发声维护权利非常突出，进入2022年后，发生了多起高校大学生甚至中学生借助网络发声并形成强大声势的舆情事件，青少年群体在舆情事件发起和控制舆论走向方面的作用一年比一年突出。如河北师大疫情防控长期占据热搜、"衡水桃城中学被曝'体罚''猥亵'学生事件"等，仅数万名学生就能抗衡舆论管控的现象已不鲜见。因此，对年轻人网络发声的管理引导，确实需要有关部门高度重视。

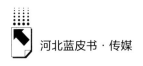
四　2023年重要舆情风险提示

2023年，是一个关键之年、重要之年，尤其是防疫政策优化调整之后，人们的生产生活秩序逐步恢复、心理状态和预期日益向好，社会及舆论层面均面临重要转折，在此过程中各类风险隐患或将进一步凸显。现结合河北省重点工作部署，本报告对2023年舆情风险点进行分析预判，具体内容如下。

（一）教育领域的舆情风险

教育领域是诸多矛盾的集中交织点，占据了舆论场最大份额的注意力资源，在教育改革不断推进的背景下，该领域舆情风险居高不下。首先，校外培训整治力度不减，2023年初，教育部印发通知，部署各地教育行政部门认真做好寒假校外培训治理工作，要求各地深化治理，严肃查处学科类培训"隐形变异"。其次，学生安全话题持续高热，尤其是在近期胡鑫宇事件影响下，学生的极端悲惨个案易被关联炒作，甚至形成社会高关注度的热点事件。再次，教育监管漏洞频出引舆论风波，其中校园管理、师德师风领域问题热度高、影响大，易产生重大负面影响。

（二）住建领域的舆情风险

住建部门下辖工作内容多元，房产楼市、物业管理、城市治理等均是舆情易发、高发领域，尤其是在经济复苏催生出工程建设的积极态势后，住建领域舆情风险同步上升。结合过往及当下舆论态势，2023年住建领域需重点防范四个方面的风险，其中房产楼市领域风险最为突出。在政策暖流推动楼市复苏过程中，楼盘烂尾、房产断供、延期交房等问题依旧存在，业主线上线下维权事件不容忽视；天然气供应及"煤改气"领域问题高热高敏，在已引发舆论关注热议背景下，若整改工作不到位，2023年冬仍存舆情"复燃"风险；工程建设领域欠薪事件及安全事故或将随经济复苏增加，相关监管工作不到位易引舆论质疑；城管执法、违建拆除、城市更新等工作备受关注，需高度关注舆论动态和反馈，尤其要防止热点事件出现。

（三）文旅领域的舆情风险

2023年，民众长时间被压抑的出行、旅游意愿将得到极大释放，在带动文旅行业日趋活跃的同时，相应的舆情风险将日益凸显，这对相关部门的舆论引导和舆情应对提出了更高要求。具体而言，旅游服务类行业最易引发舆情聚焦，尤其是节假日期间，发生各类纠纷的可能性升高，包括交通站点、高速公路等处的拥堵，旅游景区秩序、导游服务以及餐饮、住宿、购物等方面的争议，都是典型的负面舆情导火线。2023年已经开启，面对民众文化与旅游领域的高热需求，如何丰富群众精神文化生活，缓解社会公共议题压力，引发情感共振，助力社会心态建设，可谓任重而道远。未来，文体领域还需打造新高地，持续营造积极健康、宽松和谐的氛围，鼓舞人心，让社会更具弹性和张力。

（四）市场监管领域的舆情风险

2023年，在防疫政策调整优化和春节节日双重因素推动下，文化、餐饮、购物等方面的消费行为增加，各类投诉纠纷明显增多，甚至形成冲突事件，大范围传播后引发舆论危机，对涉事地区的城市形象造成严重损害。通过梳理发现，消费领域的事件不但热度高，而且极易引发旧闻翻炒和关联解读，尤其是与旅游话题结合后，极易由个体事件上升至地域标签，形成"地域黑"等负面影响。以西安回民街"天价"面条、广西北海游客点4个菜被收1500元钱等事件为例，上述事件发生后，过往同类事件遭"翻炒"，"杭州理发""三亚海鲜""青岛大虾""东北野生鱼""西安面条""北海小炒"等热梗风靡网络，反映出舆论对当下"宰"客行为的不满，同时说明消费领域的舆情影响重大。未来，随着社会生活逐步恢复，消费领域的热点事件依旧将呈现高发态势，相关部门需高度警惕。

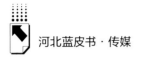

（五）学习贯彻党的二十大精神相关舆情风险

党的二十大报告科学系统谋划了未来5年乃至更长时间党和国家事业发展的目标任务和大政方针，提出一系列新思路、新战略、新举措，为河北省各项工作的开展和推进提供了遵循、指明了方向，学习贯彻党的二十大精神意义重大，既是当前首要政治任务，也是长期战略任务。在学习贯彻会议精神过程中，既要在全面学习、全面把握、全面落实上下功夫，坚定不移的把党的二十大提出的目标任务落到实处，又要持续做好宣传报道，深层次、多角度宣传大会精神，大力营造学习宣传贯彻大会精神的浓厚氛围，同时建立全过程评估体系，全方位评判宣讲成效，防范走形式、走过场的宣传引发舆论诟病。

（六）全国"两会"相关舆情风险

一年一度的全国"两会"是我国政治生活中的一件大事，在新冠肺炎疫情防控工作进入新阶段的特殊背景下，2023年全国"两会"的召开意义非同寻常，已引发国内外舆论的高度关注。随着"两会"召开时间临近，涉会议题热度持续攀升，做好相关舆情管控引导工作的重要性日益凸显。面对高热舆论态势，建议河北省高度重视涉会宣传，严格落实"三审三校"制度，避免审核校对不严、政治用语素养不够、舆情意识淡薄等问题引发错误甚至不当宣传；积极做好舆论调控引导，加大对网上有害信息的巡查力度，细致排查全省舆情风险点，防范"高级黑""低级红"等问题诱发舆情风波；做好对峙性议题的监测和引导，防止相关话题被干预势力带偏带歪，造成较为严重的社会影响；关注代表提案问题，不对个别哗众取宠、剑走偏锋的异类或奇葩议案提案进行宣传报道，避免舆论对政协委员、人大代表群体形成负面刻板印象。此外，还需警惕逢会上访、借会维权、举报人大代表等问题，稳妥化解涉及社会及舆论稳定的不安全因素，确保网上舆论平稳有序。

（七）与经济复苏相关的营商环境、招商引资、就业招聘等领域的舆情风险

2022年12月以来，我国防疫措施进一步优化，为推动经济复苏创造了良好条件，河北省陆续推出助企纾困、刺激消费、优化营商环境等各类政策措施，提振市场信心，稳定经济增长，相关举措引发舆论关注。但也需注意，个别单位和机构发布的政策措施等因误解引发舆论质疑和争议，一些涉及民营经济、营商环境的错误和不实言论不时在网上出现，部分行业生存压力较大，大量职场人士和青年人群对就业话题十分关切，投资损失、村镇银行取款难、楼盘烂尾等领域的维权断续出现，经济复苏仍面临较多不稳定因素。未来，在做好经济发展工作部署的同时，政府部门及公共机构在政策及标准制定和发布时，需关注舆论动态与反馈，以更加科学合理和谨慎的态度，做好事前通盘考虑和事后及时回应，避免产生市场收缩效应，引发舆情争议。

（八）领导干部作风相关舆情风险

领导干部是我们党治国理政的骨干力量，其作风不正、不实就会损害党和政府在人民群众中的形象，影响党群、干群关系，甚至激化社会矛盾。从近期舆论态势来看，随着网络技术的发展与普及，有关官员作风的投诉举报成为引爆舆情的重要领域，除围绕公职人员公车私用、公款旅游、奢靡消费，或在公共场所言辞、着装不当等问题的爆料外，涉公职人员"官僚作风""特权行为""收受贿赂"等领域的举报日益增多，尤其是手持证件的实名举报内容更易获得网民的关注和信任，甚至登上各平台热搜榜，给后期处置增添难度。建议河北省各级党政机关做好公务人员工作和作风方面的培训和警示，特别是基层和乡镇等直接服务群众的公务人员，避免因工作作风、生活作风问题引发群众不满，形成负面舆论。

（九）执法规范领域相关舆情风险

执法不规范问题历来是公检法机关、城市管理及交通运输等部门的舆情

"重灾区"，除在执法尺度与统一性等方面产生的争议外，执法机关面临的舆论形式发生了较大变化，恶性刑事案件密集曝光、涉未成年人案件频发、涉众型舆情事件增多等，使得执法机关面临规范执法和舆论引导的双重压力。此外，该领域舆情还普遍具有向纵深发酵的特点，如公众对执法过程中罚款收入去向的追问等，总体舆情风险处于高位。鉴于执法领域舆情类型集中、热度居高，议题易向纵深多元发酵，2023 年，建议河北省执法部门以人为本继续优化执法观念，在制度层面建立行之有效的投诉举报处理机制和舆情引导机制，逐步扭转不规范执法给公众带来的负面印象，重塑执法公信。

（十）重大事故、重大恶性事件相关舆情风险

2023 年伊始，重大事故、事件集中爆发，"盘锦化工厂爆炸起火事故""五人出租屋内一氧化碳中毒身亡"等安全事故，"广州一小车冲撞行人致 5 死 13 伤""江苏金湖一家四口被杀"等重大刑事案件，"江西南昌交通事故致 19 死 20 伤"等重大交通事故，"湘西警方回应两女子在公园上吊""三亚一家四口海边溺亡"等突发安全事件，"胡鑫宇失踪""河南方城 2 名儿童家门口失联""4 岁女童被同村男子拐走 6 万元卖掉""26 岁女子成都失联超 20 天""毕节 3 名失踪幼童在山上获救"等失踪事件，因伤亡人数或性质恶劣引发全网关注，带动"报复社会""器官买卖"等舆论猜想浮现，民众对人身安全、社会安全、交通安全等表示担忧。建议河北省从过往的事故征兆、苗头、隐患入手，把风险查在前、把漏洞补在前，坚决防范和遏制重大事故与恶性事件发生。

（十一）意识形态领域的舆情风险

网络舆情与意识形态安全密切相关，站在第二个百年奋斗目标的起始之年，同时是从小康社会向现代化强国迈进的转换之年，2023 年意识形态领域的舆情风险进一步凸显，泛政治化的网络舆情中发酵的非理性批判情绪不仅给网络意识形态安全带来负面影响，还有可能向现实社会蔓延，在实质上

形成网络意识形态领域乃至整个意识形态领域的风险点。建议河北省聚焦重点，密切关注全省意识形态领域的不稳定因素，强化对重点敏感事件、人员的排查和稳控工作，着力抓实舆论引导、抓细阵地管控、抓早风险防范，筑牢意识形态领域安全防线。

（十二）重要时间节点相关舆情风险

近年来，敏感时间节点恶意煽动影响舆论的事件层出不穷，越是临近节假日和重要会议、重大活动期，越是舆情防控的重要时间节点。例如出现的"上海土著'严公子'被江西女友家索要上亿彩礼事件"，借助春节节日炒作地域"劫"，挑起城乡差异、地域歧视对立，带动网络针对上海和江西的"地域黑"言论骤增。此外，国庆节、中秋节、劳动节、"3·15"、烈士纪念日、南京大屠杀死难者国家公祭日、高考、国考、"两会"等时间节点也是负面舆情的高发、多发时段，舆情防控难度和压力双双增大。这提醒河北省，敏感时间节点前后，任何热点话题与事件都应被严密监测、科学研判，尤其是事关性别对立、教育公平、地区形象、民族团结、国家稳定的事件，要及时介入引导处置，并探索总结相关舆情发生规律，提前制定应对预案，最大限度规避热门讨论可能带来的舆情风险。

参考文献

郁俊莉、姚清晨：《多中心治理研究进展与理论启示：基于 2002—2018 年国内文献》，《重庆社会科学》2018 年第 11 期。

实 践 篇

Practice Reports

B.17

河北省主流媒体2022北京冬奥会报道
特色分析

张海馨　刘思遥*

摘　要：　做好全球媒介事件的报道，是提升主流媒体传播力和影响力的重要途径。2022年第24届冬奥会在北京和山城张家口举行，针对这一全球性重大媒介事件，河北省主流媒体发挥冰雪主场的优势，守正创新、协同发力，遵循"绿色、共享、开放、廉洁""四个办奥"理念，把握宣传的主动性，冬奥会报道贯穿始终；采用大格局大场景、小切口小角度的形式，讲述奥运会故事，在叙事方式和传播方式上进行有效创新，发展融媒报道。但是，冬奥会报道也存在一些问题：缺乏年轻化、个性化的品牌节目；新闻评论引领舆论的效果未达到预期；新闻产品的技术含量较低；国际传播报道所占的比重较小。本报告建议媒体针对重大媒介事件报道，

---

* 张海馨，石家庄学院新闻与传媒学院副教授、硕士生导师，主要研究方向为新闻实务、舆情分析；刘思遥，石家庄学院新闻与传媒学院讲师，主要研究方向为新媒体传播、受众分析、影视传播。

应加强内容建设，摆脱同质化困境；创新新闻评论，打造新形式的品牌评论栏目；传递中国声音、展示国家形象，扩大地方媒体影响力；关注媒介事件后期进展，继续创造发展机遇。

关键词： 重大媒介事件　2022北京冬奥会　融媒报道

奥林匹克运动会是人类举办的最大的体育盛会，具有仪式性、重大性、国际性特征，是典型的全球媒介事件。做好全球媒介事件的报道，是提升主流媒体传播力和影响力的重要途径。第24届冬奥会于2022年2月在北京和张家口举行。河北的主流媒体借助得天独厚的优越条件，早做准备、精密策划、深入采访、全媒体报道，及时报道冬奥会赛事的激烈角逐，讲述奥运故事，深度挖掘新闻背后的故事，吸引更多的普通民众参与冰雪运动，整体报道精彩纷呈，具有良好的传播效果。

一　河北省主流媒体2022北京冬奥会报道概况

2015年7月31日，北京携手张家口获得第24届冬奥会举办权。此次冬奥会中，张家口是雪上项目的举办场地。河北省主流媒体借助融媒体优势，积极联动，形成高强度、立体化、聚合化的"大兵团作战方式"，以融合传播构建蛛网式传播格局，为冬奥会宣传助力。

河北日报报业集团联合旗下《河北日报》、《燕赵都市报》、"河北日报"客户端、"纵览新闻"客户端、河北新闻网等平台，共同宣传冬奥会。2019年初，《河北日报》以专版形式对2022北京冬奥会的筹办进行报道。2020年，河北日报报业集团"相约冬奥"微信公众号正式上线。河北新闻网推出了"冬奥会倒计时500天"和"冬奥会倒计时100天"等专题，《河北日报》和《燕赵都市报》都推出"北京冬奥会倒计时100天"特刊。河北新闻网推出系列微视频《冬奥微课堂》介绍冬奥会项目；推出"冬奥问冀"专题，对冬奥赛时张家口赛区的住宿状况、Rh 血型血液库存情况、"崇礼菜单"中的特色菜品和"雪如意"的赛道插松枝等问题一一为网友解疑释惑。

河北广播电视台（集团）整合河北省广播电视资源，与"冀时"客户端、河北广播电视台的各个频道和广播频率、河北网络广播电视台强强联合，协同作战，共同宣传冬奥。河北广播电视台在冬奥会倒计时 100 天时，推出全媒体直播《相约冬奥 从心出发》。冬奥会期间，河北广播电视网推出了"相约冬奥""冬奥百科"等专题。

长城新媒体集团下辖长城网、"学习强国"河北学习平台，"冀云"客户端，"长城 24 小时"客户端，"长城新媒体"微信公众号、微博，河北经济日报，积极联动形成全媒体传播矩阵，推出融媒产品。冬奥会倒计时 200天时，长城新媒体改版上线"相约冬奥"频道，推出"冬奥进行时""冬奥随手拍""三千万人上冰雪""赛事""冬奥有我""冬奥百科"等全新专题栏目。长城网推出"一起向未来！聚焦北京冬奥会倒计时 100 天"专题，推出"冬奥问冀系列漫画"专题，以漫画的形式为受众解疑释惑。

从 2022 年北京冬奥会倒计时 500 天、200 天、100 天，到冬奥会开幕、奥运赛场各项赛事的激烈角逐，再到冬奥会圆满闭幕，河北省主流媒体集思广益、爆款产品频出，制作了一系列影响力强、收视效果良好的报道，探索出形式新颖、令人耳目一新的融媒产品，彰显了河北主流媒体的实力和水平。

二 河北省主流媒体2022北京冬奥会报道的特色

2022 北京冬奥会尤为特殊，是一场与众不同的"闭环"冬奥会。在国际环境日益复杂的当下，体育爱好者不能到现场观看比赛，只能通过不同形式的媒体来了解、参与、关注北京冬奥会。在这种情况下，河北省主流媒体发挥了重要的作用，呈现了巨大的传播力和影响力。

（一）把握宣传的主动性，冬奥会报道贯穿始终

从冬奥会筹备、开始、结束到后奥运时代，河北省主流媒体抓住冬奥会各

项工作的时间节点，分步骤、分阶段设置议程，持续打造冬奥会的传播热点。

对于冬奥会的筹备报道，河北日报报业集团入手较早，2019 年初《河北日报》对 2022 北京冬奥会的筹办工作进行系列报道，冬奥会倒计时 500 天时，推出系列专题报道。冬奥会期间，《河北日报》《燕赵都市报》每日推出"精彩冬奥""冬梦飞扬"等冬奥会特刊，专门报道 2022 北京冬奥会盛况。河北日报报业集团在报端发布冬奥会相关报道 428 篇、在新媒体平台发布 4650 余篇（件），累计浏览量超 6.4 亿次，多件爆款产品"出圈"，引起网友强烈反响和共鸣。

河北广播电视台冬奥会主题宣传做法和成效多次得到国家广电总局通报表扬。河北广播电视台以《河北新闻联播》《河北新闻》《全省新闻联播》重点新闻节目为龙头，开设了"相约冬奥""冬奥百科"等 24 个冬奥专栏专题，调集全台精锐力量组建 200 余人的前后方冬奥会采编播团队，冬奥会期间，共在广播、电视、新媒体端发稿近 4000 篇，全网总浏览量达 7.2 亿次。全省各地广电媒体紧密结合当地实际，突出春节文化、冰雪文化等主题，全景聚焦、浓墨重彩的做好冬奥会相关宣传报道。

长城新媒体集团以互联网传播为主体，扎实做好常规报道，在冬奥会宣传报道中突出全媒体特色。冬奥会倒计时 200 天，长城新媒体"相约冬奥"频道改版上线，讲好奥运故事，营造全民共享、参与冬奥的氛围。在冬奥会倒计时 100 天时，长城网推出"一起向未来！聚焦北京冬奥会倒计时 100天"专题，长城新媒体推出《冬奥在河北》不间断直播。长城新媒体集团在北京冬奥会及冬残奥会期间共发布相关稿件 5000 余篇，全网点击量超4.8 亿次。《手绘长卷丨长城群英绘·北京 2022 年冬奥会冠军"全家福"》《创意视频丨世界看崇礼：一起向未来！》等一批爆款作品刷屏热传。其中，有 21 件作品获中宣部表扬，有 11 件作品被中央网信办全网推送，宣传工作及作品 7 次获中国记协、中央网信办官网官微肯定，多部视频素材被央视网、中新网等央媒转载。

（二）大格局大场景深度报道彰显绿色办奥理念，展现国家形象

绿色是 2022 北京冬奥会的举办理念之一，河北省主流媒体特别关注张

家口赛区利用旧有场馆、使用绿色能源、打造绿色环境方面的工作，紧扣绿色发展主线，倡导绿色节能环保理念，传递绿色办奥精神，向世界展示了负责任大国的中国形象，赢得了国际社会的高度认可与肯定。

2017年1月23日，习近平总书记对河北省、张家口市提出要求，要努力交出冬奥会筹办和本地发展两份优异答卷。2021年12月17日，长城新媒体集团推出系列融媒报道"冰雪四年 两份答卷"，探索塞外冰雪山城张家口的独特发展之路，被新浪、澎湃等众多媒体转载。其中《崇礼就是崇礼》彰显了绿色的办奥理念。正如习近平总书记指出的，应该把崇礼建成比赛设施专业化、配套建设有特色的滑雪旅游胜地，体现中国元素、当地特点。崇礼冰雪经济的发展契合了时代、社会和环境发展的需要。《"雪如意"是什么颜色》通过展现冬奥会场馆"雪如意"的高标准建设过程，揭示冬奥会场馆建设的绿色、环保理念。

张家口得天独厚的冰雪资源，加上冬奥会的助力，已经成为河北发展新的经济增长点。河北新闻网推出的"精彩冬奥·魅力山城"专题，通过《冬奥打开崇礼未来之门》《张家口："冬"风带动产业转型》《张家口擦亮"可再生能源"招牌》等深度报道，遵循"是什么""为什么""怎么办"的"三步走"深度报道思路，从张家口的绿色发展思路讲起，深入分析这一发展思路的来龙去脉，揭示张家口发展成为高规格冰雪山城的深层原因，并展望未来张家口的发展之路，站位高、立意深，在业界和受众中产生了广泛的影响，受到了多方肯定。

（三）小角度小切口报道凸显共享办奥理念，唤起群众参与热情

张家口与北京共同携手举办第24届冬奥会，对于张家口来说是千载难逢的历史机遇。为凸显共享办奥理念，与受众建立联系，河北省主流媒体注重细节，从小角度小切口入手，以较多篇幅报道人民群众从筹办冬奥中受益，获得幸福感。"冀云"客户端推出《"冰雪娃娃"长大啦!》，以几年前曾在云顶滑雪场与习近平总书记相遇的崇礼女孩如何爱上冰雪运动、参与冰雪运动的经历，以小见大，从具体到一般，记录少年一代与中国大众冰雪运

动共同成长的历程，折射出冬奥会申办成功以来河北省冰雪产业的跨越式发展。河北省参与冰雪运动的人数已经超过3000万。《河北日报》聚焦河北省第三届冰雪运动会，报道了7岁萌娃、"60后"老将等越来越多的人热爱冰雪运动、享受比赛、参与比赛的故事，并配发快评《冰雪运动从让娃娃们喜欢抓起》，深刻阐释冰雪运动从一季走向四季，民众对冰雪产业的认知度逐步提高。河北省大众冰雪运动根深叶茂，不断向纵深开掘，共享办奥理念始终贯穿于冬奥会的报道，真实地塑造了一个正在建设冰雪强国的国家形象。

在筹备冬奥会的新闻报道中，河北省主流媒体着重关注场馆以及周边基础设施的建设与改造，展示冰雪产业发展的新思路和城市发展的新理念，助推共享办奥理念的传播，如"冀云"客户端的深度报道《冰天雪地也是金山银山》讲述曾以矿山经济为支柱产业的崇礼在冬奥会产业的带动下发展成为名副其实的冰雪小镇。1/4的崇礼人依托从事与冰雪相关工作脱贫致富，冰雪产业取代了矿山产业，成为崇礼发展的新方向。河北新闻网推出的"精彩冬奥·魅力山城"专题，讲述了冬奥会给张家口人民带来的"福利"，社区里公厕、电梯、坡道改造，走出社区到处是智能健身房、冰雪运动场馆，整洁畅通的城市道路，水清景美的清水河，人民生活越来越舒适。

（四）创新表达，融媒产品丰富

2022北京冬奥会期间，河北省主流媒体树立融媒思维，创新融媒表达，通过立足传统特色、科技创新赋能等方式推出了大量各具特色的爆款融媒产品，以此提升地方主流媒体的传播力、影响力、公信力，创新报道重大媒介事件的模式，打造属于自己的媒体品牌。

一是立足传统特色的融媒表达。在饮食方面，冀菜历史悠久，崇礼的饮食别具特色，河北卫视推出7集纪录片《品味冬奥　崇礼食记》，围绕2022年冬奥会"崇礼菜单"，将河北的地域文化和历史文明融入美食。节目播出后，网络热度持续飙升，话题#冬奥崇礼菜单#进入微博热搜前20，双话题#冀味儿##冬奥崇礼菜单#阅读量均破亿次，介绍"崇礼菜单"及菜品的多个

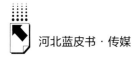

热门短视频单条播放量破百万次，数十家主流媒体为节目发文或点赞，近200个影视、美食、本地自媒体网红账号关注并持续推荐节目，实现了热点与口碑的双丰收。

河北传统文化与冬奥会相结合的方面，河北省主流媒体立足于蔚县剪纸、唐山皮影、衡水内画等河北特色文化元素，推出融媒产品，使观看者产生强烈的共鸣。这些融媒产品具有极高的播放量，成为融媒爆款产品。河北日报报业集团推出微视频《当皮影遇到冬奥会》，将河北的特色元素长城、"雪如意"等与冬奥会15个比赛项目画面以皮影的形式呈现，总播放量突破2.3亿次，成为爆款融媒产品。长城新媒体集团推出创意视频《"剪纸娃"的冰雪奇缘》，让非遗艺术作品"剪纸娃"游历冬奥会张家口赛区，剪纸艺术和3D场景相结合，展现张家口赛区的鲜明特色；《燃动冰雪梦，一起向未来》，运用皮影哪吒——展示冬奥会的运动项目，全网播放量3110万次。

二是科技创新融媒产品。为提升年轻用户的互动参与体验，河北省主流媒体研发了以冬奥会为主题的网络互动游戏。如长城新媒体集团研发H5动漫《云瞰"雪如意"AR来揭秘》，全景展现冬奥会场地，网友通过AI技术参与其中，参与互动达560万人次；推出的《3D体感虚拟游戏丨一起向未来 滑向"雪如意"》和H5互动游戏《我为冬奥加油》，深受年轻人喜爱。河北广播电视台新媒体中心策划的《身临其境 体验冬奥》以H5小游戏、图文介绍等形式展现冰壶、短道速滑、雪车等冬奥会项目，传播冬奥会知识，用户可身临其境般体验冬奥会项目，在参与游戏的过程中了解和熟悉比赛，同时可以比拼排名，增强游戏的互动性和传播性。

三 河北省主流媒体2022北京冬奥会报道的不足之处

2022年北京冬奥会不仅是一场全球体育竞技盛会，还是世界范围内的重大媒介事件，河北主流媒体对冬奥会的方方面面进行了大量报道，有深度、有亮点，极大地激发了人民群众参与冰雪运动的热情，但还存在一些不足之处，有待进一步优化。

（一）缺乏年轻化、个性化的品牌节目

关注 2022 北京冬奥会的用户年龄在 35 岁以下的占比达到 65%①，主流媒体应当充分考虑受众需求，设置年轻化、个性化的报道形式。北京冬奥会期间，所有人员实行闭环管理，河北省主流媒体在冬奥会报道中，采用 Vlog、记者手记这种年轻化、个性化的表达方式记录记者在闭环状态下台前幕后的工作，将更加真实的一面展现给受众，提高信息的真实度以及受众的认可度，增强受众共同参与、共同经历的沉浸感，其叙事表达的互动语态和情绪性的表达，引起受众强烈的共鸣，营造出更加立体、真实的媒介事件。如"冀时"客户端"晓芳 Vlog"打卡崇礼系列，推出"冬奥有我·记者手记"专栏，在记者的带领下，聆听记者的感悟。长城新媒体集团推出"'畅'游冬奥""'梦'圆冰雪"等 Vlog 专题，掀起全民体验冰雪项目的热潮，为国家倡导的"全民奥运"助力。

但是，河北省主流媒体推出的 Vlog、记者手记等影响力较弱，很难引起共鸣。首先，Vlogger 多为新人，缺少知名度，难以像央视新闻的"冰冰 Vlog"一样产生巨大的流量，同时省内媒体的平台受众较少，节目浏览量较低。其次，Vlogger 情绪化表达与互动性语言导致受众注意力集中于第一人称的叙述者身上而非新闻事件本身。再次，Vlog 内容的选择上多数倾向于生活与体验类视频，并且在主题选择中很容易出现相同或相似的现象。

（二）新闻评论引领舆论的效果未达到预期

新闻评论以具体鲜活的新闻事实或社会现象为由头，发表具有一定权威性、思想性和建设性的观点。新闻评论是媒体引导舆论的重要形式，是媒体的一面旗帜。

在 2022 北京冬奥会的报道中，河北省主流媒体围绕奥运精神、团结精

---

① 《北京 2022 冬奥会前半程用户行为分析》，澎湃新闻，2022 年 2 月 15 日，https：// m. thepaper. cn/baijiahao_ 16688689。

神、梦想、拼搏等刊发多篇评论及图文、音视频等作品，发挥评论引领的作用。《河北日报》2022 年 2 月 4 日发表社论《共燃冰雪梦　一起向未来——热烈祝贺北京 2022 年冬奥会开幕》、2 月 7 日发表评论员文章《把"团结就是力量"唱得更加响亮》等；《河北日报》推出了"冰雪观察"专栏，发表《更多新突破可期》《同心筑梦温情浓》《为每一个拼搏者喝彩》《向传奇老将致敬》《为勇于挑战自我喝彩》等评论。这些属于传统意义上的新闻评论，风格严肃专业，以理性分析为主。

在评论报道中，有一些新颖的评论。例如河北新闻网短视频栏目《值班老总读报》在冬奥会期间共发布了 9 期节目，有《今晚，我们一起迎接"春奥"》《喝彩冬奥　加油河北》《有梦想，谁都了不起!》《来吧，赴一场"美的盛宴"》等。每期节目是以叙述、讲故事为主，以点评为辅的"散文式评论"。但是该专栏的包装需要不断更新，音乐、音响稍显逊色，内容的可听性、可视性一般。

传统新闻评论的叙事方式虽然能够彰显主流媒体的权威性和公信力，但思想性、思辨性、逻辑性的要求易造成受众流失，尤其是青年受众群体的流失最为严重。传统的新闻评论日渐式微，新式的新闻评论需要迅速发展起来，强化舆论的效果。

（三）新闻产品的技术含量较低

在重大媒介事件报道中，主流媒体要增强科技意识，在融媒产品中应用 5G、人工智能、大数据、XR 等信息技术，让融媒内容生产"穿上"技术的"外衣"。在 2022 北京冬奥会报道中，各种高科技层出不穷，北京冬奥会开幕式和闭幕式全程运用了 AI、5G、AR、裸眼 3D 和"云"等多种科技成果，形成绝无仅有的效果。冬奥会中，"猎豹"、"飞猫"、"时间切片"和"子弹时间"等高科技，更是使受众感受到了冰雪运动难以抗拒的魅力。媒体在拥抱前沿技术、抢占风口的同时，结合新闻报道的需要和用户接收信息的需求，实现了自我创新与突破。

河北省主流媒体运用最多的报道方式是文字、图片、短视频、纪录片

等，虽然也有 H5、漫画、创意海报、动图、长卷等融媒产品，但是运用
AR、VR、AI 等新技术制作的高技术含量的新闻产品相对较少，具有大数据
支持的新闻报道比较少。这在很大程度上影响了重大媒介事件的科技感，影
响了重大媒介事件对青年受众的吸引力。

（四）国际传播报道所占的比重较小

2022 北京冬奥会是中国的，也是世界的。对于全球性媒介事件，应该
加强冬奥会的对外传播、国际报道。虽然国家主流媒体在冬奥会对外传播方
面更具优势，但地方主流媒体也应把握这一全球性重大的媒介事件，增强对
外传播的意识，创新对外传播方式，提升对外传播的故事化表达、全球化表
达，实现跨文化传播的国际传播效果。

河北省主流媒体对外传播的报道较少，仅有长城新媒体集团略有尝试，
如长城新媒体集团与中国日报网、中国新闻漫画家协会联合为当天的冠军创
作卡通肖像漫画，并以海报的形式在海内外平台发布。冬奥会闭幕当天，长
城新媒体集团将冠军肖像合成一幅漫画长卷，推出《手绘长卷｜长城群英
绘·北京 2022 年冬奥会冠军"全家福"》；推出融媒产品《创意视频｜世界
看崇礼：一起向未来!》，来自不同国家的六位年轻人在云端相聚，通过 3D 技
术感受张家口赛区冬奥会场馆中的科技、绿色、便捷和安全，邀请国内外受
众"一起向未来"；制作中英双语专题片《长城新媒体记者带你看国家越野滑雪
中心》、"冬奥有 YOUNG"系列报道，在 YouTube、Facebook 等境外平台播出。

四 河北省主流媒体在重大媒介事件报道的优化策略

2022 北京冬奥会作为重大媒介事件，对社会的进步、世界的发展产生
广泛的影响。主流媒体在重大媒介事件面前，应当加强内容建设，摆脱同质
化困境；创新新闻评论，打造新形式的品牌评论栏目；传递中国声音、展示
国家形象，扩大影响力；关注媒介事件后期进展，继续创造发展机遇。

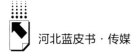

（一）加强内容建设，摆脱同质化困境

由于主题集中、资源有限，冬奥会新闻报道更容易出现同质化的问题，特别是部分媒体忽视受众定位、选题策划不精细、片面追求宏大的叙事视角，从而造成千篇一律、千稿一面的局面。主流媒体应借鉴冬奥会报道的成功经验，聚焦目标受众，不断调整自身的传播策略，提升报道内容质量，拉近与受众的距离，摆脱报道的厚重感和距离感，进一步增强用户黏性。主流媒体要基于自身的市场定位，突出创新引领，打造彰显媒体特质和本地特色、具有高度适配性和辨识度的新闻产品，满足目标用户的不同需求。

主流媒体生产的爆款产品，都是各家媒体提前准备、匠心策划的结果。河北日报报业集团早在冬奥会开幕一年前就提出要做出有燕赵特色的冬奥会新闻报道和新媒体产品，创作团队精心策划，将首批国家非物质文化遗产唐山皮影与冬奥会结合起来，制作微视频《当皮影遇到冬奥会》，微视频在全网总播放量已突破 2.3 亿次。长城新媒体集团推出系列融媒报道《冬奥夜话》，每期节目由前方一线采访回来的记者，讲述带着年味的冬奥会故事。该系列报道虽然站位高，但切入口具体，娓娓道来，把好故事讲鲜活、讲生动，使报道有深度、有启发，每一期浏览量均在 200 万次左右。

作为新闻媒体平台，优质的原创内容是最重要的。用户是否被吸引，取决于内容是否满足用户的需求、是否能够满足受众深层次的思考。主流媒体应该牢记以内容为王，既要追求传播的广度，也要追求报道的深度，以深度报道打开局面赢得受众。

（二）创新新闻评论，打造新形式的品牌评论栏目

河北省主流媒体在冬奥会的评论报道策划中，出现了一些以叙述、讲故事为主，以点评为辅的"散文式评论"，形式灵活，大部分报道娓娓道来，像讲故事，只是在结尾进行点评，点评的内容言简意赅、点到为止。如"河北日报"客户端的《冬奥快评》、"冀云"客户端的《冬奥微评》。但这种新式评论尚未成熟，还在发展之中，媒体应该在作品内容、形式、包装设

计上下功夫，必要时可运用数字技术进行完善。

近年来，主流媒体注重新技术、新形式的创新传播，而在新闻评论方面的创新远远不够。随着媒体融合的深入，主流媒体应该积极创新评论的话语表达方式和呈现方式，探索新闻评论的新内容、新形式和新路径，在移动发布平台打造新闻评论的品牌栏目。新闻评论的形式也应多元化，有文字、有图片、有声音、有视频、有专门的"发声人"。注重与时俱进，可采用当代年轻人喜闻乐见的语言，符合公众阅读、收听、收看的习惯。在重大媒介事件的报道中，重视创新新闻评论，建立新形式的品牌评论栏目，更好地发挥舆论引导的作用。

（三）传递中国声音、展示国家形象，扩大地方媒体影响力

冬奥会作为全球性的重大媒介事件，相关的报道对于国家形象的构建和传播起到了非常重要的作用。2022北京冬奥会向世界展示了中华泱泱大国的风采，是我国新发展理念的又一次生动传播实践。

面对重大媒介事件，地方主流媒体要主动出击，通过影响大众舆论来塑造、展现国家形象。地方主流媒体不仅需要做好对内传播，采取媒介联动、增进共识、共同发力的传播策略，还要强化对外宣传意识，以开放的思维、多元的视角传递中国声音、讲好中国故事，增进价值认同，使更多的外国友人爱上中国这片富饶的土地。

首先，要彰显中国特色，弘扬传统文化。民族的才是世界的，这是报道的源头活水，也是国际传播中产生共鸣的有效途径。例如，人民日报的爆款产品《热"雪"沸腾》是水墨动画宣传片；国家体育总局与上海美术电影制片厂联合制作的冬奥会宣传片，以葫芦娃、哪吒、敖丙、雪孩子等大众熟知的动画形象参加冰雪运动的形式，彰显中国特色、民族特色，弘扬民族自信、彰显民族实力。其次，要站位高、格局大，能够胸怀全局找准方向、找准角度。比如，在冬奥会的报道过程中，中央级媒体始终遵循"四个办奥"理念，在"四个办奥"理念的指引下，高屋建瓴的进行报道。人民网推出"践行办奥理念　共赴冰雪盛会"系列报道，即《绿色办奥，让北京冬奥会

"冰雪之约"变得"绿意盎然"》《发展成果惠及于民 "共享办奥"让冰天雪地变金山银山》《践行"开放办奥"理念 多措并举展示中国良好形象》《践行"廉洁办奥"理念 让北京冬奥会像冰雪一样纯洁干净》,以此对"四个办奥"理念进行深入报道。中央广播电视总台在多个平台播出冬奥会纪录片《大约在冬季》,该片以"双奥之约"、"砺冰之旅"、"沐雪而行"、"爱上冰雪"和"相聚2022"为主题,深入阐释"四个办奥"理念。再次,报道的过程中一定要注意小角度小切口,以具体生动的故事打动人、感染人,用局部引领全局,这样才能更好地传播中国声音,讲述中国故事,鲜明展现中国故事背后的思想力量和精神力量。如《人民日报》发表的《"小中见大"看冬奥》《要是能服务北京冬奥会,那可太棒了!》《让更多的人参与冰雪运动》等报道,以小见大展示了中国的冰雪运动热潮、国人对冬奥会的期盼。中央广播电视总台在多个平台播出6集冬奥会纪录片《从北京到北京》,该系列纪录片以小见大,讲述了普通人的故事,将人物命运与国家发展、奥运会精神紧密结合起来,使受众深刻地体会到人物命运背后的国家力量。

(四)关注媒介事件后期进展,继续创造发展机遇

举世瞩目的2022北京冬奥会给世界人民留下了美好的回忆和难以磨灭的印象,也给河北留下了宝贵的遗产和崭新的发展方向。在后冬奥时代,河北主流媒体继续瞄准机遇、找准角度,以报道促发展,如河北新闻网设置了"后冬奥"频道,对后奥运时代展开报道。绿色经济取代了矿山经济,环保、低碳的发展理念在张家口生根、发芽,张家口未来的发展方向是冰雪经济、绿色产业和环保能源,这也成为主流媒体的聚焦点。未来,张家口和崇礼如何蓬勃发展冰雪运动、冰雪旅游、冰雪装备制造产业,不断提升冰雪产品质量和服务水平,持续推动冰雪运动深入发展;崇礼如何加强冬奥会遗留下来的高水平奥运会场馆的综合利用,培育赛事经济和冰雪文化,使冬奥会场馆设施重新"火热"起来;如何管理好、运用好北京冬奥会的各种遗产资源,使"白雪资源"持续成为"热门产业",后奥运时代的河北省主流媒

体应翔实的对此进行报道。由此可知，媒介事件的结束并不是事件的完结，主流媒体应持续关注这一媒介事件，继续对重大媒介事件的后期进展进行挖掘报道，尽可能地发挥价值。

参考文献

《长城新媒体集团董事长赵兵等：找准"冬奥大流量"的"地方入口"》，搜狐网，2022 年 5 月 16 日，https：//www. sohu. com/a/547480089_ 120333600。

《冰雪之约　中国之邀｜一起向未来！河北日报推出〈北京冬奥会倒计时 100 天〉特刊》，河北新闻网，2021 年 10 月 26 日，https：//www. dzwhb. com/NewsDetail/2937438. html。

《河北广播电视台三位一体构建全媒体宣传矩阵，冬奥新媒体宣传成效显著》，新浪网，2022 年 2 月 12 日，http：//k. sina. com. cn/article_ 7517400647_ 1c0126e4705902raz6. html。

B.18
河北省大学生健康信息关注情况调查

张雅明　张少娜　庞　博*

摘　要： 新冠肺炎疫情发生以来，人们对健康信息的关注与需求迅猛上升。大学生处于心智发展时期，同时作为新媒体的积极使用者，对于健康信息有一定的需求。为了对河北省大学生的健康状况、健康信息的获取、关注与使用状况以及健康信息素养等方面有一个清晰的认识，本报告对河北省 67 所高校的 242 名学生进行了问卷调查。调查内容涉及健康状况自评、健康信息关注情况（基本情况、媒介使用情况、健康信息获取与分享情况、健康信息判断与影响情况）、健康信息素养等。调查发现，河北省大学生总体身心健康状况良好，但亚健康状态较为普遍，健康素质有待提高；河北省大学生对健康信息的关注度较高；在健康信息的辨识方面，信息源权威性占据绝对优势，主流媒体切忌失语出错；河北省大学生获取健康信息的方式多样且主动性强，以问题搜寻为主，以偶然获取为辅；关注健康信息对河北省大学生的影响喜忧参半，应趋利避害加强疏导，避免制造焦虑；河北省大学生健康信息素养普遍较高，在健康信息处理及传播中发挥积极作用。

关键词： 健康信息　健康传播　大学生　河北

---

* 张雅明，博士，河北大学新闻传播学院教授、硕士研究生导师，主要研究方向为传播心理、传播效果；张少娜、庞博，河北大学新闻传播学院硕士研究生。

一　引言

　　健康一直是政府、企业和社会共同关注的话题，尤其是疫情这一重大公共卫生事件发生以来，健康议题的重要性愈加显著。在政治层面，政府十分重视对人民健康的保障，从2016年公布的"健康中国2030"到疫情背景下对于人民群众健康的高度重视，再到《"十四五"全民健康信息化规划》中部署的八大主要任务、五项重点工程及八大优先行动等，都彰显了国家保障全民健康的决心。在经济层面，当前大健康产业因顺应了中国经济转型升级、绿色发展的趋势而成为突出的经济增长点。艾媒咨询的数据显示，2014~2021年，中国大健康产业整体营收保持稳定增长，2021年营收规模达8.0万亿元，增幅达8.1%，预计2024年将达9.0万亿元。[①] 此外，人工智能（AI）、大数据、物联网等技术加速渗透至医药领域，带来新业态、新场景、新增长，AI+研发、医药电商、在线诊疗等改变着传统模式与格局。随着后疫情时代的到来，人们对健康的关注将不断增加，大健康产业吸纳资本的潜力较大。在社会层面，民众对健康的重视程度逐渐提高。国家卫健委发布的《2021年我国卫生健康事业发展统计公报》显示，我国居民人均预期寿命由2020年的77.93岁提高到2021年的78.2岁。而媒体作为移动互联网时代下健康信息传播的最主要途径，在竭力推动健康信息的有效传播。根据CNNIC发布的第50次《中国互联网络发展状况统计报告》，截至2022年6月，我国在线医疗用户规模达3.00亿人，较2021年12月增长196万人，占网民整体的28.5%。各方的共同关注与推动使得我国的健康事业稳步发展。

　　大学生群体的健康信息情况是值得关注与进行深入研究的。这是因为大学生群体接触的信息种类与数量庞杂，健康信息有可能处于边缘，不被

---

　　① 《艾媒咨询｜2022-2023年全球与中国大健康产业运行大数据及决策分析报告》，艾媒网，2022年6月23日，https://www.iimedia.cn/c400/86212.html。

重视，河北省大学生群体可能也存在这种情况。另外，作为河北经济、科技、文化建设强大的主力军，河北高校大学生除了要具备丰富的文化知识和熟练的实践能力之外，还要有健康的身心、强健的体魄及足够的社会适应能力。因此，本次调查以河北省大学生为调查对象，以河北省大学生在健康状况自评、健康信息关注情况、健康信息素养等方面的客观数据呈现，来反映该群体对健康信息关注的各维度真实情况，从而为河北省大学生更好地关注身心健康、更有效地关注健康信息提供数据参考与策略支持。与此同时，在了解河北省大学生健康信息关注情况的基础上，以大学生健康信息需求为导向，加大对健康信息传播的监管力度，强化健康传播主体建设，提升大学生的健康信息素养。

近年来，国内学界和业界开展了很多针对大学生健康信息关注的相关调查研究，如高静静研究了社交媒体健康信息关注度对大学生健康行为与认知的影响，发现社交媒体健康信息与调查对象的部分健康行为有显著相关关系，可以利用社交媒体对大学生进行健康教育和健康促进。[①] 周燕梅开展了大学生健康信息接触影响健康行为的实证研究，结果显示大学生健康信息接触会通过其健康知识、健康信念、主观规范与自我效能对健康行为产生正向的间接影响，并且专业、健康状况在大学生健康信息接触对健康行为的影响中起调节作用。[②] 沈默开展了大学生网络健康信息搜寻行为及其影响因素研究，发现大学生总体健康状况令人担忧，需求最多的健康信息是疾病症状和治疗方法，关注度最高的健康话题是饮食营养和减肥健身，大学生发生网络健康信息搜寻行为存在性别、专业、学校区域及家庭经济水平差异等。[③] 关于大学生健康信息素养的研究也有很多，如徐君、张晓阳开展的大学生健康信息素养量表构建及实证研究，发现后疫情时代大学生健康信息素养总体良

---

① 高静静：《社交媒体健康信息关注度对大学生健康行为与认知影响研究》，硕士学位论文，河南大学，2017。

② 周燕梅：《大学生健康信息接触影响健康行为的实证研究》，硕士学位论文，南昌大学，2020。

③ 沈默：《大学生网络健康信息搜寻行为及其影响因素研究》，硕士学位论文，浙江大学，2018。

好，大学生对健康信息的需求意识普遍增强。大学生普遍具备健康信息获取与应用能力，拥有较高的健康信息伦理，但欠缺对健康信息的评价技能。[1] 袁雪晴开展的两省大学生健康素养现状及与健康行为、健康状况的关系研究发现，大学生总体健康素养水平高于居民健康素养水平。[2] 许孝君、臧晓文开展的突发公共卫生事件下大学生健康信息素养教育影响因素研究发现，健康信息质量、教学干预、健康信息意识、健康信息获取、自我效能等因素对大学生健康信息素养教育产生正向影响，健康信息过载对大学生健康信息素养教育产生负向影响。[3] 袁雪晴等开展的河北省大学生健康素养水平与健康状况的关系研究发现，不同专业、年级和性别的大学生健康素养水平不同，生活方式健康、健康状况好的大学生健康素养水平较高。[4] 总体来看，国内目前有一定数量的大学生健康信息关注情况的研究，但多聚焦于特定维度，缺乏整体性的观照与分析，对于河北省而言，近两年相关研究数量较少，且多数研究是在疫情发生之前开展的，而对于后疫情时代的当下，大学生健康信息关注情况可能会发生变化，基于上述考虑，本报告开展了本次抽样调查。

二　调查过程与方法

（一）调查样本

本次调查对象为河北省各高校的在校大学生，为了保障调查结果的代表

① 徐君、张晓阳：《大学生健康信息素养量表构建及实证研究》，《图书馆学研究》2021 年第 21 期。
② 袁雪晴：《两省大学生健康素养现状及与健康行为、健康状况的关系研究》，硕士学位论文，中国疾病预防控制中心，2019。
③ 许孝君、臧晓文：《突发公共卫生事件下大学生健康信息素养教育影响因素研究》，《教学研究》2021 年第 4 期。
④ 袁雪晴等：《河北省大学生健康素养水平与健康状况的关系研究》，《中国健康教育》2018 年第 12 期。

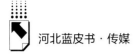

性，本次采取简单随机抽样的方法随机抽取就读学校为河北省高校的在校大学生填写问卷。

（二）调查过程

本次调查分为三个阶段，问卷设计于 2022 年 11 月初定稿，问卷发放、回收与数据录入工作于 2022 年 12 月 10 日完成。之后为数据分析与报告撰写阶段。由于实地调查受限，因此采用问卷星的样本服务进行线上精准投放。最终回收样本 291 份，经过问卷星算法筛选以及人工筛选最终确定有效答卷为 242 份。

（三）调查工具与内容

调查工具为自编《河北省大学生健康信息关注情况调查》问卷，其内容包含个人基础信息、健康状况自评、健康信息关注情况、健康信息素养。对健康状况自评的考察通过生理与心理健康状况自评、疾病史、健康困扰三个方面实现。健康信息关注情况分为基本情况、媒介使用情况、健康信息获取与分享情况、健康信息判断与影响情况四个维度。健康信息关注情况中的基本情况分为健康信息关注频率、类别、目的三个方面，并对河北省大学生关注的疫情信息内容进行了调查。媒介使用情况分为关注的信息发布主体类型、自媒体类型、信息获取渠道、载体形式四个方面。健康信息获取与分享情况分为获取信息的行为模式、获取信息时看重的因素、分享与否、分享方式、不分享的原因五个方面。健康信息判断与影响情况分为辨别信息真实性的方式、对信息发布主体的信任度、判断信息可信度的标准、关注健康信息带来的积极与消极影响四个方面。健康信息素养情况通过一组 8 个题组成的李克特量表进行测量。

部分指标得分计算方法如下：使用李克特 5 级量表（非常不同意、不同意、一般、同意、非常同意）对相应指标进行测量，5 种选项分别记 1 分、2分、3 分、4 分、5 分，将计算指标全样本得分的平均数作为该指标的得分。

三　调查结果与分析

（一）样本构成

被调查者共计242人，其中女生139人，占57.44%，男生103人，占42.56%，总体性别占比较为均衡。

被调查的大学生院校分布较为广泛，共涉及66所院校。其中保定理工学院2人、保定学院2人、保定幼儿师范高等专科学校1人、保定职业技术学院2人、北华航天工业学院2人、渤海理工职业学院1人、沧州交通学院3人、沧州师范学院8人、沧州医学高等专科学校1人、沧州职业技术学院2人、承德医学院2人、冀南技师学院1人、邯郸学院1人、邯郸职业技术学院1人、河北北方学院2人、河北承德职业学院1人、河北传媒学院7人、河北大学27人、河北地质大学4人、河北地质大学华信学院1人、河北东方学院1人、河北对外经贸职业学院1人、河北工程大学6人、河北工程技术学院5人、河北工业大学7人、河北职业技术学院2人、河北建筑工程学院2人、河北经贸大学2人、河北科技大学13人、河北科技工程职业技术大学2人、河北科技师范学院1人、河北科技学院3人、河北美术学院2人、华北理工大学16人、河北民族师范学院1人、河北能源职业技术学院1人、河北农业大学17人、河北青年管理干部学院1人、河北师范大学22人、河北师范大学汇华学院2人、河北师范高等专科学校1人、河北石油职业技术大学1人、河北医科大学14人、河北政法职业学院1人、河北中医学院2人、河北资源环境职业学院1人、衡水学院2人、华北科技学院5人、石家庄财经职业学院1人、石家庄城市经济职业学院2人、石家庄工程技术学校1人、石家庄工程职业技术学院1人、石家庄工商职业学院1人、石家庄人民医学高等专科学校1人、石家庄铁道大学2人、石家庄铁路职业技术学院1人、石家庄学院4人、石家庄医学高等专科学校2人、石家庄职业技术学院1人、唐山师范学院1人、唐山学院1人、唐山职业技术学院1人、邢台学院3人、燕京理工学院4人、燕山大

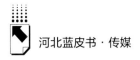

学 7 人、张家口职业技术学院 3 人。调查对象覆盖了河北大部分高校。

被调查的大学生年级分布为：大一 52 人，占 21.49%，大二 68 人，占 28.10%，大三 74 人，占 30.58%，大四 44 人，占 18.18%，大五 4 人，占 1.65%。"大五"为医学专业连读，相对占比较少，其他年级的调查对象占比较为均衡。

被调查大学生的专业分布为：自然科学类 13 人、农业科学类 15 人、医药科学类 45 人、工程与技术科学类 89 人、人文与社会科学类 80 人。具体专业方面，共划分出 92 个专业。可见，调查对象覆盖的专业范围广泛，代表性较强。

（二）河北省大学生健康状况自评

1. 生理与心理健康状况自评

在生理健康方面，在所调查的 242 人当中，有 205 人的健康状况自评在"好"及以上，占 84.71%，健康状况自评为"一般"的有 36 人，占 14.88%，自评健康状况为"差"的仅有 1 人，占 0.41%，自评为"很差"的有 0 人；在心理健康方面，自评在"好"及以上的有 202 人，占 83.47%，"一般"的有 38 人，占 15.70%，"差"的有 2 人，占 0.83%，"很差"的有 0 人（见表 1）。可见，多数大学生的身心健康状况较好，大学生对自身状况较为满意。根据段睿馨对中国家庭追踪调查（China Family Panel Studies，CFPS）2018 年全国成人问卷的数据分析可知：在全国成人中，自评结果健康的占 71.7%；自评结果不健康的占 28.3%。[1] 对比可看出，大学生群体自评结果的积极程度高于其他群体。

表 1　大学生生理与心理健康状况自评情况

单位：%

	很差	差	一般	好	非常好
生理健康	0	0.41	14.88	38.43	46.28
心理健康	0	0.83	15.70	45.45	38.02

---

[1]　段睿馨：《中国成人健康自评状况及影响因素分析》，硕士学位论文，吉林大学，2021。

2.疾病困扰情况

被调查的大学生中,有16人存在既往疾病史,占6.61%,有226人不存在既往疾病史,占93.39%。既往疾病史是指自然人以前的病史,特别是涉及心、肺、肝、脾、肾一些重大脏器以及癫痫史、精神病史。由此可知,大学生群体中大部分人未曾有过重大疾病的侵扰。

大学生面临的健康困扰按占比从高到低依次为感冒、睡眠问题、皮肤问题、脱发、肠胃不适、焦虑、肥胖、头痛、抑郁、其他、不安全的性行为(见图1)。由此可以看出,大学生面临多样的健康困扰。丁香医生发布的《2022国民健康洞察报告》显示,2021年人们平均有4.8个健康困扰,按占比从高到低依次为情绪问题、身材问题、皮肤问题、睡眠问题、眼睛问题、口腔问题、肠胃不适、脱发、骨质关节问题……①对比可知,除眼睛问题、口腔问题以及骨质关节问题外,大学生群体与各年龄段群体的健康困扰较为一致。值得注意的是,全国健康困扰排名第一的情绪问题(47%)在大学生中并不显著。

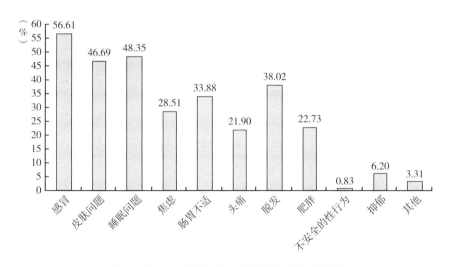

图1 近一年内河北省大学生面临的健康困扰

---

① 《2022国民健康洞察报告》,原创力文档网站,2022年5月4日,https://max.book118.com/html/2022/0501/5323220100004222.shtm。

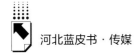

（三）健康信息关注基本情况

1. 健康信息关注情况

"健康信息关注情况"的调查结果表明，大学生对于健康信息的重视程度普遍较高，有着很高的获取健康信息的需求与欲望，仅有3.31%的被调查者表示很少关注健康信息（见图2）。《2022国民健康洞察报告》显示，为了保持与改善健康，57%的受访者表示会通过关注健康知识进行改变，大学生群体乃至全国人民对于健康信息的重视程度较高。

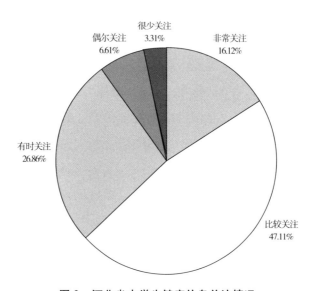

图2 河北省大学生健康信息关注情况

2. 健康信息关注类型

"健康信息关注类型"的数据表明，河北省大学生健康信息关注类型的占比由高到低分别是疫情、饮食与营养、运动与健身、心理健康、容貌与身材、身体疾病、生活方式（见图3）。由此可以看出，大学生对以上7类健康信息有较为浓厚的兴趣，关注度都处于45%以上。此外，疫情形势的严峻与变幻莫测，使得大学生对疫情信息的关注度最高。

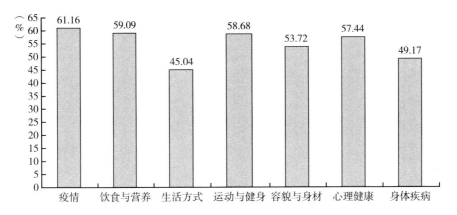

图 3　河北省大学生健康信息关注类型

3. 健康信息关注目的

通过对"健康信息关注目的"排序题的频数进行分析以及权重赋值进行重要性排名可知，大学生关注健康信息的目的按照从重要到次要的顺序分别为调整生理、心理状态，了解自身或他人健康状况，预防疾病，健康知识获取，了解突发公共卫生事件（如疫情等），治疗疾病（见表2、图4）。据结果可知，调整生理、心理状态以及了解自身或他人健康状况为较多大学生所认可的健康信息关注最首要目的。由于大学生群体被疾病困扰的占比相对较低，因此对以治疗疾病为目的的健康信息的关注排名靠后。

表 2　河北省大学生健康信息关注目的综合排序

选项	综合得分	第 1 位	第 2 位	第 3 位	第 4 位	第 5 位	第 6 位
调整生理、心理状态	3.83 分	30.1%	33.01%	13.11%	9.71%	8.25%	5.83%
了解自身或他人健康状况	3.64 分	44.17%	10.68%	9.22%	11.65%	13.11%	11.17%
预防疾病	3.52 分	18.32%	30.69%	22.28%	14.85%	10.4%	3.47%
健康知识获取	2.61 分	9.55%	17.42%	26.4%	20.79%	16.85%	8.99%
了解突发公共卫生事件（如疫情等）	2.39 分	11.24%	15.17%	17.98%	16.85%	20.22%	18.54%
治疗疾病	2.01 分	8.93%	10.12%	18.45%	18.45%	12.5%	31.55%

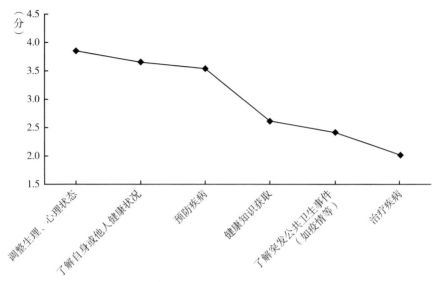

图4 河北省大学生健康信息关注目的综合得分

（四）媒介使用情况

1.信息获取渠道与主体

根据对健康信息获取主要渠道的调查结果分析可以看到，最受大学生青睐的健康信息获取渠道排前三位的分别为社交媒体（微信、微博、知乎论坛、贴吧等）（74.38%）、短视频平台（抖音、快手等）（64.88%）以及视频平台（腾讯视频、B站等）（52.48%）。而社区、学校、亲朋好友等身体在场的传播最不受推崇（见图5）。刘松在其研究中得出同样结论：社交媒体（86.2%）和抖音、快手等自媒体平台（74.7%）是最受大学生青睐的健康信息获取渠道。①

通过大学生更青睐的健康信息发布主体的调查结果可以看出，主流媒体（人民日报、央视新闻等）作为党、政府和人民的喉舌，其在影响力与号召力方面有着其他媒体平台没有的优势，而商业媒体（腾讯新闻、网易新闻

---

① 刘松：《信息生态视域下网络健康信息搜寻行为及影响因素研究——以广东省高校大学生为例》，硕士学位论文，广东药科大学，2020。

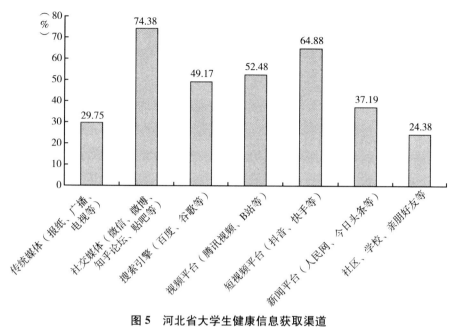

图 5　河北省大学生健康信息获取渠道

等）或因内容含量的丰富性居于第二位（见图 6）。对于健康信息的发布主体而言，大学生更乐意接受权威人士与部门发布的信息。

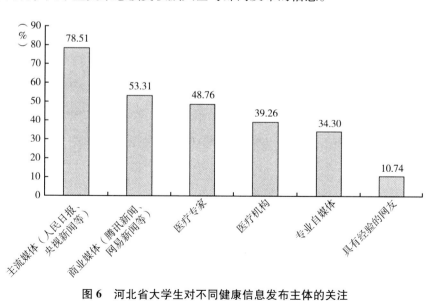

图 6　河北省大学生对不同健康信息发布主体的关注

健康类自媒体关注情况的调查结果表明，平安好医生获得了38.43%的关注度，居第一位，没有关注过健康类自媒体的占比为28.10%，处于第二位（见图7）。《2022国民健康洞察报告》显示，84%的人会通过微信自媒体文章获取健康类信息。结合前文74.38%的大学生通过社交媒体（微信、微博、知乎论坛、贴吧等）获取健康信息的结果进行推测，微信自媒体中的健康类文章是大学生获取健康信息的重要来源，但相当一部分大学生并没有特定关注的健康类自媒体。

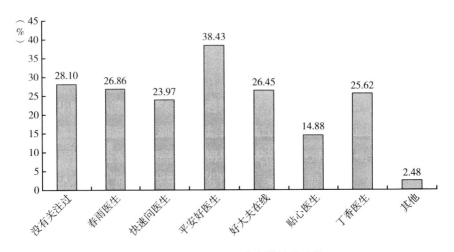

图7　河北省大学生健康类自媒体关注情况

2. 健康信息呈现形式

不同的健康信息呈现形式有自己独有的特点，以视频为主的内容更加丰富生动，使受众身临其境，以文字为主的内容更加理性与严谨，以图片为主的内容更加直观与易读，适合短时间阅读，而以音频为主的内容不需要过多的精力投入，可以伴随其他事务进行。

通过对大学生更喜爱的健康信息呈现形式的考察可以看出，有一半的大学生更喜爱以视频为主的健康信息，31.82%的大学生更喜爱以文字为主的健康信息，对图片与音频的偏爱分别占15.70%与2.48%（见图8）。

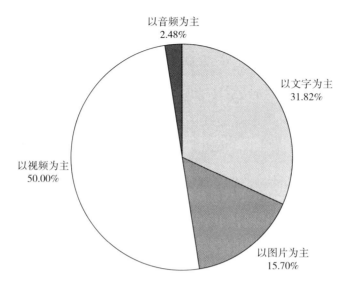

图 8　河北省大学生对健康信息呈现形式的喜爱度

（五）健康信息获取与分享情况

1. 获取健康信息的主要行为模式

河北省大学生在获取健康信息的主要行为模式上存在一定区别。选择"问题搜寻（有健康信息的需求，采取主动浏览、搜寻的方式获取相关信息）"的占 49.59%，选择"偶然获取（没有直接的健康信息需求，在日常使用网络过程中偶然发现自己感兴趣的信息）"的占 34.71%，选择"长期关注（对健康信息有长期稳定的需求，会经常性获取相关信息）"的占 15.70%（见图 9）。可见，将近一半的河北省大学生会根据自身需求主动获取健康信息，部分河北省大学生是在上网时被动获取健康信息，大部分河北省大学生获取健康信息的行为是短期型的，长期关注、获取健康信息的河北省大学生较少。

2. 获取和查询健康信息时更看重的因素

关于河北省大学生获取和查询健康信息时更看重的因素，选择"信息来源权威性"的占 78.93%，选择"时效性"的占 71.90%，选择"相关性"的占 51.24%，选择"易获得性"的占 48.76%，选择"获取代价（如

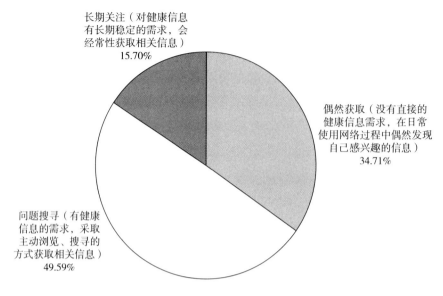

长期关注（对健康信息
有长期稳定的需求，会
经常性获取相关信息）
15.70%

偶然获取（没有直接的
健康信息需求，在日常
使用网络过程中偶然发现
自己感兴趣的信息）
34.71%

问题搜寻（有健康
信息的需求，采取
主动浏览、搜寻的
方式获取相关信息）
49.59%

图9　河北省大学生获取健康信息的主要行为模式

占用时间、费用等）"的占17.77%（见图10）。可见，大部分河北省大学生更看重信息来源的权威性与时效性，一半左右的河北省大学生看重健康信息的相关性与易获得性。在互联网普遍应用的今天，信息查询便捷高效，大部分河北省大学生不在意占用时间、费用等健康信息的获取代价。

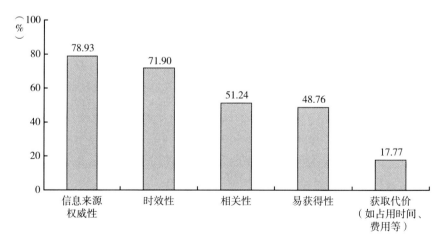

图10　河北省大学生获取和查询健康信息时更看重的因素

3. 健康信息分享意愿

在是否愿意与他人分享健康信息方面，选择"是"的占 64.88%，选择"否"的占 35.12%。可见，大部分河北省大学生愿意与他人分享健康信息，但有部分人出于某些原因不愿将自己获取的健康信息分享给他人。

4. 不愿意分享健康信息的原因

河北省大学生不愿意分享健康信息的原因主要有四个。选择"害怕泄露隐私"的占 31.20%，选择"认为别人不需要"的占 24.78%，选择"没有分享习惯"的占 22.65%，选择"对信息不信任"的占 21.37%（见图11）。可见，分享健康信息时，保护个人隐私是部分河北省大学生考虑的重要因素，是否符合他人需求也会影响部分河北省大学生分享健康信息的意愿。部分大学生因为没有分享习惯而不愿分享健康信息，还有一些河北省大学生因对信息不信任而不愿分享健康信息。

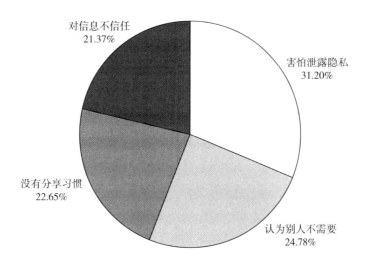

图 11　河北省大学生不愿意分享健康信息的原因

5. 分享健康信息的方式

在健康信息分享方式上，选择"利用 QQ、微信等即时通信软件"的占 78.98%，选择"线下沟通""利用微博、抖音等社交平台转发与分享"的都占50.32%，选择"通过手机电话或短信"的占45.22%，选择"参加健康公益宣传活动"的占18.47%（见图12）。可见，在互联网时代，大部分河北省大学生倾向于通过即时通信软件分享健康信息，利用微博、抖音等社交平台转发与分享及线下沟通的方式受到的青睐程度相同，超过半数的河北省大学生会选择这两类方式，通过手机电话或短信也受到部分河北省大学生的青睐，通过参加健康公益宣传活动分享健康信息的河北省大学生比较少。

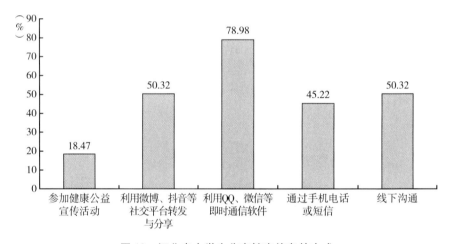

图12　河北省大学生分享健康信息的方式

（六）健康信息判断与影响情况

1.辨别健康信息真假的方式

河北省大学生辨别健康信息真假的方式主要有六种，选择"上网搜寻其他相关信息"的占63.46%，选择"参照专家等意见领袖意见""咨询相关医护人员"的都占54.96%，选择"咨询周围的人（如家人、朋友）"的占50.41%，选择"查阅相关专业书籍"的占35.12%，选择"凭借自己过去的经验"的占19.42%（见图13）。可见，信息社会中判断健康信息真伪的方式具有多元化特征，通过网络渠道主动搜寻其他相关信息进行佐证与辨伪成为多数河北省大学生的选择。在不确定健康信息真实性的情况下，超过一半的河北省大学生会通过专家等意见领袖以及相关医护人员加以甄别，半数河北省大学生会参考周围人（如家人、朋友）的意见，部分河北省大学生会通过查阅相关专业书籍来判断健康信息是否真实，少数河北省大学生会依据自身已有经验进行辨识。

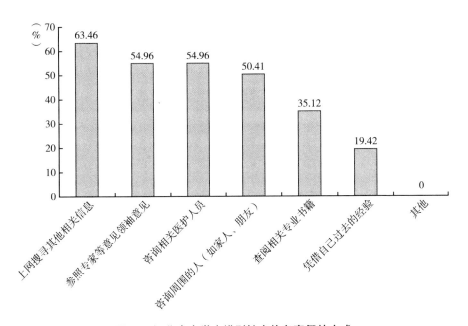

图 13　河北省大学生辨别健康信息真假的方式

2. 对来源于不同主体的健康信息的信任度

河北省大学生对来源于不同主体的健康信息的信任度是不同的。河北省大学生对来源于"主流媒体（如人民日报、央视新闻等）"的健康信息的信任度平均分为 4. 36 分，介于信任与非常信任之间，得分更接近于前者；对来源于"医疗专家"的健康信息的信任度平均分为 4. 11 分，介于信任与非常信任之间，得分更接近于前者；对来源于"医疗机构"的健康信息的信任度平均分为 3. 95 分，介于一般与信任之间，得分更接近于后者；对来源于"商业媒体（如腾讯新闻、网易新闻等）"的健康信息的信任度平均

分为 3.69 分,介于一般与信任之间,得分更接近于后者;对来源于"专业
自媒体"的健康信息的信任度平均分为 3.3 分,介于一般与信任之间,得
分更接近于前者;对来源于"具有经验的网友"的健康信息的信任度平均
分为 3.19 分,介于一般与信任之间,得分更接近于前者(见表 3)。对来源
于上述各类主体的健康信息的信任度平均分为 3.77 分,介于一般与信任之
间,得分更接近于后者。可见,河北省大学生对来源于主流媒体(如人民
日报、央视新闻等)与医疗专家的健康信息的信任度普遍较高,对来源于
医疗机构与商业媒体(如腾讯新闻、网易新闻等)的健康信息也比较信任,
对来源于专业自媒体与具有经验的网友的健康信息的信任度一般。总的来
说,各类主体面向河北省大学生提供健康信息的同时,在提高受众的信任度
方面有一定的发展空间。

表 3 河北省大学生对来源于不同主体的健康信息的信任度

选项	非常不信任	不信任	一般	信任	非常信任	平均分
主流媒体(如人民日报、央视新闻等)	2 (0.83%)	4 (1.65%)	20 (8.26%)	95 (39.26%)	121 (50%)	4.36 分
商业媒体(如腾讯新闻、网易新闻等)	1 (0.41%)	14 (5.79%)	89 (36.78%)	94 (38.84%)	44 (18.18%)	3.69 分
医疗专家	3 (1.24%)	5 (2.07%)	34 (14.05%)	120 (49.59%)	80 (33.06%)	4.11 分
医疗机构	3 (1.24%)	7 (2.89%)	55 (22.73%)	111 (45.87%)	66 (27.27%)	3.95 分
专业自媒体	8 (3.31%)	27 (11.16%)	114 (47.11%)	70 (28.93%)	23 (9.5%)	3.3 分
具有经验的网友	12 (4.96%)	43 (17.77%)	100 (41.32%)	61 (25.21%)	26 (10.74%)	3.19 分
小计	29 (2%)	100 (6.89%)	412 (28.37%)	551 (37.95%)	360 (24.79%)	3.77 分

3.判断健康信息可信度的标准

在判断健康信息可信度时，河北省大学生对不同标准的重视程度存在一定区别，统计结果显示，"看信息发布者是否权威"的综合得分为3分，其次是"看信息的具体内容"，综合得分为2.94分，"是否简单易懂"的综合得分为1.61分居于其后，"是否是最新消息"综合得分为1.55分（见表4）。可见，河北省大学生在判断健康信息可信度的标准时，对健康信息发布者的权威性普遍重视度较高，健康信息的具体内容也是其判断的重要标准，对健康信息的易懂性的重视程度略低，不太在意健康信息的时新性。

表4 河北省大学生判断健康信息可信度的标准

选项	综合得分	第1位	第2位	第3位	第4位	小计
看信息发布者是否权威	3分	102 (46.58%)	94 (42.92%)	14 (6.39%)	9 (4.11%)	219
看信息的具体内容	2.94分	103 (44.4%)	59 (25.43%)	52 (22.41%)	18 (7.76%)	232
是否简单易懂	1.61分	25 (12.76%)	34 (17.35%)	50 (25.51%)	87 (44.39%)	196
是否是最新消息	1.55分	12 (6.59%)	38 (20.88%)	80 (43.96%)	52 (28.57%)	182

4.获取健康信息对河北省大学生产生的积极影响

获取健康信息对河北省大学生产生了多方面的积极影响。选择"加强了我在健康方面的知识"的占78.93%，选择"改善了我对特定疾病的认知"的占58.26%，选择"帮助我改变饮食习惯"的占54.55%，选择"激励我开始锻炼"的占53.31%，选择"督促我改变生活方式"的占46.69%，选择"改善了我与医生的沟通"的占41.74%，选择"其他"的占2.89%（见图14）。可见，获取健康信息使得大部分河北省大学生在增加健康知识方面获益，并改善了超过一半的河北省大学生对特定疾病的认识、帮助其改变饮食习惯、激励他们开始锻炼，同时促使部分河北省大学生改变生活方式、改善他们与医生的沟通。总体而言，获取健康信息对河北省大学生产生了显著的积极影响。

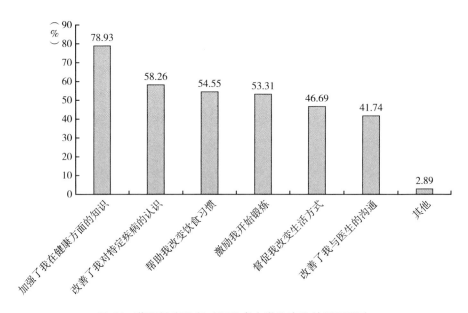

图 14　获取健康信息对河北省大学生产生的积极影响

5. 获取健康信息对河北省大学生产生的消极影响

获取健康信息对部分河北省大学生也产生了消极影响。47.52%的河北省大学生未因获取健康信息产生消极影响，选择"产生健康焦虑"的占32.23%，选择"加重对疾病的恐惧"的占30.99%，选择"促使盲目用药"的占19.01%，选择"促使频繁就医"的占17.36%（见图15）。可见，获取健康信息对超过半数的河北省大学生产生了消极影响。比较明显的是，部分河北省大学生获取健康信息后产生了健康焦虑，或者对疾病更加恐惧，少数河北省大学生因获取健康信息盲目用药、频繁就医。针对这种现象，健康信息的传播方应做出相应的调整，减少信息传播给河北省大学生带来的消极影响。

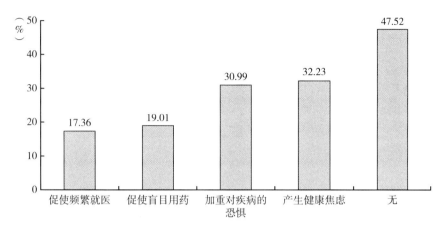

图15 获取健康信息对河北省大学生产生的消极影响

（七）河北省大学生健康信息素养

对河北省大学生健康信息素养的考察分为八个方面，"我能够保护自己健康隐私"的平均分为4.31分，"我不会传播未经证实的健康信息"的平均分为4.24分，"我能够保护他人健康隐私"的平均分为4.17分，这三个方面的素养平均分水平介于同意与非常同意之间，得分更接近于前者；"我能将获取的健康信息应用于实际"的平均分3.92分，"我能将获取的健康信息与已有的知识经验联系起来""我能将获取的健康信息进行整理、分类""我能将获取的健康信息进行归纳、总结"的平均分皆为3.86分，"我能将获取的健康信息进行交流、共享"的平均分为3.83分，这五个方面的素养平均分水平介于一般与同意之间，得分更接近于后者，上述八个方面的总体平均分为4.01分（见表5）。可见，河北省大学生健康素养的平均水平较高，大学生尤其注重隐私保护与所传播健康信息的真实性，并且能够较好地将获取的健康信息应用于实际，把获取的健康信息与自身已有知识经验联系起来，将获取的健康信息进行整理、分类、归纳与总结，还能将获取的健康信息进行交流、共享。

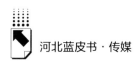

表5　河北省大学生健康信息素养

选项	非常不同意	不同意	一般	同意	非常同意	平均分
我能将获取的健康信息进行整理、分类	1 (0.41%)	15 (6.2%)	43 (17.77%)	141 (58.26%)	42 (17.36%)	3.86分
我能将获取的健康信息进行归纳、总结	0 (0%)	17 (7.02%)	72 (29.75%)	81 (33.47%)	72 (29.75%)	3.86分
我能将获取的健康信息进行交流、共享	2 (0.83%)	20 (8.26%)	54 (22.31%)	107 (44.21%)	59 (24.38%)	3.83分
我能将获取的健康信息与已有的知识经验联系起来	4 (1.65%)	7 (2.89%)	66 (27.27%)	108 (44.63%)	57 (23.55%)	3.86分
我能将获取的健康信息应用于实际	0 (0%)	10 (4.13%)	61 (25.21%)	110 (45.45%)	61 (25.21%)	3.92分
我不会传播未经证实的健康信息	0 (0%)	4 (1.65%)	41 (16.94%)	89 (36.78%)	108 (44.63%)	4.24分
我能够保护自己健康隐私	0 (0%)	1 (0.41%)	42 (17.36%)	80 (33.06%)	119 (49.17%)	4.31分
我能够保护他人健康隐私	1 (0.41%)	4 (1.65%)	43 (17.77%)	98 (40.5%)	96 (39.76%)	4.17分
小计	8 (0.41%)	78 (4.03%)	422 (21.8%)	814 (42.05%)	614 (31.71%)	4.01分

四　总结与建议

（一）河北省大学生总体身心健康状况良好，但亚健康状态较为普遍，健康素质有待提高

从数据调查结果来看，河北省大学生的总体身心健康状况良好，但存在许多健康困扰，这可能是由于大学生所处的年龄阶段为一生中身体健康状况的鼎盛时期，少有某些重大疾病的发生，但由于生活方式、娱乐社交、学习压力等因素的影响，大学生会出现某些较为持久的身心疾病隐患。沈敏调查

苏州地区在校大学生的亚健康发生率为 50.29%。[1] 杨巳望指出绝大部分在校大学生认为自己处于轻度亚健康和健康状态之间，大部分人认为自己处于中度亚健康状态。[2] 可见大学生健康隐忧不容小觑，健康素质有待进一步提高。因此，大学生自身需高度重视可能存在的身心健康问题，加强锻炼，保持良好的心态，学校也应当重视学生健康问题，通过宣讲、推文等形式传达健康理念与知识。值得注意的是，大学生的身心健康状况是一个学生自身状况、家庭、学校、社会等多方因素共同作用的结果，应当受到各主体的共同关注。

（二）河北省大学生对健康信息的关注度较高

2020 年，新冠肺炎疫情作为突发公共卫生事件使得人们普遍产生健康焦虑，风险社会中的不安情绪弥漫开来。在此背景下，人们对于健康信息的需求增多，健康信息获得了前所未有的关注。在疫情相关议题的涵化作用之下，大学生的个人议题也发生了转变，疫情之前的研究表明，大学生对健康信息的需求与现在相比较少：Kim 在 2015 年表示更健康的人更不可能利用网络来获取健康信息。[3] 郑策、付少雄和孔军在 2017 年的研究表明，体质越健康的大学生，健康问题越少，健康信息需求也会越少，通过网络获取健康信息的次数越少。[4] 而疫情发生以来，健康信息似乎成了大学生的信息必需品，大学生普遍关注以疫情为代表的各类健康信息，这是为了了解自身健康状况、调整身心健康等，同时在健康产业迅猛发展之下，健康信息得到包装逐渐成为产品，单纯的趣味知识获取成了不少大学生休闲娱乐的好方式，健康信息成为新的社交货币。

---

[1] 沈敏：《苏州地区大学生亚健康状态与中医体质类型的相关性调查研究及干预措施的初步探讨》，硕士学位论文，苏州大学，2018。

[2] 杨巳望：《大学生亚健康状态的现状调查与对策研究》，硕士学位论文，吉林大学，2015。

[3] S. Kim，"An Exploratory Study of Inactive Health Information Seekers," *International Journal of Medical Informatics* 2（2015）：119-133.

[4] 郑策、付少雄、孔军：《大学生体质健康对网络健康信息搜寻的影响分析——以武汉大学本科生为例》，《信息资源管理学报》2017 年第 3 期。

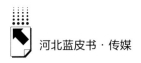

（三）在健康信息的辨识方面，信息源权威性占据绝对优势，主流媒体切忌失语出错

谈论健康信息的过程中无法回避的一个问题是信息辨识，"信息疫情"随之而来。"信息疫情"是指关于健康与疾病的谣言、小道消息等通过互联网与社交媒体等平台快速传播的现象，这导致人们难以辨别信息的真伪与发现值得信任的信息来源。通过调查可以看出，大学生群体普遍对健康信息有警惕心并进行甄别，因此作为党和人民喉舌的主流媒体便占据健康信息传播的绝对优势。主流媒体有国家背书，在舆论中天然扮演着引路者的角色。主流媒体在面对人民群众关心的各种健康问题时要做到积极发声，切忌失语，在健康这一绝对严肃的议题之下，呈现方式可以轻松多样，但内容必须严肃正确。人民日报双黄连事件等已充分展现出主流媒体强大的感召力，同时展现出内容错误的严重后果。大学生对主流媒体的信赖是主流媒体发展的动力，切莫辜负学生信任。

（四）河北省大学生健康信息获取方式多样且主动性强，以问题搜寻为主，以偶然获取为辅

调查结果显示，在获取与查询健康信息时，大部分河北省大学生或根据自身需求主动浏览与搜寻，或在上网过程中偶然发现。胡淑莹指出，大学生群体作为新兴技术最前端的接收者，与新媒体接触最为频繁。新媒体时代，大学生展现了与以往具有差异化的信息获取方式。受过较高等教育且有健康信息需求的当代大学生，无疑是运用新媒体进行健康信息搜索的主要群体之一。[1] 微信、微博等社交媒体，抖音、快手等短视频平台，腾讯视频、B站等视频平台等都是河北省大学生获取健康信息的重要渠道。如今，人们对自身健康状况的重视度不断提高。河北省大学生充分利用各类渠道资源进行信

---

[1] 胡淑莹：《新媒体时代大学生健康信息获取渠道对乙肝认知的影响》，硕士学位论文，广西大学，2022。

息查询与获取，在平日上网时也会更加留意相关健康信息，并结合具体情况与自身需求进行匹配。

（五）关注健康信息对河北省大学生的影响喜忧参半，应趋利避害加强疏导，避免制造焦虑

关注健康信息给河北省大学生带来诸多积极影响，丰富其健康知识，促使其健康生活、加强锻炼。但在信息泛滥的今天，如韩双杨指出，由于注意力资源和信息处理能力有限，沉浸在疫情信息海洋中容易引发人们的健康信息焦虑。在突发公共卫生事件背景下，大学生的健康信息焦虑现象普遍存在。[1] 健康信息传播给河北省大学生带来的既有焦虑、恐慌等心理层面的影响，也有盲目用药、频繁就医等行为层面的影响。针对这类问题，王亿本表示，健康传播的目的在一定意义上是引起人们对健康风险的感知，准确的健康风险感知会使人们适度警觉，既不会因过度警觉而恐慌，也不会因忽视而产生健康问题。[2] 为此，健康信息传播者应把握好"度"，站在受众的角度考虑问题，在满足河北省大学生对健康信息的需求、提高其对健康重视程度的同时，避免制造焦虑甚至造成恐慌，以至于影响其行为，与原始初衷背道而驰。

（六）河北省大学生健康信息素养普遍较高，在健康信息处理及传播中发挥积极作用

调查结果显示，河北省大学生不仅能够较好地保护自己和他人的健康隐私，还能确保自己所传播的健康信息是真实的，在健康信息实际化应用、具体处理（联系已有知识经验，整理、分类，归纳、总结，交流、共享）方面的自测水平也较高。徐君、张晓阳表示，大学生可以使用量表进行自我测

---

[1] 韩双杨：《突发公共卫生事件背景下大学生健康信息焦虑影响因素研究》，硕士学位论文，西南大学，2022。

[2] 王亿本：《青年人群健康风险感知的影响因素研究》，《江西广播电视大学学报》2022 年第2 期。

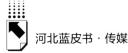
评，从而帮助他们更好地意识到自身健康素养能力，通过自我学习、自我测试，提高健康信息素养水平。① 总体而言，河北省大学生的健康信息素养自测水平普遍较高，并且具备较高的健康信息处理水平，在健康信息传播中发挥积极作用。为了保持河北省大学生的高健康信息素养，政府相关部门及媒体应增强责任意识、加强把关，持续提供高质量的健康信息，从源头上提供保障。

---

① 徐君、张晓阳：《大学生健康信息素养量表构建及实证研究》，《图书馆学研究》2021年第21期。

B.19
河北省农村老年人信息失能问题研究

陈丽芳 陈默 卢甜 雷铭哲*

摘　要： 随着5G、人工智能、大数据等信息技术的出现与发展，上网获取信息逐渐成为人们生活中不可缺少的部分。信息技术方便了人们的生活，但同时使以农村老年人为主的信息弱势群体陷入了信息失能的困境。本研究从微观层面聚焦农村老年人这一信息弱势群体，探讨河北省农村老年人信息失能的表现与影响因素，并提出通过政府、社会、家庭等层面帮助老年人弥合信息鸿沟的思路与对策，使农村老年人共享信息化时代带来的便利。

关键词： 农村老年人　信息失能　数字融入

一　研究缘起

（一）研究背景

当今中国面临着信息化和老龄化交叉进行、快速发展的严峻挑战。根据2020年第七次全国人口普查数据，我国60岁及以上人口为2.6亿人，占18.70%，其中，65岁及以上人口为1.9亿人，占13.50%。按照联合国关

---

* 陈丽芳，华北科技学院新闻系主任、教授，河北大学新闻传播学院博士研究生，主要研究方向为网络舆情、传播社会学、新闻传播实务；陈默，华北科技学院副教授，主要研究方向为新媒体技术；卢甜，华北科技学院新闻学专业本科生；雷铭哲，华北科技学院汉语国际教育专业本科生。

于老龄化的划分标准，当一个国家 60 岁以上人口占总人口的比重为 10%~20%（含 20%），属于轻度老龄化，20%~30%（含 30%）为中度老龄化，超过 30% 是重度老龄化。据媒体报道，2035 年左右，我国 60 岁及以上老年人口将突破 4 亿人，在总人口中的占比将超过 30%，我国将进入重度老龄化阶段。

在严峻的人口老龄化趋势之下，我国的信息化发展同步进行。CNNIC 最新数据显示，截至 2021 年 6 月，我国网民规模为 10.11 亿人，互联网普及率达 71.6%。网民中使用手机上网的比重高达 99.6%，整体规模达到了 10.07 亿人。但是，我国 60 岁及以上的老年网民只占总体网民的 12.2%。我国非网民规模为 4.02 亿人，其中农村地区非网民的占比为 50.9%，从年龄来看，60 岁及以上老年群体是非网民的主要组成部分。以上数据表明，尽管老年网民群体不断壮大，老年群体尤其是农村老年人在信息化进程中依然属于弱势群体。

大多数农村老年人存在信息失能的问题，信息意识和信息能力非常薄弱，对信息的获取、利用、传播等方面的应对能力不尽如人意。党的二十大报告明确提出，实施积极应对人口老龄化国家战略，已成为中国人口长期发展的主要任务。故本研究从微观层面聚焦农村老年人这一特殊群体，在积极老龄化、基层社会治理等视域下，探讨农村老年人信息失能的表现与影响因素，并提出通过政府、社会、家庭等层面帮助老年人弥合信息鸿沟的思路与对策，使农村老年人共享信息化时代带来的便利。

（二）研究意义

本研究引入"信息失能"这一概念，"信息失能"是"失能"一词在生理学基础上的一种延伸，从"信息失能"的视角，研究农村老年人信息失能的具体表现、影响因素，并提出建议，力图构建一个能够更加精准反映农村老年人处于信息弱势的研究思路，对已有理论基础和研究成果进行补充和完善。

考察河北省农村老年人信息失能的现状与成因，能够为河北省及国家近期正在或即将实施的农村信息化、积极老龄化等政策在落实推进、扶持助力、投入资源总量等方面提供有效依据；有利于保障老年人的经济、社会、文化等权益，缩短老年人与智能化社会之间的"距离"，帮助老年人共享信息化发展的成果，让老年人在社会信息化发展中拥有更强的获得感、幸福感和安全感，这也是新时期中国特色社会主义发展的重要课题。

（三）研究方法

本报告融合新闻传播学、社会学、统计学、心理学等领域的研究方法与技术，运用知识图谱、共词分析等文献计量法进行文献研究；运用民族志方法观察河北省农村老年人的生活方式及信息行为模式；运用问卷调查、深度访谈等质性研究方法了解农村老年人信息实践现状与特征。

二 研究设计

（一）调研社区概况

本研究的调研社区处于河北省沧州、衡水、涿州、唐山、定州等地，之所以这样选择，主要是基于区域的均衡性与代表性。上述地区涵盖了河北省中部、东部和南部地区，各地经济与社会发展具有当地特色，其农村老年人信息失能问题在一定程度上能够反映河北省内农村老年人信息实践的普遍状况，具有一定的代表性和典型性。

1. 调研形式

考虑到新冠肺炎疫情对线下活动的影响，此次调研采取集中与分散相结合的方式，调研团队成员分别在河北省沧州、衡水、涿州、唐山等地同时推进。2022 年 8 月 3~9 日，调研团队赴定州市进行了为期一周的实地调研，其中，对作为重点调研村落的定州市 Z 村，进行了深入的调研和访谈。

2. 定州市基本概况

定州市地处太行山东麓，华北平原西缘，河北省中部偏西，历史文化悠久，自古就有"九州咽喉地，神京扼要区"之称，春秋时期齐相管仲在此筑城，距今2600多年，战国中山、汉中山、后燕三次在此定都。定州位于北京、天津之翼，保定、石家庄之间，总面积1283平方公里，现为河北省直管市，辖25个乡镇（街道），542个村（社区），是全省重点培育的新兴区域中心城市。连续4年获评全国中小城市投资潜力百强、新型城镇化质量百强，晋级全国科技创新百强，入围全国县域经济强县，2020年12月入选河北省数字乡村试点地区名单。

《定州市第七次全国人口普查公报》显示，截至2020年11月1日，全市常住总人口为109.6万人。0～14岁人口为21.2万人，占19.38%；15～59岁人口为66.0万人，占60.20%；60岁及以上人口为22.4万人，占20.42%，其中65岁及以上人口为15.7万人，占14.31%（见表1）。与2010年第六次全国人口普查相比，60岁及以上人口的比重提高7.52个百分点，65岁及以上人口的比重提高6.35个百分点。

表1　定州市人口年龄构成

单位：人，%

年龄	人口数	占比
0～14岁	212349	19.38
15～59岁	659786	60.20
60岁及以上	223851	20.42
其中:65岁及以上	156845	14.31
总计	1095986	100

全市常住人口中，拥有大学（大专及以上）文化程度的人口为91977人，拥有高中（含中专）文化程度的人口为142857人，拥有初中文化程度的人口为490320人，拥有小学文化程度的人口为274526人（以上各种受教育程度的人包括各类学校的毕业生、肄业生和在校生），文盲（15岁及以上不识字的人）人口为18648人。

全市常住人口中，居住在城镇的人口为 577440 人，占 52.69%；居住在乡村的人口为 518546 人，占 47.31%。

（二）样本选择与样本概况

样本采用滚雪球抽样的方式，先随机地选取一部分被调查者作为调查对象，在给这些被调查者发放问卷或者对其进行半结构化访谈之后，再请他们提供另外一些符合研究目标总体特征的调查对象，根据其提供的线索，选择此后的调查对象。

本次调查共发放调查问卷 253 份，回收有效问卷 253 份，有效率为 100%。在本次调查对象中，男性比重为 44.27%，女性比重为 55.73%；选取 Z 村 27 名 60 岁以上老年人进行半结构化访谈，每人不少于 30 分钟，以获得当地老年人在社会活动中与信息实践相关情况。

除此之外，调研团队先后走访了定州市宣传部、统计局、农业农村局、通信局、M 镇政府等相关部门，了解本地老年人基本情况以及政策性工作。

（三）问卷设计与发放

本次调查问卷的设计以研究内容为指向，在着手问卷设计之前调查者查阅了相关文献，同时参考了部分现有研究问卷设计。问卷发放均以网络问卷的方式（问卷星平台）发放，为期 4 周。由于农村老年人文化层次偏低，一般由老人口述，老人家属代填或者调研团队成员代填。

三　研究结果与分析

（一）河北省农村老年人的信息实践

1. 基本情况

参与问卷调查的 253 名老年人中，70 岁以上的有 124 名，占 49%；60~70 岁的有 108 名，占 43%；60 岁以下的有 21 名，占 8%（见表 2）。

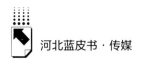

表2　农村老年人的年龄分布情况

单位：名，%

选项	小计	占比
A. 60 岁以下	21	8
B. 60~65 岁	36	14
C. 66~70 岁	72	28
D. 70 岁以上	124	49

农村老年人文化水平普遍偏低。参与问卷调查的253名老年人中，文化水平在小学及以下的有138名，占55%，初中文化的占28%，接受过高等教育（含大专和大学及以上）的只有4%（见表3）。

表3　农村老年人的文化水平

单位：名，%

选项	小计	占比
A. 小学及以下	138	55
B. 初中	71	28
C. 高中或中专	33	13
D. 大专	6	2
E. 大学及以上	5	2

河北省农村地区大多属于普通农业型村庄，老年人收入较低，主要依靠土地实现自养。调查结果显示，农村老年人的经济收入主要来源于务农、新农保（离退休养老金、低保或社会救济金）、打零工、子女供养或其他亲属的经济帮助（见表4）。

表4　农村老年人的主要经济收入（多选）

单位：名，%

选项	小计	占比
A. 务农	91	36
B. 离退休养老金	80	32
C. 子女供养或其他亲属的经济帮助	125	49

选项	小计	占比
D. 积蓄	94	37
E. 打零工	40	16
F. 低保或社会救济金	29	11
G. 其他	24	9

Z村有一家核桃加工厂，吸引了附近村子的一些老年妇女来此打零工，她们的主要工作就是给核桃脱皮，耗费体力较小，劳动量消耗也不是很大。打零工的时间相对比较宽松，但如果赶上比较繁忙的时候，往往早上六点多就要赶到工厂，晚上七八点才回家。工钱根据劳动量和技能核算，每天的收益几十元不等。因为离家近，工厂车间有空调，环境较为舒适，老年人心里还是很知足的。

P1：Z村65岁村民，其孙女在新加坡工作，她的经济来源大多是孙女给的零花钱，孙女为了方便与她联系和了解她的近况，还为老人买了智能手机，并教会她如何使用。"现在的生活水平我很满意。"

参与问卷的253名老年人中，大多数青壮年时期从事的职业是务农，占71%，曾在企事业单位工作的占14%，进城务工人员占10%。

表5 老年人当前或以前职业分布情况（多选）

单位：名，%

选项	小计	占比
A. 事业单位职员或公司职员	35	14
B. 自由职业者	25	10
C. 务工	26	10
D. 务农	179	71
E. 其他	22	9

在农村，很多老年人考虑到与子女同住会给子女增加负担，或者两代人因生活习惯差异产生矛盾，因此不愿意跟子女一起生活。生活能够自理的时候，老年人希望与配偶一起生活或者独自居住；生活不能自理的时候，老年人希望与子女同住或者去养老机构。在参与调研的253名农村老年人中，有49%的老年人和配偶一起生活，33%的受访者有他人照顾（养老院、福利院等养老机构或和子女或子孙一起居住），14%的人选择独居（见表6、表7）。

> P2：80岁老人，有4个儿子、2个女儿，每天靠子女送饭，身体有小病小痛，基本生活可以自理。生活条件较差，不会使用智能手机，家庭条件也不支持使用智能手机，觉得生活并不幸福。

表6　老年人目前的居住状况

单位：名，%

选项	小计	占比
A. 养老院、福利院等养老机构或和子女或子孙一起居住	83	33
B. 和配偶一起居住	124	49
C. 独居	35	14
D. 其他	11	4

表7　老年人身体健康状况

单位：名，%

选项	小计	占比
A. 身体很健康,生活完全自理	76	30
B. 身体比较健康,有小痛小病,生活基本自理	135	53
C. 患有疾病,需要有人照顾	40	16
D. 患有较严重疾病,生活完全不能自理	2	0.8

2.信息需求

农村老年人是一个特殊的弱势群体，随着国家经济的发展，老年人的生理需求基本得到了保障，而网络的快速发展、信息化社会的形成，使智能手机逐渐走入了农村老年人群体，成为一部分农村老年人生活中的重要工具，激发了农村老年人获取多维度多层次信息的需求。

调研结果表明，农村老年人对于学习和使用智能媒体的意愿比较强烈，其中，64%的老年人对学习和使用智能手机持积极态度（见表8）。

P3：80周岁的退休教师，中专毕业，同老伴一起居住，生活小康，能负担得起相关费用。有智能手机，但是仅限于跟家人联系、看些新闻、听音乐，喜欢看报纸（有订阅报纸）。对于自己的孩子与孙子孙女熟练使用智能手机表示羡慕，觉得手机带来了有滋味的生活，心里想学习，但是又觉得自己年龄大了不愿意学习，觉得自己是现代社会的文盲。

表8 老年人是否愿意尝试学习和使用智能手机等智能产品

单位：名，%

选项	小计	占比
不愿意	36	14
不太愿意	55	21
愿意	110	43
较愿意	38	15
非常愿意	14	6

参与调研的253名老年人中，拥有和使用智能手机的有163名，占64%；有部分老年人使用电脑（台式、平板），佩戴智能手表、手环，使用天猫精灵等AI智能生活家居产品，有的子女为了保障老人的安全和照顾其日常起居，给老人家里安装了智能家居监控设备。虽然智能手机等数字媒体日渐走入农村老年人的生活，但是调研发现，仍有28%的老年人从未使用过智能终端设备（见表9）。

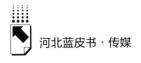

表9　农村老年人拥有和使用哪些智能终端设备（多选）

单位：名，%

选项	小计	占比
电脑(台式、平板)	33	13
智能手机	163	64
智能手表、手环	9	4
AI智能生活家居产品	41	16
从未使用	71	28
其他	15	6

河北省涿州市挟河大队妇联主任说："挟河村60周岁以上的老年人智能手机的普及率大概是60%，80周岁以上的老年人很少会使用智能手机，只有老年机或者座机。"

P4：65岁的老人，很精通智能手机，会网购，也会在抖音、快手App上观看小视频，还会在短视频搜索栏搜索自己感兴趣的内容。

P5：是P3的老伴儿，也会使用智能手机，但他出门时不会携带智能手机，觉得智能手机太重了，不好携带。

根据马斯洛需求层次理论分析农村老年人融入数字信息社会存在的问题，通过归纳总结调研和访谈结果，本报告发现农村老年人对于信息的需求主要体现在三方面，即生存需求、发展需求和社会需求，且逐步趋于高层次化。

调查结果显示，有33%的老年人使用智能手机的原因是现实生活需要（如健康码、就医、银行业务）。当智能媒体与线下生活场景重叠甚至取代部分线下场景功能时，借助智能媒体融入数字社会就成为必要的生存需求，尤其是新冠肺炎疫情发生后，出入各种场所的健康码、核酸二维码，买菜、就医、出行、银行金融业务等都要通过智能手机来完成，因此，信息需求的生存型需求更加凸显。

不少农村老年人有使用智能手机获取外界信息、学习新知识的需求，了解外界信息、对新事物产生兴趣、自身娱乐等方面是农村老年人使用智能手机的主要原因，分别占36%、33%、40%。智能手机在更大程度上满足了老年群体的求知需求，可以让老年群体根据自身条件有选择地接触信息，获得知识，满足老年人获取信息、休闲消费的需求，减弱老年人的孤独感，提高与社会的连接度。

老年人使用智能手机最主要的原因是便于与家人、朋友交流，占71%（见表10）。老年群体的首要需求是社交需求，包括血缘、地缘、业缘、趣缘等圈层社交。不少老年人在调查中提到，与亲朋好友交流等社会交往是其使用智能手机的最主要目的，每个使用智能手机的受访者都安装了微信，平时使用微信（语音、视频）与家人联系。

> P6：Z村村民，68岁，在核桃加工厂打零工。平常会看电视或手机，喜欢看点新闻、国家大事、高科技的东西。抖音、快手都看，喜欢看关于老百姓的、拍老一代的内容，喜欢看戏剧和歌曲。平常用手机微信聊天，也在抖音上聊天，给家人朋友分享好玩、好看的视频。自己也在抖音上用特效、配音等制作和上传短视频，还经常和朋友一块拍。

> P7：70岁，是一名退休医生，生活比较富裕，平时用智能手机接打电话，爱听戏曲，或者在浏览器上查一些感兴趣的药和偏方，平常会通过手机来关注时事新闻，看看疫情、病毒方面的新闻。"我就对医学方面的知识感兴趣，看点自己喜欢的，也能（在手机上）找喜欢的电视剧看。手机上使用比较多的软件是微信，里面的订阅号会有我喜欢看的东西。"

表10　老年人使用智能手机等智能终端设备的动机（多选）

单位：名，%

选项	小计	占比
了解外界信息	92	36
对新事物产生兴趣	84	33
现实生活需要（如健康码、就医、银行业务）	83	33

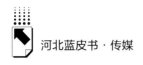

续表

选项	小计	占比
便于与家人、朋友交流	180	71
自身娱乐	100	40
其他	25	10

3. 信息获取

在253名受访者中，有65%的人最常使用的获取信息渠道是亲友、邻居等人际关系，其次是广播、电视等传统媒体渠道，占59%，通过手机、电脑等互联网渠道获取信息的占43%（见表11）。调研数据表明，农村老年人信息获取还是以传统的人际交往、传统大众媒体等渠道为主。

P8：Z村70岁老人，喜欢晚饭后在马路边上坐着，几个老人聚在一块聊家长里短。喜欢看电视剧，"就是看个热闹"。手机是老年机，不会使用智能手机，"我们这块儿（周围的朋友）识字的不多，老一辈都说小姑娘识字没什么用，也没有多少上学的。做核酸的通知都是儿子和闺女在微信上看到通知然后告诉我。"

表11　老年人通过哪些渠道获取信息（多选）

单位：名，%

选项	小计	占比
报纸、书籍、杂志、广告传单等纸质材料	81	32
亲友、邻居等人际关系	164	65
广播、电视等传统媒体渠道	149	59
手机、电脑等互联网渠道	110	43
社区活动、政府服务、讲座、宣讲会等线下活动	58	23
其他	10	4

调研数据显示，使用微信、QQ等社交软件获取信息的老年人占70%，语音、文字、视频聊天是老年人最常使用的微信功能，还有的老

年人经常阅读公众号、发原创朋友圈，少部分老年人会使用微信转账、支付、收发红包等；使用抖音、快手等短视频软件获取信息的老年人占50%；有25%的老年人经常浏览今日头条、新浪新闻等App，政府官方客户端或网站；有14%的老年人会使用百度、360浏览器等搜索工具。"其他"指的是广播电视、口头交流、电话等不借助网络的方式获取信息，占26%。

P9：67岁，上过高中，开过十几年煤厂，生活富裕。"儿子女儿都挺有出息的，想吃什么买什么，精神方面的需求也都能满足。没事闲着看看手机，基本上看快手，看包拯、康熙、雍正，再就是朱元璋。网上买东西应该挺方便的，但没在网上买过东西。也看新闻，主要是社会上的事儿。"

表12 老年人使用哪些网络平台获取信息（多选题）

单位：名，%

选项	小计	占比
微信、QQ等社交软件	176	70
百度、360浏览器等搜索工具	35	14
抖音、快手等短视频软件	126	50
今日头条、新浪新闻等App，政府官方客户端或网站	62	25
其他	66	26

在各种类型的信息中，农村老年人关注最多的是亲友联系、社交活动等信息，占64%，有57%的老年人较为关注医疗保健、养老政策等信息，有57%的人关注衣食住行、护理等信息，有41%的人关注时事政治、社会新闻等信息。老年人年事已高，劳动能力较弱或者丧失，故只有10%的人会关注知识技能、工作岗位等信息（见表13）。

表 13　老年人常关注哪几类信息（多选题）

单位：名，%

选项	小计	占比
衣食住行、护理等信息	144	57
医疗保健、养老政策等信息	145	57
亲友联系、社交活动等信息	161	64
时事政治、社会新闻等信息	103	41
知识技能、工作岗位等信息	26	10
其他	19	8

（二）河北省农村老年人信息失能的影响因素

1. 生理衰老与心理衰老的双重障碍

老年人身体器官的机能退化，比如视力模糊下降、耳鸣听力下降等客观的身体原因，使得其身体的协调性变差，这种生理衰老状况影响了农村老年人使用智能媒体的意愿和行为。调研数据表明，看不清页面中的字，或听不清声音造成获取信息障碍的老年人占比为 48%，因为没人教自己怎么使用手机或电脑，记不住手机、电脑的操作步骤无法通过网络获取信息的占比为49%（见表 14）。

表 14　阻碍老年人通过网络获取信息的个人因素（多选题）

单位：名，%

选项	小计	占比
没有手机、电脑等设备	58	23
看不清页面中的字，或听不清声音	122	48
没人教自己怎么使用手机或电脑，记不住手机、电脑的操作步骤	124	49
不认识或不明白页面中的内容	109	43
难以判断信息是否有用、完整、可靠	141	56
其他	25	10

此外，还包括心理层面的衰老。对于很多老年人来说，衰老伴随由身体生理机能变化而带来的心理方面的变化、认知功能退化。很多农村老年人认为微信是"年轻人的东西"，认为智能手机、微信都是很难学会的高科技，他们下意识地将"年老"的自己与"年轻"的设备划分开来，主观的抗拒和抵触比起客观的身体机能下降等原因，才是他们拒绝使用智能设备的最大障碍。

> P10："我怕学会了（智能手机）光看这个眼睛不行。我也不想学，到时候在那上面花钱就没劲了，一天花多少钱也不知道。身边的人都使用那我也不想使用，我就有个老年电话能接能打就行了。"

> P11：80岁的村民，身体健康，和老伴一起居住。"不愿意使用智能手机，我们不是小孩儿了，不会使用，记不住了，没有学过，也不想学，连看我都没看。我用老年手机给他们（子女）打电话，他们打电话我也会接。如果打到智能手机上，我不会接。"

2. 信息失能与技术恐惧的现实因素

据中国社会科学网报道，截至2021年6月，我国城镇地区互联网普及率为78.3%，农村地区仅为59.2%。在本次调研中，超过一半的农村老年人通过报纸、书籍、杂志、广告传单、广播、电视等传统媒体渠道获取信息，可见，城乡间"接入鸿沟"尚未完全弥合。由于农村老年人知识技能的欠缺，拥有智能设备的老年人也不能最大限度地发挥其作用，"使用鸿沟"依旧明显。部分农村老年人受传统观念影响，觉得向子女请教会"不好意思"，子女忽视老年人的信息需求、教老人使用智能手机缺乏耐心等因素，造成了老年人与子女、孙辈代际鸿沟的逐渐加大。

上述几种"鸿沟"的存在，造成了农村老年人接触和使用智能设备的"技术恐惧"。由于技术背景相对较弱，农村老年人往往对自己理解和使用技术的能力缺乏信心，在使用技术时常常感到不安全、沮丧和压力大。因此，尽管现在老年人能够较为方便地接触到媒介技术，但与年轻人相比，他们表现出较强的技术恐惧症，在使用技术方面表现较差（见表15）。

表15 老年人使用智能技术的难易程度

选项	非常困难	较为困难	一般困难	较为不困难	完全不困难
使用手机付款	39(15.42%)	99(39.13%)	49(19.37%)	45(17.79%)	21(8.3%)
使用手机预约看病	71(28.06%)	118(46.64%)	40(15.81%)	17(6.72%)	7(2.77%)
在医院使用自助挂号等智能设备	64(25.3%)	119(47.04%)	41(16.21%)	21(8.3%)	8(3.16%)
使用手机购买休闲娱乐场所门票	75(29.64%)	125(49.41%)	32(12.65%)	16(6.32%)	5(1.98%)
进入公共场所出示健康码、行程码	39(15.42%)	89(35.18%)	57(22.53%)	42(16.6%)	26(10.28%)
使用手机软件打车	74(29.25%)	122(48.22%)	38(15.02%)	14(5.53%)	5(1.98%)
使用手机购买车票	71(28.06%)	124(49.01%)	38(15.02%)	14(5.53%)	6(2.37%)
使用手机扫码乘车	60(23.72%)	110(43.48%)	48(18.97%)	26(10.28%)	9(3.56%)
使用手机购买金融产品	84(33.2%)	127(50.2%)	21(8.3%)	16(6.32%)	5(1.98%)

P12：65岁，使用手机时间不长，微信主要用来看信息。最近喜欢刷手机视频，跟着健身操视频锻炼，还喜欢用手机看电视剧、戏剧。用手机的时候会遇到一些困难，比如说字不认识、功能不知道怎么用、不会自己搜索视频，孩子教后记不住。坐公交车用现金，不会用手机刷，也不会网购。

调研结果显示，58.9%的农村老年人觉得自己获取外界信息的能力一般，接收的信息数量一般，获取信息有些迟钝、内容不全面、途径少，渠道较为单一，使用智能设备不太熟练，比如智能手机的很多功能没有被开发和使用过。对人际交往和传统资源的利用相对较多，从中就能够获得大部分所需的信息，这使得老年人较少主动寻求更多的途径和方式解决当前所遇到的问题。

3.风险感知与媒介信任危机的交织重叠

在调研中发现，农村老年人对媒介不信任的现象较为普遍，有56%的被调查者表示难以判断信息是否有用、完整、可靠。而在"哪些信息因素阻碍农村老年人获取信息"的问题中，有43%的受访者选择了"信息的质量差或可信度低"，还有43%的人认为信息中有看不懂的专业词汇、不懂怎么操作和查询，都是阻碍自己获取信息的主要因素（见表16）。

表 16　哪些信息因素阻碍农村老年人获取信息（多选题）

单位：名，%

选项	小计	占比
信息的质量差或可信度低	109	43
信息的数量少	44	17
信息的种类少	37	15
获取信息的途径少	54	21
页面中包含广告信息	105	42
页面文字摆放杂乱、颜色扎眼	74	29
信息中包含专业词汇，看不懂；获取信息时需要付的费用高；想了解的信息不知道怎么查询	109	43
其他	41	16

通过访谈了解到，老年人不使用网络的主要原因是担心遭到网络诈骗，上网的老年人也最担心自己的隐私泄露以及遇到诈骗。在实际的网络诈骗事件中，与其他年龄层的群体相比，老年人受骗的比重和受骗金额都比较高。老年人对数字媒介的识别能力如表17所示。出于对上当受骗、隐私安全等问题的担忧，大多数农村中老年人拒绝尝试使用新媒介，即便是微信或微博的用户也会抗拒使用其更多的功能，对一些高科技产品往往是敬而远之。河北省挟河大队村委会妇联主任介绍说："未来我们会将信息化工作重点放在网络安全方面，这是必须要给老年人指导的，现在网络上有很多诈骗，在智能手机操作上容易发生网络诈骗，老年人现在的受骗率很高，反诈方面宣传力度会加大。"

表 17　老年人对数字媒介的识别能力

选项	非常不同意	比较不同意	比较同意	一般	非常同意
可以识别网络诈骗和网络谣言	35(13.83%)	33(13.04%)	60(23.72%)	71(28.06%)	54(21.34%)
有能力识别互联网弹出"点击这里"的通知的可信度	49(19.37%)	47(18.58%)	44(17.39%)	71(28.06%)	42(16.6%)
可以通过阅读网络健康信息,更新以往错误认知	36(14.23%)	45(17.79%)	61(24.11%)	58(22.92%)	53(20.95%)
可以通过新闻的发布机构判断信息的准确性	37(14.62%)	46(18.18%)	54(21.34%)	62(24.51%)	54(21.34%)

P13：78 岁，身体健康，生活完全自理。老人认为，不使用智能手机不影响自己的心情。"我不使用智能手机，我和外界没什么可联系的，因为我怕上当。我听新闻，就通过匣子（收音机）、电视啥的，一般国家大事啥的我爱看，社会新闻也听。"

四　总结与建议

农村老年人是社会进步的动力，是社会发展的贡献者。改善老年人信息失能状况，在宏观上可打通我国农村信息服务"最后一公里"，真正发挥县级融媒体的基层社会治理功能。把改善农村老年人信息失能状况视为国家信息建设的一个终端，政府部门、职能机构、社会团体以及家庭可以从以下几方面推进信息实践的多维支撑，将信息资源及服务融入农村老年人的日常生活，消除当地老年人信息接收、理解、表达的障碍，提升老年人获取和利用信息的主动性和积极性，改善农村老年人信息失能处境，增强老年人的社会参与感、均衡家庭代际关系、提升老年人幸福感。

（一）推进互联网智能技术适老化改造

受闲暇条件与身体条件所限、低认可度、低实用性和低易用性导致了农村老年人低水平使用手机；文化程度、价格因素、无实用性和风险性导致了农村老年人不使用手机。这两者的数字融入程度都较低，造成了老年群体的"断连"。对老年人自身来说，这种"断连"意味着其社会联结水平差，由此导致老年人的心理健康状况与精神水平更差。本次调研中，有超过78%的受访者希望国家可以提供适老化科技产品，56%的人提出"政府出台政策或进行法律干预"，帮助农村老年人获取信息。推动农村老年人群体的数字融入势在必行。

国家通过出台农村老年人信息资源及服务获取的相关政策，对已有信息资源及服务进行整合型与倾向性的配置，从供给层面增强信息资源及服务的易用性。相关机构向农村地区提供信息化设施和信息服务来保障老年人信息获取的机会，从配给层面增强信息资源及服务的易用性。中国信息通信研究院规划所数管部副主任说："（适老化）改造只是一个起点，我们做适老化不能站在一个公益的角度去看这个事情，一定要放在一个产业发展的这个角度去做这个事情，这样的话才能够保证这个事情能够可持续地推动下去。"目前，国内市场上的新媒体产品多以年轻人的需求为导向，一味追求简捷、快速，没有考虑到老年人的生理和心理需要。现有的为老年人提供的媒介产品种类单一，操作复杂，远远不能满足老年人的需求，导致老年人对使用数字产品的积极性越发下降。应从老年人的角度出发，重视老年人的体验与反馈，设计开发出更加"适老化"的产品，助力老年人的数字融入。

2020年11月，国务院办公厅印发《关于切实解决老年人运用智能技术困难的实施方案》，随后，工信部印发《互联网应用适老化及无障碍改造专项行动方案》，提出优先推动115家网站、43个App进行适老化改造，并于2021年1月实施，主要包括简化网站界面和功能，减少操作程序，加大字体和图标，提供兼容性强的软件服务等，以帮助老年群体更好地适应和融入数字化、智能化时代。经过1年的改造建设，2022年1月20日，工信部在

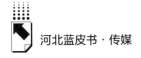

2021年工业和信息化发展情况新闻发布会上,公布了首批适老化改造验收成果,京东到家App作为首批入选的43个适老化改造App,经过工信部测试后通过验收。

(二)加强社会层面引导

农村老年人普遍文化水平不高,因此老年群体更加趋向于利用传统和简易的资源与服务。同时,他们对新兴的智能技术和服务的使用意愿在很大程度上取决于使用效果的直观感知程度,农村老年人的信息需求与其日常生活息息相关,因此他们更多地关注与日常生活相关的信息资源及服务,如农业、健康、娱乐等方面的信息资源与服务。

一方面,县级融媒体中心应充分发挥基层社会治理功能和信息传播功能,凭借其强大的组织能力和沟通协同能力,不断满足农村老年人的多样性需求。了解老年人喜欢的内容,如影视、戏曲、科普节目,组织文艺下乡、科普培训等实地活动;针对农村老年人没有智能手机等情况,依托县级融媒体平台,建立网格化、智能化"双化联动"机制,委派工作人员走村入户排查上报农村老年人的诉求矛盾,协助乡镇政府部门分流交办。同时鼓励多种社会力量积极参与进来,形成多方合力,推动"知识下乡""技术下乡",提升农村老年群体的信息素养和媒介素养。另一方面,针对如今网络上存在的较多诈骗、信息泄露等危险,政府应加强网络信息安全管理,制定安全保护条例,开展针对老年群体的网络信息安全培训和讲座,保障老年人的网络安全,创造一个风清气正的良好网络环境,为老年人提供更多安全感。通过社会各方的通力协作,营造一个关爱老人的社会氛围,鼓励老年人接触、使用智能手机,丰富晚年生活。

(三)鼓励家庭内部的数字反哺

子女后辈应该积极引导老年人使用智能手机,通过数字反哺形成良好的家庭学习氛围,让老年人享受数字时代发展的红利。后喻文化时代,年轻一代可以将他们所掌握的新媒介技术、知识和思维传递给年老一代,帮助这些数字弱势群体更加充分地融入新媒体社会，尤其是在农村地区，老年人遇到使用困难时可以求助的渠道不多，家庭、子女甚至孙辈，都是他们的支撑。在调研中，针对"子女对老人的生活需求关注程度"，本报告访谈了部分老年人的子女及孙辈，一位受访者说："对老人要多关注，就是你要主动去问他，看他平常需要什么，你如果不问，他是不会说的，因为他们会觉得给你们添麻烦。"比如，可以及时帮助他们更换淘汰的智能手机，鼓励老年人发语音、打视频电话，给他们的朋友圈点赞评论等，为老年人创造一个和谐友爱的智能手机使用氛围。Z村一位80多岁的老人说，村里进行有线电视改造，他在子女的帮助下学会了使用数字电视的遥控器，自己看电视的时候就方便了许多；一位70多岁的老人在孙女的指导下学会了使用智能手机发语音、视频，还关注了一些养生类的微信公众号，经常浏览微信公众号里的养生知识和资讯。

除了家庭代际的数字反哺，农村老年人自身也应该树立积极乐观的生活态度，努力强化数字化思维，提升自身媒介素养。在调研中发现，农村老年人的主观认知与意愿对其智能媒体使用行为会产生巨大的影响，文化层次高、愿意接受新事物，就能更快地学会和使用智能设备，文化层次低、思想保守、存在畏难情绪，则会较慢甚至拒绝接触智能设备。Z村一位70多岁的受访者在村里的核桃加工厂打零工，"下班回家之后就吃饭，吃完饭收拾一下就晚上了，一天工作时间这么长，没什么时间干别的，不看手机，就直接歇着（睡）了。他们（家里孙辈）出去上学，一周会打几次电话，说让我多休息，我觉得有这句话就挺好，老人也不求太多别的"。因此，若想实现真正的数字融合，提高农村老年群体的数字使用技能，弥合农村老年人的数字鸿沟，最关键的是需要老年人完成思想上的转变，培养和强化数字思维。当然，这是一个长期且非常艰巨的目标，需要社会各方共同发力，帮扶农村老年人摆脱信息失能的困境。

（四）保留传统服务，避免给老年人造成生活障碍

中国老年保健协会康养分会会长梁春晓说："可能有一些人永远不会用

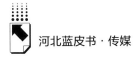

智能手机，只能用传统的方式，我们把这个叫数字化留白，要为这部分老年人留下足够的生活空间，使他们照样地能够得到整个社会起码的服务上的一种共性，这个很重要。"第一，保留现金支付手段，很多老年人即便会使用手机但也不会使用手机支付，保留现金支付手段十分必要。第二，保留专门的电话服务热线，老年群体使用手机的主要用途之一就是接打电话，相较于年轻人使用的微信公众号和小程序等，老年群体对拨打热线这一方面更为熟悉。2021年6月，为切实解决老年人使用交通出行智能技术上的实际困难，交通运输部发布了老年人打车24小时服务专线95128，在2021年底前预计达到50%的地级及以上城市开通使用。第三，组织志愿者上门服务。很多行动不便的独居老人不具备学习使用智能设备的环境和能力，信息技术的普及甚至对传统办事方式的全面取缔给这一部分老年群体带来了很多困难。在调研中，Z村村委会书记介绍："在新冠肺炎疫情防控期间，针对进村时扫疫情防控的二维码，还有做核酸时出示的核酸码，村委会组织志愿者进行上门服务，对老年人进行指导，协助他们完成。老人来村委会办事，比如需要在手机上填写一些相关信息，我们会给60周岁以上的老年人专门设置一个窗口，有工作人员现场指导直至教会他们。"

皮 书

智库成果出版与传播平台

✦ 皮书定义 ✦

皮书是对中国与世界发展状况和热点问题进行年度监测，以专业的角度、专家的视野和实证研究方法，针对某一领域或区域现状与发展态势展开分析和预测，具备前沿性、原创性、实证性、连续性、时效性等特点的公开出版物，由一系列权威研究报告组成。

✦ 皮书作者 ✦

皮书系列报告作者以国内外一流研究机构、知名高校等重点智库的研究人员为主，多为相关领域一流专家学者，他们的观点代表了当下学界对中国与世界的现实和未来最高水平的解读与分析。截至2022年底，皮书研创机构逾千家，报告作者累计超过10万人。

✦ 皮书荣誉 ✦

皮书作为中国社会科学院基础理论研究与应用对策研究融合发展的代表性成果，不仅是哲学社会科学工作者服务中国特色社会主义现代化建设的重要成果，更是助力中国特色新型智库建设、构建中国特色哲学社会科学"三大体系"的重要平台。皮书系列先后被列入"十二五""十三五""十四五"时期国家重点出版物出版专项规划项目；2013~2023年，重点皮书列入中国社会科学院国家哲学社会科学创新工程项目。

权威报告·连续出版·独家资源

皮书数据库
ANNUAL REPORT(YEARBOOK)
DATABASE

分析解读当下中国发展变迁的高端智库平台

所获荣誉

- 2020年，入选全国新闻出版深度融合发展创新案例
- 2019年，入选国家新闻出版署数字出版精品遴选推荐计划
- 2016年，入选"十三五"国家重点电子出版物出版规划骨干工程
- 2013年，荣获"中国出版政府奖·网络出版物奖"提名奖
- 连续多年荣获中国数字出版博览会"数字出版·优秀品牌"奖

皮书数据库

"社科数托邦"
微信公众号

成为用户

　　登录网址www.pishu.com.cn访问皮书数据库网站或下载皮书数据库APP，通过手机号码验证或邮箱验证即可成为皮书数据库用户。

用户福利

- 已注册用户购书后可免费获赠100元皮书数据库充值卡。刮开充值卡涂层获取充值密码，登录并进入"会员中心"—"在线充值"—"充值卡充值"，充值成功即可购买和查看数据库内容。
- 用户福利最终解释权归社会科学文献出版社所有。

社会科学文献出版社　皮书系列
SOCIAL SCIENCES ACADEMIC PRESS (CHINA)

卡号：832625195272
密码：

数据库服务热线：400-008-6695
数据库服务QQ：2475522410
数据库服务邮箱：database@ssap.cn
图书销售热线：010-59367070/7028
图书服务QQ：1265056568
图书服务邮箱：duzhe@ssap.cn

法律声明

　　“皮书系列”（含蓝皮书、绿皮书、黄皮书）之品牌由社会科学文献出版社最早使用并持续至今，现已被中国图书行业所熟知。“皮书系列”的相关商标已在国家商标管理部门商标局注册，包括但不限于LOGO（▨）、皮书、Pishu、经济蓝皮书、社会蓝皮书等。“皮书系列”图书的注册商标专用权及封面设计、版式设计的著作权均为社会科学文献出版社所有。未经社会科学文献出版社书面授权许可，任何使用与“皮书系列”图书注册商标、封面设计、版式设计相同或者近似的文字、图形或其组合的行为均系侵权行为。

　　经作者授权，本书的专有出版权及信息网络传播权等为社会科学文献出版社享有。未经社会科学文献出版社书面授权许可，任何就本书内容的复制、发行或以数字形式进行网络传播的行为均系侵权行为。

　　社会科学文献出版社将通过法律途径追究上述侵权行为的法律责任，维护自身合法权益。

　　欢迎社会各界人士对侵犯社会科学文献出版社上述权利的侵权行为进行举报。电话：010-59367121，电子邮箱：fawubu@ssap.cn。

社会科学文献出版社